中国民族地区发展丛书

脱贫地区隐性贫困测度与后扶贫阶段帮扶政策研究

——以凉山州为例

王　英　单德朋　著

中国财经出版传媒集团

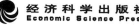

经济科学出版社
Economic Science Press

·北京·

图书在版编目（CIP）数据

脱贫地区隐性贫困测度与后扶贫阶段帮扶政策研究：
以凉山州为例/王英，单德朋著 . -- 北京：经济科学
出版社，2024.3

（中国民族地区发展丛书）

ISBN 978 - 7 - 5218 - 5369 - 8

Ⅰ.①脱…　Ⅱ.①王…②单…　Ⅲ.①扶贫 - 研究 -
凉山彝族自治州　Ⅳ.①F127.712

中国国家版本馆 CIP 数据核字（2023）第 211443 号

责任编辑：王　娟　李艳红
责任校对：隈立娜　孙　晨
责任印制：张佳裕

脱贫地区隐性贫困测度与后扶贫阶段帮扶政策研究
——以凉山州为例

王　英　单德朋　著

经济科学出版社出版、发行　新华书店经销

社址：北京市海淀区阜成路甲 28 号　邮编：100142

总编部电话：010 - 88191217　发行部电话：010 - 88191522

网址：www. esp. com. cn

电子邮箱：esp@ esp. com. cn

天猫网店：经济科学出版社旗舰店

网址：http://jjkxcbs. tmall. com

北京季蜂印刷有限公司印装

710 × 1000　16 开　15.75 印张　240000 字

2024 年 3 月第 1 版　2024 年 3 月第 1 次印刷

ISBN 978 - 7 - 5218 - 5369 - 8　定价：68.00 元

（图书出现印装问题，本社负责调换。电话：010 - 88191545）

（版权所有　侵权必究　打击盗版　举报热线：010 - 88191661

QQ：2242791300　营销中心电话：010 - 88191537

电子邮箱：dbts@ esp. com. cn）

国家社科基金青年基金项目资助（项目编号：18CMZ041）

西南民族大学中央高校基本科研业务费专项资金项目资助（编号：2021SYB08）

一

　　我国是一个团结统一的多民族国家，2010 年第六次全国人口普查表明，各少数民族人口为 113792211 人，占大陆总人口的 8.49%。尽管少数民族人口占总人口的比重不高，但其绝对数却超过了欧盟任何一个国家的人口数，聚居地面积占到全国陆地总面积的 60% 以上，而且从空间区位关系看，少数民族地区在全国发展格局中具有特殊重要的战略地位。从地缘政治关系看，在国际政治上，民族地区地接"亚欧大陆心脏地带"；在军事上，民族地区是中国最重要的国防安全的前沿阵地和军事战略纵深，是中国国家安全的军事战略屏障区；在国内政治上，民族地区革命老区多，对中国革命做出了重要贡献。同时，民族构成复杂，内部发展差距明显，是中国社会和谐发展的关键区域。在地缘经济上，民族地区是中国重要的战略资源储备与保障区，同时也是中国贫困人口和贫困地区集中分布的地区，是中国反贫困的重点地区和难点地区，也是中国对外开放新格局的前沿地带。在地缘文化上，民族地区地处欧亚大陆之间，历史上多种文化在此交流与融合，是多元文化的交汇区，是中国文化多样性最典型的区域，是中国原生态民族文化发源地和传承地。在地缘生态上，民族地区是中国最重要的生态平衡与保障区，是生物多样性的典型区域。因此，在我国的经济社会发展中，必须考虑民族因素，体现多民族共同繁荣和协调发展的原则。

二

中华人民共和国成立以来，特别是改革开放 30 多年来和西部大开发战略实施以来，民族地区经济社会发展取得了举世瞩目的伟大成就。

经济持续平稳快速增长。1999 年以来，民族地区国民经济不仅增长速度快，而且持续的时间长、稳定性好。据统计，1999年民族八省区地区生产总值不到 8000 亿元，到 2010 年超过42000 亿元，按可比价格计算，年均增长超过 11%，远高于同期全国 9.86% 的增长率。西部大开发以来，民族地区的经济增长不仅是持续的，而且增长的波动性不大，平稳性好。经济的快速平稳增长，其结果是民族地区经济总量和人均水平均实现了历史性的大跨越，为今后的进一步发展奠定了坚实的基础。

经济结构优化迈出重要的步伐。经济发展不仅反映产出量的增加，更重要的是经济结构的演进。而基本的经济结构变化是生产结构和就业结构的变化。1999 年以来，随着中央确定的实施西部大开发战略的逐步落实，各项政策措施的不断到位，民族地区经济结构调整出现了明显的积极变化。从地区生产总值在三次产业间的分布看，1998 年民族地区一、二、三产业的产值比重为 26.55∶37.99∶35.46，到 2010 年变化为 14.14∶48.11∶37.75。第一产业产值比重进一步下降，第二产业比重上升较快，第三产业相对稳定。历史地看，民族地区的产业结构变化在 20 世纪 90年代初是一个很重要的分界线，自那以后民族地区第一产业产值比重稳定地低于第二产业和第三产业，目前民族地区第二产业和第三产业提供了 85% 以上的生产总值。从第二产业和第三产业增加值在生产总值中的份额看，进入 21 世纪以来的 10 年中，民族地区的生产结构正处于新的大规模变化时期。随着生产结构的变化，现代产业的发展，传统产业的地位的下降，必然会导致劳动力在部门间的重新配置，引起就业结构的变化，这种变化的一个基本趋势是，随着经济发展，劳动力逐渐由农业部门向非农业部门转移，第二产业和第三产业成为劳动力就业的主要领域。民族地区劳动力就业结构的变化是符合这一基本趋势的。1978 年以前主要是向第二产业即工业部门转移，1978 年后主要向第三产业转移，1978 年民族地区各产业劳动力份额为 79.41 : 11.41 : 9.17，1998 年为 66.89 : 13.26 : 19.85，到 2010 年各产业就业份额比例为 52.63 : 16.24 : 31.13。不过，今天民族地区大多数劳动力仍然集中于农业部门，农业劳动力占的比重仍高达 50% 以上，个别地区 60% 以上，其比重远大于第二产业和第三产业，比全国平均水平和东部沿海地区高许多。

自我发展能力增强，城乡居民生活水平显著提高。发展成果通过国民收入的初次分配和再分配，最终反映在政府、企业和城乡居民收入的增长上。西部大开发战略实施以来，伴随着国民经济的高速增长，民族地区政府、企业、居民的收入均有了快速的增长。

地方财政收支增速快，自我发展能力增强。西部大开发以来，随着国民经济的快速增长，民族地区地方财政收入呈现出快速增长的态势。1998 年八个民族省区地方财政一般预算收入530.47 亿元，2008 年超过 4000 亿元，年均增长率为 17% 以上，大大快于地区生产总值的年均增长率。财政收入的快速增长，提高了地方政府调控经济的能力，加强了经济和社会发展中的薄弱环节，切实加大了对落后地区和低收入群体的转移支付力度，加快了脱贫致富的步伐，有效地保障了经济社会的稳定协调发展。

城乡居民收入有了大幅度提升。1978 年民族八省区居民人均收入（城镇居民人均可支配收入和农村居民家庭人均纯收入用城乡人口比例加权）只有 260 多元，1999 年达到 2900 多元，

2010 年突破 8500 元。可以看出，西部大开发以来，民族地区城乡居民收入步入了增长的快车道。

反贫困取得显著成效。民族地区是中国贫困人口最集中、贫困程度最深的地方。据统计，新时期 592 个国家扶贫开发工作重点县中，广西 28 个，贵州 50 个，云南 73 个，青海 15 个，宁夏 8 个，新疆 27 个，这几个省区合计 201 个占全国的 34%。另外，西藏原列有 5 个国定贫困县，《国家八七扶贫攻坚计划》实施结束后，国务院将西藏的 74 个县整体纳入扶贫计划进行区域整体扶持，不再列入国家扶贫重点县名单。因此，民族地区始终是国家扶贫开发工作的主战场。国家多年来对少数民族贫困地区加大扶持力度取得明显成效。2010 年末，民族八省区农村贫困人口为 1034.0 万人，比上年减少 417.2 万人；贫困发生率为 8.7%，下降 3.3 个百分点。最近几年，民族八省区减贫速度快于全国，贫困程度正在逐步缓解。

重点任务与重点工程建设取得显著成效。实施西部大开发战略以来，国家紧紧围绕基础设施建设、生态建设和环境保护、产业结构调整、发展科技教育等重点任务，通过规划指导、政策扶持、项目安排等加大了对西部民族地区的支持力度。据统计，2000~2010 年，国家累计安排新开工西部大开发重点工程 140 多项，总投资近 3 万亿元，其中，有 115 项涉及民族地区，占重点工程总数的 80% 以上。这些重点工程的开工建设，为民族地区工业化的加速推进奠定了坚实的基础，对贯彻落实西部大开发战略，推进民族地区经济社会发展，改善群众生产生活条件发挥了重要作用。

三

但是，民族地区经济社会发展依然相对滞后，与发达地区存在多重发展差距，而且还处于不断扩大之中，民族地区内部的差距也很大。总体上中国的少数民族地区的经济，依然很不发达，

依然是发展中转型大国经济中的不发达经济。

发展不足，自我发展能力不强，是民族地区经济社会发展的突出问题。一方面，目前民族地区人均地区生产总值不高，按世界银行的标准看，民族地区的经济依然是低收入经济。例如，2010 年全国民族自治地方人均地区生产总值 22061 元，低于全国平均水平（29992 元），更低于沿海发达地区。在 120 个自治县中，人均地区生产总值高于 1000 美元的有 54 个，66 个自治县人均地区生产总值不足 1000 美元。另一方面，民族地区自我发展能力不强。根据现代经济增长理论，资本、劳动力、技术进步及制度创新是现代经济发展的重要驱动因素。民族地区由于税基弱，地方财政长期入不敷出，同时区内的居民储蓄、企业储蓄有限，加之资本外流，促进发展的区内资本供给不足，对外依赖程度高；从劳动力供给看，民族地区劳动力平均技能水平偏低，影响了劳动生产率的提高；民族地区内部的技术进步和制度创新，因多方面因素的影响，动力不足。因此，民族地区的内源发展动力不足，目前民族地区的发展总体上是由外部投资驱动的发展。与全国尤其是东部地区发展差距快速扩大的趋势虽有所扭转，但"扩大中的缺口"尚未得到根本改变。民族地区国土面积占全国陆地面积的 58.74%，人口占全国的 14.37%，而地区生产总值占全国的比例 2010 年却只有 10.4%。

高资源消耗、外源推动的粗放型的经济发展方式。民族地区在经济发展方式方面是高资源消耗、外源推动的粗放型的经济发展方式，具有如下特征：就民族地区经济发展的基本特征而言，从产业结构看，民族地区产业结构特征以低端初级工业特别是资源型工业为主，第二产业和第三产业成为民族地区经济增长的最重要推动力。从需求结构看，民族地区的总需求特征为以国有经济投资需求拉动为主，目前民族地区的经济基本上属于内向型经济，经济增长主要是内需推动的，其中尤以投资和消费的推动作

用最大。从投资看，民族地区实际上是"投资主导型的低效率经济增长"。从要素投入与要素生产率看，长期以来民族地区的要素投入特征以自然物质资源和低成本劳动投入为主，经济增长主要是靠要素积累完成的，要素生产率低，技术进步不足。从资源消耗看，民族地区的经济增长总体上还相当粗放，尤其是能耗高、水耗高。而且今后一个时期内，很大程度上仍将沿袭扩大资源投入的传统发展模式。

资源开发中的利益分享和补偿问题。民族地区水、水能、矿藏资源丰富，其开发具有国家能源战略意义。开发这些资源，实施"西电东送""西气东输""西煤东运"是国家西部大开发战略的重要组成部分，意义重大而深远。这对于民族地区更是千载难逢的发展机遇。但是，在民族地区资源大规模开发过程中，对资源所在地居民利益不考虑或者考虑很少，以及资源开发中对民族文化产生的消极影响，引发群体性事件，造成民族关系紧张，影响民族团结和社会和谐。同时，在资源开发过程中，不注重环境保护，所谓的"环境影响评价"，或者是"事后的"，或者是"事中的"，即使是"事前的"，很多也只是应付性的和表面上的，结果是边开发，边破坏，甚至是未开发，先破坏。另外，民族地区的各种资源，既是各族人民世代生息和维持生计的私人产品，同时由于其特殊的生态区位，所提供的生态产品具有公共产品性质，在主体功能区的建设和民族地区发展过程中，如何构建起生态环境和资源开发的补偿机制，是新形势下推动民族地区发展的重要问题。

贫困面大，贫困程度深，返贫率高，扶贫难度大是民族地区发展的难点所在。当前，尽管少数民族地区的扶贫开发取得了举世瞩目的成就，民族地区的人民生活水平有了很大的提高改善。但由于民族地区大部分处于自然环境恶劣、基础设施落后、社会发育程度较低的地区，少数民族地区的贫困状况依然严峻。少数

民族地区是我国最主要的贫困地区，贫困人口多、面广、程度深、返贫率高。而且，在空间分布上，少数民族人口、贫困人口和生态脆弱地区形成地域的耦合和叠加。据统计，2006～2010年，民族八省区贫困人口占全国农村贫困人口的比重分别为36.7%、39.3%、39.6%、40.3%和38.5%。5年贫困发生率分别为16.9%、13.8%、13.0%、12.0%和8.7%，虽逐年有所下降，但与全国同期贫困发生率（6.0%、4.6%、4.2%、3.8%和2.8%）相比，分别高10.9个、9.2个、8.8个、8.2个和5.9个百分点。民族地区反贫困问题，既是国民经济协调、持续发展任务的重中之重，又是一个十分敏感的社会和政治问题。

四

　　发展是解决民族问题的关键。中国少数民族地区面临的最重大问题是发展不足的问题。因此，当前和今后一个时期，要"采取更加有力的措施，显著加快民族地区经济社会发展，显著加快民族地区保障和改善民生进程，全面推进民族地区社会主义经济建设、政治建设、文化建设、社会建设以及生态文明建设，维护各族人民根本利益，让各族人民共享改革发展成果"[①]。

　　构建增强民族地区自我发展能力的长效机制。自我发展能力的构建是新时期西部大开发战略的重要着力点。建立和完善增强民族地区发展能力的长效机制。一方面，要健全国家支持政策体系。要改变过去的普惠制办法，按照"区别对待、分类指导"的原则，实行有针对性的差别化国家支持政策，以切实提高政策的实施效果。另一方面，自我发展能力的获取，不可能主要由外源推动，更主要的是要靠民族地区自身的努力。因此，民族地区要进一步加强人力资本投资，优先提升民族地区个人的发展能力；进一步改善投资环境，加强企业管理，提升企业发展能力；

---

　　① 胡锦涛：《在国务院第五次全国民族团结进步表彰大会上的讲话》，人民出版社2009年版。

进一步转变政府职能，改善治理，努力提升政府供给公共产品的能力；进一步加大科技投入，改革科技创新体制，提升区域学习与创新能力；积极构建新型开放格局。

加快民族地区资源型产业的转型和升级。依托资源优势形成的优势产业既是经济高速增长的主导产业，又成为消耗能源、污染环境的主体，而且终将面临资源枯竭问题。因此，民族地区需要在发展过程中逐渐减少对资源开采的依赖，寻求新的发展途径，这势必要求资源型产业转型和升级。促进资源开发由粗放型向集约型转变，生产方式由高能耗、高消耗、高污染向低能耗、低消耗、低排放转变。围绕优势资源开发，大力培育特色优势产业，延长产业链，提高产品附加值。用高新技术改造传统产业，发展新能源、开发新材料，实现资源型产业结构优化升级。大力培育战略型新兴产业，把传统资源型产业升级与大力培育战略型新兴产业相结合，实现各类产业协调发展。

承接东部产业转移和国际产业转移，推动民族地区经济社会发展。"十二五"时期，民族地区正面临着产业转移的大好时机。有条件的大中城市和一些边境地区应加强与周边国家的次区域合作，积极承接国际产业转移。促进东部地区产业按照市场经济规律，跨区域转移到民族地区，实现资源的最佳配置，促进分工结构的优化，同时也便于民族地区发挥后发优势，赶超发达地区。另外，要培育好民族地区的产业承接能力。选择依托重要交通干线和发展条件较好的区域，与东部地区合作建立产业园区、产业化基地以及承接产业转移的示范区，建立产业转移平台，促进产业集聚。加强东中西部产业互动，通过承接产业和技术转移推动民族地区产业结构优化升级，构筑产业优势，增强产业支撑。

优化空间结构，实现区域协调发展。民族地区空间结构存在一定的不合理性，推动民族地区经济社会发展，必须打破限制其

发展的空间陷阱，打破阻碍经济增长要素聚集和导致要素漏出的不合理的空间组织结构，并设计创造出最有效率、最优的有利于资本、人才积累、加深劳动分工的最佳空间格局。走具有民族地区特色的新型城镇化道路，优先发展城市聚集区，完善区域型中心城市功能，发挥中心城市辐射带动作用。拓展民族地区空间开发的轴线系统，确立重点开发轴线，以核心城市和城市群为极点实施点轴开发。以城市群为核心构建经济圈，沿主要交通轴线打造经济带，整合城市群网络。要特别重视培育中心城市和发展区域性中心镇，增强其公共服务和居住功能。

实施发展型扶贫战略。贫困是制约民族地区经济社会全面发展的主要因素之一。民族地区的贫困既是经济、生活贫困，也是能力、知识贫困，而且这种贫困是由历史、经济、自然和社会条件等多种原因造成的，是一种慢性贫困和综合贫困。而且，在空间分布上民族地区、贫困地区和生态脆弱地区形成地域的耦合。针对这种情况，迫切需要扶贫模式由开发扶贫向发展扶贫转型，同时树立综合扶贫和持续扶贫理念。政府应加大对民族贫困地区科技、教育、文化、卫生、体育等社会事业的投入力度，不断提高少数民族群众的科技、文化水平，着力消除贫困的根源。

资源开发中应特别注重利益关系调整与生态环境保护。在民族地区资源大规模开发中，如何正确处理好资源开发、经济社会发展、生态环境保护间的关系，实现国家、地方政府、资源所在地居民、资源开发企业和环境保护多赢的"包容性"发展，是民族地区发展中的焦点难点问题。因此"十二五"期间要重点解决资源开发中的利益分配和环境保护问题。改革资源税中央和地方共享比例，适度提高地方所占的比重；扩大资源税的征税范围，提高税率，将计税依据由从量计征改为从价计征；统一资源税和资源补偿费，实现税费合一；实行资源税返还政策，用于当地的环境保护与污染治理。建立健全资源与生态补偿机制，扩大生态转移支付补偿范围。在一些生态极度脆弱地区，建立国家级"生态特区"，实行特殊的生态保护与生态补偿政策。

推动公共服务均等化供给，加快民生改善进程。与全国公共服务的整体发展水平相比，民族地区公共服务发展速度缓慢，发展水平长期滞后，极大地制约了民生的改善。"十二五"时期，应从民族地区的现实出发，更加注重基本公共服务均等化供给，健全扶持机制，按照公共服务均等化原则，加大国家对民族地区的支持力度，推动公共资源优先向民族地区配置，努力使各族人民学有所教、劳有所得、病有所医、老有所养、住有所居，促进社会和谐。

倡导民族地区发展低碳经济。民族地区幅员辽阔，是我国重要的生态屏障，低碳资源丰富，是全国构建低碳发展模式的重要区域。应秉承可持续发展理念，通过技术创新、制度创新、产业转型、新能源开发等多种手段，积极开发低碳资源，建立低碳能源系统和低碳产业体系。按照资源节约、环境友好、低碳高效的原则，建立低碳产业园区和低碳产业基地。

扶持民族文化产业发展成为民族地区支柱产业。民族地区拥有丰富且独具特色的文化资源，但由于种种原因，文化产业的发展同其他地区相比存在较大差距。"十二五"时期要充分发挥少数民族文化资源的优势，加大支持力度，促进少数民族文化的大发展、大繁荣，不断地提高西部民族地区软实力。

五

改革开放以来，学术界对民族地区经济社会发展的研究，从来就没有间断过。特别是西部大开发战略实施以来，民族地区的经济社会发展更是受到学者们的高度关注，这些研究就研究机构而论，大体上可以划分为高等院校（其中国家民委主管的六大民族院校都把研究民族地区经济社会发展问题作为自己的重点）、中国社会科学院及地方社会科学院、国家民委及地方民委所属的民族研究机构这样三类；从事民族地区经济社会发展研究的学者就学术背景而论，也可以划分为三类：一类是民族学者，一类是经济学者，这两类是主体，还有一类是其他学者，如地理学者、历史学者、政治学者等。就研究成果而言，也主要有三种类型：学术著作、研究论文和研究报告。从研究的主题看，大致也沿着三个层面展开：一是国家层面的综合研究，主要是研究和探讨中国少数民族地区发展的基本特征、演变趋势、存在问题、动力机制、发展模式和政策选择等。二是对民族地区经济社会发展的专题研究。民族地区由于其区位的特殊性和发展的重要性，经济社会发展涉及诸多问题，有大量的论著就其中的某个问题进行了专题研究，就涉及的范围而言，这些专题研究几乎涵盖民族地区经济、社会、政治、科技、文化发展和生态环境建设等所有领域。三是区域层面的研究。民族地区地域辽阔，内部差别显著，有大量的研究涉及民族地区内部的某一地区，从整个少数民族地区，到各级民族自治地方（自治区、自治州、自治县），再到民族乡镇、民族村寨的发展。尤其是进入 21 世纪以来，不同层次、不同类型的发展战略规划研究更是学术界和政府部门关注的热点。

"为少数民族服务，为民族地区服务，为国家发展战略服务"，是西南民族大学的办学宗旨。西南民族大学经济学科始终遵循"三为"办学宗旨，始终把民族地区的经济社会发展作为最主要的研究领域，近年来，在应用经济学科领域更加强调对中国少数民族地区发展中的重大现实问题的探索和研究，先后承担了国家社会科学基金重大招标项目、国家社会科学基金项目、国家自然科学基金项目和国家软科学项目 20 余项，教育部、国家民委、四川省等省部级科研项目 60 余项，各级地方政府横向项目 60 多项。"中国民族地区发展丛书"是以我主持的国家社会科学基金重大招标项目"新形势下推动民族地区经济社会全面发展的若干重大问题研究"（项目编号 09&ZD011）和西南民族大学应用经济学学位点建设项目为依托，在经济科学出版社的大力支持下，以西南民族大学的专家学者为主体，联合西南科技大学、内蒙古大学、西藏社会科学院、四川农业大学、长江师范学院、襄樊学院、三亚学院等的专家学者共同组织编写的。

这套丛书的顺利出版，得到了西南民族大学校领导、科技处、研究生部的大力支持，得到了经济科学出版社王娟编审以及国内外学界同仁的鼎力支持，在此我代表丛书编辑委员会表示衷心的感谢。

郑长德

2011 年冬至于蓉城

前　　言

在脱贫攻坚阶段，凉山州是四川省乃至全国贫困程度最深、脱贫任务最重的地区之一。在精准扶贫方略指引下，四川省依托各部委和全国各地的支持帮助，集全省之力采取特殊支持举措，实现了全面消除绝对贫困的目标。但受地理区位和发展基础的约束，凉山州经济社会整体发展水平仍然较低，产业基础还很薄弱，四川省脱贫不稳定户、边缘易致贫户近一半集中在凉山州，防止规模性返贫的压力很大，仍然是巩固拓展脱贫攻坚成果的重中之重和难中之难。凉山州是研究脱贫地区后扶贫阶段巩固拓展脱贫攻坚成果的典型样本。

《中共中央　国务院关于实现巩固拓展脱贫攻坚成果同乡村振兴有效衔接的意见》为脱贫地区"十四五"期间巩固拓展脱贫攻坚成果提供了政策依据；《中共中央　国务院关于全面推进乡村振兴加快农业农村现代化的意见》《中共中央　国务院关于做好 2022 年全面推进乡村振兴重点工作的意见》——连续两年的"一号文件"也明确了具体要求，四川省委也针对凉山州专门制定了针对性帮扶政策。相应政策内容和重点工作充分体现了以持续扩大投入增量解决脱贫地区存量短板的政策关照，以及激发存量要素内生动力解决增量来源的务实倾向。

科学设定后扶贫阶段的帮扶识别标准，是巩固拓展脱贫攻坚成果与乡村振兴有效衔接的重要技术支撑，但现有帮扶识别指标还有三个方面的问题：一是收入能否真实反映生活水平；二是收入指标能否对激发内生动力形成有效激励；三是如何调整帮扶识别标准才能既体现与发展阶段相适应，又实事求是不吊高胃口，本书将引入隐性贫困视角应对贫困识别在兼顾识别成本和帮扶绩效上的困境。隐性贫困的直接定义是，依据现有贫困识别标准无法识别，但却处于实际贫困状况的主体。本书的主要研究创新是在贫困测度中放松了所有家庭都有足够时间进行家庭生产的假定，引入时间利用数据构建隐性贫困指数，在不改变收入贫困线的前提下实现对有内生能力群体的有效识别和正向激励。本书认为收入向家庭消费的转化需要可支配时间作为互补要素，如果缺乏对子女和老人照料等必要家庭服务时间，收入在贫困线水平的家庭需要花费额外收入从市场上获得相应商品和服务，导致实际购买力低于贫困线收入对应水平，从而出现因可支配时间不足导致的隐性贫困。隐性贫困的数据采集体系能够对帮扶主体提供有力激励，隐性贫困的测度结果能够对压实各方责任提供明晰路径，隐性贫困帮扶思路能够对后扶贫阶段具体如何做提供更明确的指向，从而引导资源投向。总体来看，隐性贫困识别方法能够为脱贫地区巩固拓展脱贫攻坚成果提供务实可行的帮扶识别标准，并且隐性贫困帮扶框架能够与乡村振兴政策体系形成有效衔接。

本书基于隐性贫困视角对脱贫地区隐性贫困现状进行量化测度，识别隐性贫困主体的禀赋特征，通过隐性贫困影响因素的实证研究，给出精准帮扶的政策建议。主要研究内容包括以下几个方面。

第一，脱贫地区减贫历程与后扶贫阶段的帮扶工作重点。通过对脱贫地区精准扶贫战略实施前后的扶贫背景、主要政策及其成效的梳理，识别现阶段的未尽事宜与短板弱项，以及 2020 年后巩固脱贫攻坚成果所面临的主要困难，引出新的贫困识别标准需具备的要求，即真实反映生活水平、对贫困主体主动增收提供正向激励、识别结果的运用在财政上可负担。

第二，基于时间赤字的隐性贫困识别原理与政策内涵。一方面，从隐性贫困的概念与内涵界定入手，构建基于时间赤字的隐性贫困识别框架，并梳理出基于时间赤字的隐性贫困测度需关注的三个问题，即家庭无酬工作时间与有酬工作时间的替代关系和替代率，时间赤字货币化的方法，以及如何在隐性贫困中识别由于不可控因素导致的隐性贫困。另一方面，在区别显性贫困和隐性贫困的基础上，根据隐性贫困的致贫原因和时间赤字程度，将隐性贫困划分为深度隐性贫困、常规隐性贫困和因资源配置导致的隐性贫困，并从重点人群、数据采集体系、压紧压实责任、资源投向等方面，分析隐性贫困对巩固拓展脱贫攻坚成果与乡村振兴有效衔接的政策启示。

第三，脱贫地区隐性贫困测度与影响因素的实证研究。首先，利用隐性贫困指数测度凉山州隐性贫困发生率，分类研判不同群体的收入结构和人口统计学特征,分析凉山州隐性贫困主体的致贫原因与禀赋特征。其次,将隐性贫困识别结果与绝对贫困和相对贫困的测度结果进行比较,分析三种不同贫困测度方法在家庭时间赤字、收入水平和构成、家庭人口统计学特征等方面的不同,明确隐性贫困测度框架对现有贫困测度指标的补充作用。再其次,对凉山州隐性贫困影响因素进行数值模拟,分析工资率水平工时均值、家庭必要无酬工作的市场替代成本,以及必要生理活动时间和家庭必要无酬工作时间变动对隐性贫困测度结果的影响,从而直观展示凉山州隐性贫困主体实现贫困减缓的重点和难点。最后,对收入构成和家庭人口统计学特征与隐性贫困的关系进行实证研究,对影响隐性贫困的致贫原因进行因果推断。

第四,基于改善有酬工作回报率的脱贫地区隐性贫困减贫策略。首先,细分生产经营性收入、工资性收入、财产性收入和转移支付收入,对改善有酬工作回报率的思路进行理论分析。其次,结合凉山州精准扶贫相关政策,从产业发展、金融扶持、技能培训等方面梳理凉山州改善有酬工作回报率的政策实践。最后,通过对有酬工作回报率改善与凉山州隐性贫困减缓的实证研究,回答了两个问题:一是从对隐性贫困的影响来看,既往哪些减贫政策的减贫绩效更好;二是帮扶措施对不同家庭的影响是否存在差异。

第五,基于减少家庭必要无酬工作时间和替代成本的脱贫地区隐性贫困减贫策略。首先,基于减少家庭必要无酬工作时间和替代成本的理论分析,给出了减少必要无酬工作时间的三个思路。其次,从增加社会照料服务供给、降低社会照料成本、提高社会照料可得性等方面,梳理了凉山州减少家庭必要无酬工作时间和替代成本的政策实践。最后,通过必要无酬工作时间减少与凉山州隐性贫困减缓的实证研究,从儿童照料、老年人口照料和家庭病患照料三个方面,识别了家庭照料对脱贫地区隐性贫困的影响。

第六,基于改善其他收入来源的隐性贫困减贫策略。根据隐性贫困的形成机制,财产性收入提升是脱贫地区隐性贫困减缓的重要影响因素,该部分主要聚焦如何通过改善财产性收入,实现隐性贫困减缓。着重分析了金融素养如何影响贫困人口的资产配置方式,以及改善金融素养的理论机制与实证分析,从而为脱贫地区改善其他收入来源提供政策启示。

第七,脱贫地区隐性贫困减贫政策研究。主要包括脱贫地区识别隐性贫困的配套政策、缓解隐性贫困的主要矛盾与对策建议，以及隐性贫困视角下脱贫地区巩固拓展脱贫攻坚成果的政策协同研究。

本书的主要观点及政策建议主要体现在以下几个方面。

第一，隐性贫困视角能够对有一定内生动力的边缘家庭进行精准识别，鼓励对有酬劳动进行正向激励，是后扶贫阶段务实可行的施策框架。样本家庭隐性贫困发生率与我国总体实施精准扶贫方略时的绝对贫困发生率相近，并且显著低于相对贫困发生率，在扶贫政策制定上具有较好的财务可行性。在当前收入识别标准下，有相当一部分的相对贫困家庭依然有较大的劳动资源潜力可以挖掘，内生动力的激发依然是后扶贫阶段的重中之重。隐性贫困利用时间赤字的货币价值调整收入，对主要依靠转移支付的群体进行了有效过滤，从而使得隐性贫困比相对贫困能更好地聚焦有一定内生动力但需要继续帮扶的重点群体，体现对有酬劳动的正向激励。

第二，隐性贫困群体的主要特点是"劳而不富、穷而未扶"，是留在农村发展的中坚力量。隐性贫困户的抚养比显著高于总体样本，家庭必要无酬工作时间较长是其时间赤字的重要来源。隐性贫困户主要从事农业相关的生产经营，生产经营性收入占比显著高于工资性收入，但受限于资本积累、经济机会和技术水平，农业生产的单位工时回报较低。隐性贫困家庭的转移支付收入占比也相对较小，几乎没有财产性收入，在既往精准扶贫阶段很少得到直接帮扶，是悬崖效应集中体现的群体，也是实现乡村振兴生活富裕目标的重点关注对象。

第三，隐性贫困识别需要条块结合的协同参与。在"条"上要构建动态监测平台和监测机制，设定好时间利用数据的参数设定和采集路径。在"块"上要指导农户自主申报，发挥群团组织力量，做好摸排和结果公示监督。需要完成的主要事项包括：设置监测指标体系，搭建自主申报平台，健全数据逻辑判断机制，及时识别敏感群体，约束数据失真情况。

第四，隐性贫困帮扶的关键是改善有酬工作回报率、减少家庭必要无酬工作时间和增加其他收入来源。有酬工作回报率需要高于家庭必要无酬工作市场替代成本，才能在补偿家庭工作时间的同时，体现出购买力的净增加。家庭必要无酬工作时间与家庭构成有关，家庭非劳动力的成员越多、抚养比越高，产生时间赤字的概率越大，必要无酬工作时间的降低需要公共服务数量和质量的提升。其他收入来源的增加则主要体现在财产性收入的增加。

第五，提高有酬工作回报率的关键是通过技能培训持续积累人力资本，改善脱贫人口劳动供给质量。脱贫地区职业技能教育体系要在持续搭建平台的同时，抓住三个重点主体：一是要加强易地扶贫搬迁群众的职业技能培训，重点放在搬迁群众的外出务工能力提升上；二是要加强建筑业人才培训，目的是增强重大工程覆盖地区群众的获益能力；三是加强新型职业农民培训，通过弹性学制支持脱贫户参与培训，提升参与乡村振兴的能力。

第六，减少家庭必要无酬工作时间的关键是通过改善公共服务供给，提升儿童、老人和其他失能群体照料替代服务的可得性、可替代性和可负担性。改善儿童照料服务的社会替代程度需要大力推动学前教育推进工程、实施寄宿制学校建设工程，难点在于村幼辅导员队伍的稳定，以及中小学阶段学生课堂上"吃不饱"和课后"没得吃"的问题。在隐性贫困框架下，为了有效减少老人照料的家庭必要无酬工作时间，需要在完善养老服务设施的同时，提升养老服务质量，并通过社区宣传逐渐改变对养老服务的刻板印象，在"老有所养"的基础上，体现"老有所乐"。

第七，脱贫地区通过改善其他收入来源实现隐性贫困减缓的路径主要是财产性收入，路径主要包括通过优化资产配置改善财产性收入和通过村集体资产权益实现改善财产性收入两个方面。从家庭层面来看，提升家庭金融素养，用好数字普惠金融体系，是实现家庭资产优化配置的重要手段。从村集体层面来看，盘活用好脱贫攻坚阶段形成的扶贫资产是改善村集体经济成员资产性收入的重要渠道，也是实现隐性贫困减缓的有效路径。此外，农村"三块地"制度创新也是农村资产价值实现的重要来源，将为农户通过闲置权利的价值实现获取资产性收入提供制度保障。

第八，鼓励本地创业和零工经济能够通过兼顾有酬工作报酬和时间赤字，缓解脱贫地区的隐性贫困状况。外出务工同时伴生着儿童留守和老人照料的社会问题，鼓励有条件有能力的外出务工群体返乡创业是兼顾收入和家庭照料的中间道路。妇女在脱贫地区家庭生活中有着独特作用，是家庭照料服务供给的主要来源，也是挖掘人力资源潜力的女性红利所在。通过提升女性就业技能和文化素质，增加女性就业创业和居家灵活就业能力，既有助于充分利用家庭照料的闲余时间，也有助于潜移默化地提升脱贫地区女性社会地位，促进形成社会主义家庭文明新风尚。

目 录

第 一 章

引　言

第一节
问题的提出

　　2021 年 2 月 25 日，习近平总书记在全国脱贫攻坚总结表彰大会上发表重要讲话，庄严宣告，我国脱贫攻坚战取得了全面胜利，现行标准下9899 万农村贫困人口全部脱贫，832 个贫困县全部摘帽，12.8 万个贫困村全部出列，区域性整体贫困得到解决，完成了消除绝对贫困的艰巨任务，[①]为世界贫困治理做出了巨大贡献。对标共同富裕远景目标和 2035 年基本实现现代化的明确要求，脱贫地区依然需要重新出发、接续奋斗，尤其是既往深度贫困地区，依然面临着发展不平衡、不充分的特殊困难，甚至依然面临防范规模性返贫的巨大压力。当前阶段，既往深度贫困地区的主要任务是做好巩固拓展脱贫攻坚成果同乡村振兴的有效衔接工作。这项工作的目标是让脱贫基础更加稳固、成效更加可持续，产业发展从初具能力到产业振兴，底线是不发生规模性返贫。具体需要应对的问题主要体现在三个方面：第一，既往深度贫困地区已脱贫人口自我发展能力的巩固提升问题。现行标准强调的是"两不愁三保障"，虽然对自我发展能力构建筑就了基础，但依然存在主观原因导致的"等靠要"问题，以及客观上收益难以闭合导致的"援助依赖"问题，从而对稳健脱贫形成隐忧。第二，部分

[①] 《习近平：在全国脱贫攻坚总结表彰大会上的讲话》，中国政府网，2021 年 2 月 25 日。

群众的实际生活质量距离现代化目标差距还较大的问题。现行标准下，已脱贫人口收入水平的静态达标与生活质量的动态改善之间还存在一定距离，与2035年远景目标的差距也显著存在。存在部分群众虽然已经在现行标准下脱贫，但生活质量依然低于应有水平的情况。需要继续加强监测，做到早发现、早干预、早帮扶。第三，全面建成小康社会之后既往深度贫困地区的持续帮扶问题，脱贫攻坚阶段的帮扶措施为后续发展提供了坚实基础，但依然需要通过持续帮扶将已有基础转化为稳健发展能力，但后续持续帮扶按照何种标准来识别新的帮扶对象也是既往深度贫困地区实现稳健脱贫面临的重要问题。

本书的研究区域是四川省凉山州这一典型既往深度贫困地区，在脱贫攻坚阶段凉山州是四川省乃至全国贫困程度最深、脱贫任务最重的地区，在精准扶贫阶段四川省依托各部委和全国各地的支持帮助，集全省之力采取特殊支持举措实现了全面消除绝对贫困目标。但凉山州经济社会整体发展水平仍然较低，产业基础还很薄弱，四川省脱贫不稳定户、边缘易致贫户近一半集中在凉山州，防止因灾因病、市场波动导致规模性返贫的压力更大，仍然是巩固拓展脱贫攻坚成果的重中之重和难中之难。基于隐性贫困视角分析改善既往深度贫困地区脱贫质量的关键群体和关键帮扶措施，既有助于为凉山州巩固拓展脱贫攻坚成果同乡村振兴有效衔接提供研究支持，也能够为同类脱贫地区实现稳健脱贫提供政策启示。

一、现行标准下存在生活状况低于贫困线应有水平的隐性贫困群体

当前的贫困识别以家庭为单位，看家庭人均纯收入是否低于国家贫困线标准。收入贫困线的设定，是将满足人类生存基本生理需要的"生活必需品"货币化而得到的。在以收入作为贫困主要识别指标的测度框架下，有三个隐含前提：一是在贫困线收入水平上，人们有足够的互补要素来得到生活必需品；二是家庭内部成员之间均等分配相应收入；三是各家庭的人均生活成本同质。但这三个隐含假定在现实中都不能满足，从而导致收入超过贫困线，但生活水平低于应有要求的隐性贫困现象，影响了已脱贫人口的脱贫质量。

第一，因缺乏时间导致的隐性贫困。贫困线的收入水平并不等于非贫困的生活状况，以往的贫困衡量是基于"所有家庭都有足够的时间进行家庭生产，以此满足家庭成员的需求（比如照顾家里的老人与小孩等）"这样的隐含条件进行的。但从实际情况来看，为了在贫困线收入水平上维持必要生活状况，相应家庭必须有足够的时间来进行家庭生产，并且收入水平越低的家庭往往需要更多的家庭生产时间。如果一个家庭的收入在贫困线上，但没有足够的时间，那么该家庭只能通过购买社会服务来进行家庭生产，从而难以维系贫困线收入所对应的生活状况。从而导致在现行贫困标准下的收入非贫困户，实际上却处于贫困生活状况的隐性贫困现象。一个对应的例子是，贫困线上的家庭难以负担外出就餐、儿童和老人的照料服务等费用，必须依靠自己的家庭生产活动来维持较低水平的必要生活。如果该家庭仅收入达标，但缺乏必要家庭工作时间，那么该家庭只能在未来缩减劳务时间或者降低生活水平，从而导致实质上的贫困生活状况。缺乏家庭生产时间的原因有两方面：一是劳务时间较长；二是由于家庭结构的原因，需要花费较多的家庭生产时间用于照顾家人，比如病人、老人和小孩，从而遭遇"时间赤字"。遭遇时间赤字的家庭需要付出额外成本以应对该种情况，要么花费额外的货币成本从市场上购买替代品，要么减少创收时间置换出家庭生产时间来弥补家庭生产时间的不足，但是官方的贫困识别门槛却低估了这部分家庭的最低生活水平的要求。比如，在凉山州等既往深度贫困地区的低收入人口，外出就业成为改善家庭收入水平的必要选择，但外出务工就意味着没有时间照顾家庭。其中，空巢老人与留守儿童便是家庭生产时间赤字的真实写照，由此演化而来的老有所养、幼有所育已成为现阶段的突出问题。尤其是幼有所育问题本身就是跳出贫困循环的根本之策，在缺少家庭教育环节的情况下，学校教育难以实现教育闭环，不仅影响了教育质量，而且也给巩固控辍保学成果施加了压力。因此，以往贫困测度框架中认为家庭拥有足够时间的隐含假设不符合现实，为了实现贫困人口生活状况的真脱贫，我们需要将时间赤字纳入贫困识别框架，识别既往深度贫困地区的隐性贫困群体，以克服现实减贫过程中的漏瞄与返贫问题。

第二，因分配不均导致的隐性贫困。现有贫困识别的第二个前提假设是家庭成员内部的生活资源分配是均质的，只要家庭总体收入达标，那么每个家庭成员都为非贫困人口。以家庭为单位的贫困识别，极大简化了贫困识别的信息要求和识别程序，从而具有操作上的便利性。但依然可能存在妇女、老年人等相对弱势群体在家庭内部资源分配上处于劣势而导致的隐性贫困，即家庭总体收入不贫困，但家庭内部部分个体的可得生活资源较少，从而处于实际上的贫困生活状况。从女性主体来看，女性承担了大部分家庭生产活动，付出了同样甚至更多的劳动时间，但由于家庭生产活动不被列入有货币价值的劳务时间，导致女性在家庭内部资源分配中处于相对劣势地位，形成被收入非贫困所隐藏的实质贫困个体。从老年群体来看，赡养老人虽然具有法理依据和道德基础，但由于取证较为困难，也可能存在家庭中的老年人口在资源分配上处于劣势的情况。在脱贫攻坚阶段，各地普遍存在通过分户将赡养义务推向社会的情况，这也是存在老年隐性贫困群体的有力证据。此外，在外出务工导致实质上家庭成员分地而居的家庭中，也存在主要劳动力和其他家庭成员之间的资源分配不平等现象，这些都是非贫困家庭中隐性贫困个体的重要来源。

第三，因生活成本提高导致的隐性贫困。现有贫困识别的第三个前提是不同家庭的人均生活成本相同，但现实中由于生活成本的区际和区内差异，相同收入水平所对应的生活状况存在较大差异，从而出现因生活成本客观上较高而导致的隐性贫困。生活成本引致的隐性贫困在既往深度贫困地区的典型表现有：一是外出务工家庭的隐性贫困问题，农村贫困线根据农村生活水平设定，从家庭人均收入来看，外出务工家庭的主要劳动力在务工所在城市获得的收入可以超过农村贫困线，从而被判断为非贫困人口。但其生活开支却主要发生在城市，生活成本由城市物价水平决定，从而导致经生活成本调整后，其生活质量低于贫困线水平的隐性贫困问题。二是因传统习俗导致的隐性贫困问题，一些地区受传统习俗的影响，其开支不仅取决于家庭收入水平，而且与核心社会网络的平均开支正相关。集中表现为红白事的大操大办等非理性支出行为，导致贫困线上的收入水平难以支撑非贫困的实际生活状况，这些非理性消费行为也成了影响脱贫质量的重要胜负手。但由于目前的贫困识别以收入为核心指标，导致现有的精准帮扶措施重增收而轻减支，从而难以在精准帮扶过程中形成对这些非理性支出行为的有力约束，导致精准帮扶的绩效漏损。

二、隐性贫困识别有助于改善收入转移支付项目的施策绩效

在现有收入贫困识别标准下，见效最快的帮扶措施是对标收入贫困线，通过收入转移支付补齐收入，这为精准扶贫过程中的各种直接或者间接的收入转移支付项目提供了强激励，导致对激发贫困主体自我发展能力的关注不够，在客观上促成了部分贫困户的"等靠要"思想。重收入结果、轻能力培育现象在既往深度贫困地区的具体表现有：第一，在产业扶贫中，各地普遍存在将产业扶持基金纳入县国投公司、出借给当地经营大户的现象，然后通过股利、分红等形式发放给贫困户，并没有构建公司、经营大户与建档立卡户的稳健利益联结机制，还是以固定利息为主。第二，在金融扶贫中，对贫困户普遍授信，然后由第三方整合授信资金给贫困户发放利息，直接对贫困户的小额信贷也普遍按照"可以借、到期还"的按键触发式贷款流程来走，大多数并没有对贫困户使用小额信贷发展生产进行有效激励。第三，设置超出实际需要数量的公益性岗位，以工资形式给贫困户发放补助，很多地方把公益性岗位当作灵活的低保来用，谁陷入贫困或者纳入监测对象了就给一个公益性岗位，没有起到公益性岗位的应有作用，也降低了对入户产业发展精准帮扶的要求。第四，在对口支援中，对帮扶贫困户采取慰问式帮扶，通过给红包、礼包或者高价采购农户产品等形式增加贫困户收入，而非在致贫原因上下"绣花"功夫，这些举措难以长久。从后扶贫阶段的对口帮扶实际来看，各地对于对口帮扶的入户频次、帮扶重点仍处于摸索阶段，之前的对口帮扶措施存在停摆的可能。这些重收入结果的帮扶措施，不仅促成了贫困户的"等靠要"思想，而且也无助于贫困户自我发展能力本身的改善，从而导致常规帮扶措施退出后的返贫风险。出现这些问题的根源在于以收入为标准的贫困识别和帮扶规则，无论贫困户的初始收入是 3000 元还是 2000 元，统一补齐到贫困线的做法，并没有对贫困户的主动作为提供激励。通过引入时间赤字进行隐性贫困识别的方法，能够在时间赤字计算和贫困线调整时考虑工作时间的长短。工作时间越长，贫困线水平相应提高，从而为贫困户的自我发展提供了正激励，也有助于改善帮扶绩效。一个典型的例子是，贫困

户工作时间较长，从事家庭必要生产活动的时间较少，从而产生时间赤字，其家庭贫困线需要设置得更高才能达到非贫困生活状况，进而依然能够得到相应帮扶。

三、隐性贫困为 2020 年后相对贫困线的设定提供了理论支撑

脱贫攻坚阶段，既往深度贫困地区已经初步具备了产业发展的基本条件，道路、信息通讯基础设施已经全面推进到行政村层面，基本公共服务有所保障，产业发展也已初具方向和规模。但受限于既往深度贫困地区的禀赋特征和产业基础，既往深度贫困地区产业发展依然面临着自然和市场环境变动带来的风险。脱贫地区和初步脱贫的群众依然需要得到持续帮扶才能夯实前期的帮扶基础，并将其转化为可持续的发展能力。对既往深度贫困地区持续帮扶依然需要解决"扶持谁"和"怎么扶"的问题，即需要对帮扶对象进行新的精准识别，并根据帮扶对象的禀赋特征进行精准帮扶。对于 2020 年后既往深度贫困地区的帮扶对象识别问题，现有的政策研究给出的方向是通过相对贫困线的设定进行新一轮精准识别。但受限于财政约束，难以再实现精准扶贫阶段如此大规模的帮扶资源调动。目前，各国在识别相对贫困时，通常将相对贫困线设定为平均收入的 40% 甚至更高。2020 年，中国农村居民人均可支配收入中位数为 15204 元①，以 40% 的最低比例计算的相对贫困线为 6081.6 元，同期农村居民按五等份分组的低收入户人均可支配收入为 4681.5 元，将有 30% 左右的农村居民被界定为相对贫困人口。贫困线的大幅提升不仅导致针对性帮扶在财务上难以持续，而且相对贫困样本的扩大也将导致相对贫困人口在致贫原因上更为多元和复杂，从而导致精准识别和精准施策的困难。因此，基于相对贫困来识别 2020 年后的贫困主体并进行针对性帮扶，在政策层面难以有效落实。全面建成小康社会初期阶段，我国在贫困帮扶上的现实选择依然是通过进一步帮扶巩固当前阶段的脱贫成效。选择帮扶对象必须要相应提高当前的贫困线水平，但又不能简单根据平均收入的 40% 划定相对贫困线。如

---

① 数据来源于 2021 年《中国统计年鉴》。

何科学设定相对贫困线是中国下一阶段扶贫工作面临的重要理论问题，相对贫困线的划定一方面要识别出最需要巩固脱贫成效的群体；另一方面又要体现对帮扶对象的激励作用，切实提高其自我发展能力。隐性贫困不仅能够识别现有标准下尚未摆脱贫困生活状况的隐性贫困群体，更重要的是隐性贫困对于工作时间的考虑，能够有效激励贫困家庭参与生产经营活动等劳务行为的积极性。并且，隐性贫困还能够更完备地识别贫困家庭拥有的资源，从而为精准施策提供更科学的信息。

第二节

研 究 设 计

一、研究目的

凉山州作为典型的既往深度贫困地区，在后扶贫阶段依然面临着巩固拓展脱贫攻坚成果的艰巨任务。需要进一步加强动态监测，明确帮扶的重点难点群体，并针对不同群体的短板和弱项，继续精准施策，并做好与乡村振兴的有效衔接。但现有贫困识别指标还有三个方面的问题：一是收入能否真实反映生活水平；二是收入指标能否对激发内生动力形成有效激励；三是如何调整贫困线才能既体现与发展阶段相适应，又实事求是不吊高胃口。本书的主要目的是针对现有贫困识别指标存在的问题和凉山州巩固拓展脱贫攻坚成果与乡村振兴有效衔接的现实需要，在贫困测度中放松所有家庭都有足够时间进行家庭生产的假定，引入时间利用数据构建隐性贫困指数，在不改变收入贫困线的前提下实现对有内生能力群体的有效识别和正向激励。并在隐性贫困测度的基础上，识别凉山州实现巩固拓展脱贫攻坚成果的主要矛盾，并给出兼顾隐性贫困减缓和乡村振兴的施策思路。

二、研究内容

本书基于隐性贫困视角对凉山州隐性贫困现状进行量化测度，识别隐性贫困主体的禀赋特征，通过隐性贫困影响因素的实证研究，给出精准帮扶的政策启示。本书的主要内容包括以下几个方面。

（一）凉山州减贫历程与后扶贫阶段的帮扶工作重点

主要内容包括：第一，凉山州精准扶贫战略实施之前的扶贫减贫进程与绩效评估，识别精准扶贫的实施背景和需要对标的主要问题。第二，凉山州精准扶贫的主要政策和实施效果，识别未尽事宜和短板弱项。第三，凉山州 2020 年后巩固拓展脱贫攻坚成果面临的主要困难，引出新的贫困识别标准需具备的要求，即真实反映生活水平、对贫困主体主动增收提供正向激励、识别结果的运用在财政上可负担。

（二）基于时间赤字的隐性贫困识别原理与政策内涵

主要内容包括：第一，隐性贫困的概念与内涵界定。分析隐性贫困的成因，并根据与既往深度贫困地区实际情况的匹配度，选择将时间赤字导致的隐性贫困作为测度隐性贫困的基准视角。第二，基于时间赤字的隐性贫困识别原理。给出基于时间赤字的隐性贫困测度需要应对的三个问题，包括家庭无酬工作时间与有酬工作时间的替代关系和替代率，时间赤字货币化的方法，以及如何在隐性贫困中识别由于不可控因素导致的隐性贫困。第三，隐性贫困的政策内涵。在区别显性贫困和隐性贫困的基础上，又根据隐性贫困的致贫原因和时间赤字程度，将隐性贫困划分为深度隐性贫困、常规隐性贫困和因资源配置导致的隐性贫困，并分别给出了针对性帮扶政策方向。第四，从重点人群、数据采集体系、压紧压实责任、资源投向等方面，分析隐性贫困对巩固拓展脱贫攻坚成果与乡村振兴有效衔接的政策启示。

（三）凉山州隐性贫困测度与影响因素的实证研究

主要内容包括：第一，凉山州隐性贫困指数测度方法。针对时间赤字测算和时间赤字货币化问题，结合凉山州实际情况，进行相应参数设定，并给出调整贫困线识别隐性贫困的具体方法。第二，凉山州隐性贫困测度结果。利用凉山州农户层面的微观数据，测度隐性贫困发生率，并分类研判不同群体的收入结构和人口统计学特征，分析凉山州隐性贫困主体的致贫原因与禀赋特征。第三，隐性贫困识别结果的进一步分析及其与其他测度方法的比照。对隐性贫困测度结果与绝对贫困和相对贫困的测度结果进行比较，分析三种不同贫困测度方法在家庭时间赤字、收入水平和构成、家庭人口统计学特征等方面的不同，明确隐性贫困测度框架对现有贫困测度指标的补充作用。第四，凉山州隐性贫困影响因素的数值模拟。通过数值模拟的方式，分析工资率水平工时均值、家庭必要无酬工作的市场替代成本，以及必要生理活动时间和家庭必要无酬工作时间变动对隐性贫困测度结果的影响，从而直观展示凉山州隐性贫困主体实现贫困减缓的重点和难点。第五，凉山州隐性贫困影响因素的实证研究。对收入构成和家庭人口统计学特征与隐性贫困的关系进行实证研究，对影响隐性贫困的致贫原因进行因果推断。

（四）基于改善有酬工作回报率的隐性贫困减贫策略

主要内容包括：第一，细分生产经营性收入、工资性收入、财产性收入和转移支付收入，对改善有酬工作回报率的思路进行理论分析。第二，依托凉山州精准扶贫相关政策，梳理凉山州改善有酬工作回报的政策实践，主要涉及产业发展、金融扶持、转移就业、教育支持等方面。第三，有酬工作回报率改善与凉山州隐性贫困减缓的实证研究。实证检验有酬工作回报率改善政策对凉山州隐性贫困的影响，回答两个问题：一是从对隐性贫困的影响来看，既往哪些减贫政策的减贫绩效更好；二是帮扶措施对不同家庭的影响是否存在差异。

（五）基于减少家庭必要无酬工作时间和替代成本的隐性贫困减贫策略

主要内容包括：第一，减少家庭必要无酬工作时间和替代成本的理论分析。利用《2018 年全国时间利用调查公报》识别了减少家庭必要无酬工作时间的主要矛盾，并给出减少必要无酬工作时间的三个思路：降低家庭照料的必要程度、将家庭照料服务价格维持在低于家庭有酬工作回报率的水平，以及提高家庭照料服务的市场可替代水平。第二，从增加社会照料服务供给、降低社会照料成本、提高社会照料可得性等方面，梳理了凉山州减少家庭必要无酬工作时间和替代成本的政策实践。第三，必要无酬工作时间减少与凉山州隐性贫困减缓的实证研究。细分儿童照料、老年人口照料和家庭病患照料三个方面，识别了家庭照料对凉山州隐性贫困的影响。

（六）基于改善其他收入来源的隐性贫困减贫策略

根据隐性贫困的形成机制，财产性收入提升是凉山州隐性贫困减缓的重要影响因素。该部分主要聚焦如何通过改善财产性收入，实现隐性贫困减缓，主要内容包括：第一，财产性收入改善的理论分析。强调资产配置方式优化对财产性收入的影响，着重分析了金融素养如何影响贫困人口的资产配置方式，以及改善金融素养的理论机制。第二，金融知识影响财产性收入的实证研究。鉴于凉山州金融知识数据采集较为困难，并且金融知识匮乏是既往贫困地区的普遍问题，因此为了保证数据可得，使用了既往贫困地区样本实证检验了金融知识对财产性收入提升的影响，从而为凉山州等脱贫地区改善其他收入来源提供政策启示。

（七）凉山州隐性贫困减贫政策研究

具体内容包括：第一，凉山州识别隐性贫困的配套政策。主要涉及如何设定时间赤字测算和时间赤字货币化的参数，如何核定有酬劳动时间，如何根据照料服务供给情况和生活水平变化动态调整贫困线。第二，细分隐性贫困类型和致贫原因，分类给出缓解隐性贫困的主要矛盾和对策建议。第三，隐性贫困视角下，凉山州巩固拓展脱贫攻坚成果的政策协同。主要涉及凉山州隐性贫困精准扶贫和现有精准帮扶措施延续的政策协同，以及与乡村振兴战略的政策衔接问题。

三、研究思路

本书的总体思路为：首先，通过梳理既往减贫政策，识别后扶贫阶段凉山州在巩固拓展脱贫攻坚成果上依然面临的问题，进而引出基于隐性贫困视角进行贫困识别的可行性和必要性；其次，通过构建隐性贫困指数，对凉山州隐性贫困状况进行分类测度，并实证检验隐性贫困的致贫原因；最后，基于隐性贫困的三个主要成因，从改善有酬工作回报率、减少必要劳动时间和增加财产性收入三个方面研究凉山州缓解隐性贫困的政策选择，并给出与乡村振兴战略相衔接的政策启示。具体研究思路详见图1-1。

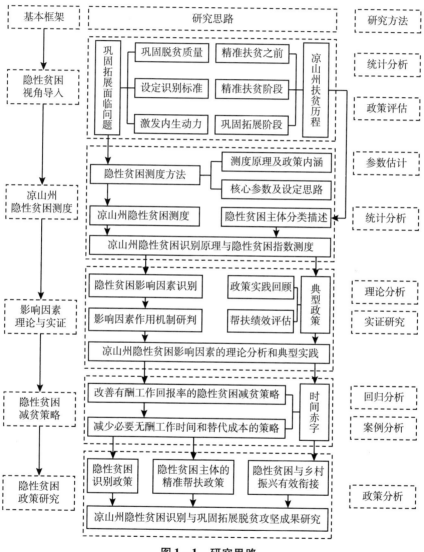

图1-1 研究思路

四、研究方法

第一，抽样调查与统计分析。隐性主体细分类别的收入、支出数据是隐性贫困测度的核心变量，本书将以此为依托，整合抽样调查数据和建档立卡数据，并对隐性贫困测度结果进行横纵向统计描述和比较分析。

第二，数值模拟和实证分析。引入时间赤字构建隐性贫困指数之后，需要利用数值模拟方法识别隐性贫困指数对致贫因素变动的敏感性，从而识别隐性贫困成因的主要矛盾。实证分析主要应用于两个方面：一是对家庭特征与隐性贫困的关系进行实证研究，判断隐性贫困的重点和难点；二是对既往政策实践对隐性贫困的影响进行实证检验，分析改善隐性贫困扶贫绩效的政策措施。

第三，政策评估和案例研究。政策评估主要体现在两个方面：一是精准扶贫之前的扶贫开发政策实施绩效，目的是判断精准扶贫的施策背景；二是精准扶贫阶段帮扶措施的绩效评估，目的是识别后扶贫阶段既往深度贫困地区在巩固拓展脱贫攻坚成果上依然面临的问题。案例研究则主要应用于具体的政策实践评估上，精准扶贫政策在实施过程中普遍存在因地制宜的特点以体现精准施策，因此为了更好地评价政策绩效，需要根据更为微观的单元，本书通常以县域作为案例研究单元。

第三节

———

研究区域与数据来源

一、研究区域

本书的研究区域是凉山州脱贫攻坚阶段，凉山州是典型的深度贫困地区，也是后扶贫阶段巩固拓展脱贫攻坚成果的重点和难点地区。凉山州面积 6.04 万平方公里，辖 17 个县（市）。2020 年末，凉山州常住人口

485.84 万人，居住在乡村的人口为 306.28 万人，占 63.04%。① 凉山州脱贫攻坚的背景有三个特点：一是贫困深度深，凉山州是连片深度贫困地区"三区三州"之一，是"一步跨千年"的典型地区，工业化现代化的欠账多；二是贫困广度宽，辖区 17 个县（市）中有 11 个是深度贫困县，集中连片深度贫困地区达 4.16 万平方公里，占凉山州总面积的 69%；三是贫困人口数量多，2018 年，凉山州建档立卡贫困户达 94.2 万户，占当年户籍人口的 17.8%。② 凉山州是四川和全国脱贫攻坚的主战场，凉山州全面打赢脱贫攻坚战是我国脱贫攻坚取得全面胜利的典型样本。此外，基于数据可得性的考虑，本书在研究凉山州脱贫攻坚的微观实践时，将凉山州喜德县作为重点样本区域。喜德县是脱贫攻坚开发工作的重点县，也是少数民族聚居区和农业县，2014 年少数民族人口和农业人口均超过 90%，贫困发生率为30.54%，喜德县的脱贫攻坚微观实践是凉山州脱贫攻坚的代表缩影。③

二、数据来源

本书涉及的研究主题包括：凉山州减贫历程与后扶贫阶段的重点任务、凉山州隐性贫困测度、基于隐性贫困减缓的帮扶政策。各部分涉及的数据来源如下。

第一，凉山州减贫历程与后扶贫阶段的重点任务。该部分内容需要体现凉山州精准扶贫政策实施前后的宏观经济社会背景、微观致贫原因和帮扶绩效，从而刻画精准扶贫阶段和后扶贫阶段的不同帮扶背景和政策实施的差异性。凉山州脱贫攻坚的宏观经济社会背景数据来源于历年《四川统计年鉴》和《凉山州统计年鉴》，大规模扶贫阶段的扶贫开发投入和绩效评估数据来源于《四川省扶贫统计监测年表》，精准扶贫实施阶段的微观致贫原因来源于《凉山彝族自治州"十三五"脱贫攻坚总体规划》，精准扶贫政策绩效评估数据来源于课题组 2018 年在凉山州喜德、盐源、昭觉三个贫困县所做的脱贫攻坚绩效评估微观调查。

---

① 数据来源于凉山州第七次全国人口普查主要数据情况，http://www.lsz.gov.cn/jrls/tpxw/202106/t20210602_1925482.html。
② 数据来源于 2019 年《凉山州统计年鉴》。
③ 数据来源于 2015 年《凉山州统计年鉴》。

第二，凉山州隐性贫困测度。该部分内容主要包括时间利用基准数据、时间赤字测度和隐性贫困识别。其中，时间利用基准数据来源于《2018 年全国时间利用调查公报》，时间赤字测度和隐性贫困识别数据来源于课题组的抽样调查微观数据。

第三，凉山州隐性贫困减贫政策。该部分主要包括改善有酬工作回报率、减少家庭必要无酬工作时间和改善财产性收入三方面内容。其中，改善有酬工作回报率和减少家庭必要无酬工作时间的典型政策案例来源于《凉山彝族自治州喜德县"十三五"脱贫攻坚总体规划》，精准扶贫的微观实践和实施效果评价数据来源于课题组微观调查数据。

第四节
研究的理论价值与现实意义

第一，本书有助于继续讲好既有中国特色又与国际接轨的共同富裕"中国故事"，为坚定"四个自信"贡献脱贫地区的实践经验。脱贫攻坚、乡村振兴都是走向共同富裕的过程篇章，站在全面消除绝对贫困的历史新起点上，我们在国际贫困议题设定上依然面临两个问题：一是贫困标准是否过低；二是脱贫攻坚中心工作模式是否可持续。因此，持续巩固拓展脱贫攻坚成果关乎我们的庄严承诺，关乎我们持续讲好以人民为中心的发展理念的"中国故事"。以凉山州为代表的既往深度贫困地区集政治地理敏感性、经济地理边缘性、社会地理复杂性和自然地理脆弱性为一体，是国内外关注的焦点区域，研究该区域巩固拓展脱贫攻坚成果的可持续路径，既有助于为全球减贫实践贡献中国智慧，也有助于为其他脱贫地区巩固拓展脱贫攻坚成果提供政策指引。

第二，本书使用的隐性贫困视角鼓励对有酬劳动进行正向激励，为后扶贫阶段的帮扶政策提供了务实可行的施策框架。后扶贫阶段的帮扶政策既要体现民生导向，也要实事求是，不超越发展阶段。对失能贫困群体可以通过与社会保障相结合的方式体现兜底覆盖，主要的帮扶增量来源于贫困标准变动带来的帮扶基数扩展。本书以时间赤字识别隐性贫困，能够从微观层面体现对有酬劳动的正向激励，能够有效约束帮扶过程中的"等靠要"问题，并且可以和当前的个人所得税税制改革结合设计，一体推进，通过减税和补贴相结合的方式实现帮扶，增加了帮扶政策的工具选择空间和帮扶政策的财务可持续性。

第三，本书给出的隐性贫困帮扶路径鼓励地方政府提供社会照料降低无酬工作时间，能够与教育"双减"等公共服务政策形成逻辑一致的政策体系。无论是基于鼓励生育应对老龄化的目的，还是基于降低家庭负担释放消费潜力的考量，中央政府都希望各地方政府主动提供儿童照料、老人照料和失能照料的社会服务，但具体施策过程中面临财权和事权的协同问题，很难在短期内构建"钱随事走，编跟人走"的系统框架，只能"就事论事，一事一议"，考核点比较分散，也难以发挥地方政府的积极性。在隐性贫困框架下，地方政府提供高质量社会照料服务是实现隐性贫困减缓的必经道路，用该框架统领公共服务供给，既有助于明确事权和考核机制，也有助于打通"钱随事走"的转移支付通道，助力基本公共服务均等化目标的实现。

第四，本书的隐性贫困识别和帮扶鼓励通过改善财产性收入实现隐性贫困减缓，有助于激励对农村普惠金融助力农业农村现代化实现路径的探索。财产性收入不增加时间赤字，是实现隐性贫困减缓的更直接路径，家庭通过普惠金融实现的金融资产配置红利，是典型的财产性收入的改进空间。来自金融资产配置的财产性收入不仅和收入流量有关，也与如何配置有关。也就是说，虽然短期内难以显著改变家庭资本总量和工资性、经营性收入，但依然可以通过改善金融工具的可及性、可得性、可负担性，以及提升金融素养，实现现有可支配资源的优化配置，实现隐性贫困减缓。此外，隐性贫困框架对财产性收入的关注，也让基层有更强的动力探索农村承包地、农村集体经营性建设用地、农村宅基地这"三块地"的深水区改革，以及广义村集体资产的权益转化路径，对于这两项改革本书的后半部分也提供了激励和抓手。

第五节

研究可能的创新与不足

一、研究可能的创新

第一，研究视角的创新。以隐性贫困视角出发，研究巩固拓展脱贫攻坚成果与乡村振兴的有效衔接是本书在研究视角上的创新。2020年基本消除绝对贫困是中国政府做出的郑重承诺，该目标已经全面完成。本书及时关注了后扶贫阶段的脱贫质量巩固拓展问题，绝对贫困识别框架下的隐性贫困群体也正是巩固拓展脱贫攻坚成果的重点难点所在。因此，本书回应了前期政策盲区和潜在风险的瞄准和防范问题，也为"十四五"期间落实"四个不摘"、持续巩固拓展脱贫攻坚成果提供了备选的监测指标和施策抓手。

第二，研究方法的创新。在隐性贫困测度中引入时间赤字，是本书在研究方法上的创新。现有研究在2020年后的贫困识别上倾向于使用相对贫困，但相对贫困将极大提高我国的贫困识别标准，与我国目前的发展阶段不符，并且也容易导致"吊高胃口"和"等靠要"的问题，从而形成扶贫政策的绩效漏损。而本书使用的隐性贫困视角不需要变动现有官方贫困线，具有良好的政策稳定性。并且，引入时间赤字有助于对务工家庭形成正向激励，有助于激励已脱贫家庭继续主动作为，巩固已有脱贫成效，实现真脱贫。目前国内还没有引入时间赤字构建贫困指数的同类研究，因此本书也为后续贫困标准变动和测度提供了一种参考方法。

第三，研究思路的创新。本书构建的隐性贫困指数有较好的可分解性，能够根据隐性贫困致贫原因分解为必要劳动时间、有酬工作回报和财产性收入为代表的其他收入来源等。不同群体有不同的致贫原因，基于分类精准施策的考虑，本书针对不同的致贫原因进行了专项研究，从而有助于弥补现有综合贫困指数政策指向性不明确的问题。在必要家庭劳动时间上，本书重点关注了照料服务对减少必要劳动时间的影响，强调了通过提供儿童、老人和其他失能群体照料的公共服务缓解隐性贫困的政策目标。在有酬工作回报上，本书重点关注了就业机会和单位工时收入的影响，强调了三次产业融合发展、技能培训等帮扶政策对隐性贫困减缓的影响，体现了将乡村振兴政策纳入考量。在其他收入来源上，本书重点关注了金融素养和普惠金融对资产优化配置的影响，强调通过金融教育和普惠金融体系建设助力隐性贫困减缓和乡村振兴的政策选择。对隐性贫困与否的判断和细分隐性贫困成因的单独研究，既能够提供动态监测指标，也能够为"四个不摘"与乡村振兴分类精准衔接提供参考框架。

第四，研究观点的创新。以收入为标准的贫困识别方法，导致帮扶措施存在重收入结果、轻能力塑造的倾向，也难以对驻村帮扶队员的帮扶过程进行有针对性的科学评价。隐性贫困能够在收入之外识别家庭在时间禀赋上的差异，从而为针对性制定帮扶提供了更明确的依据。并且，时间赤字的引入为减少支出的帮扶政策提供了激励，从而能够为"一村一幼"、养老院等公共服务设施的建设提供支持，也为约束红白事大操大办等非理性支出行为提出了政策制定的理论依据。此外，关注隐性贫困不仅能够修补政策盲区，而且能够与现有帮扶措施形成政策协同，激发贫困主体的内生动力，改善现有政策的扶贫绩效，这是本书在学术观点上的创新。

二、研究存在的不足

第一，数据使用上存在的不足。测度时间赤字是识别隐性贫困的关键前提，这要求明确各样本家庭的时间利用情况。但时间利用数据的采集需要使用长时间记录的方法得到，这超出了课题组的数据采集能力。为了弥补各家庭时间利用数据无法采集的缺憾，本书使用了国家统计局组织的"全国时间利用调查"数据，并通过截面调查的方式对凉山州时间利用情况进行了系数调整。但基于中国总体情况的时间利用和凉山州依然存在不同，缺乏长期观察得到的凉山州不同类型家庭时间利用数据，依然是本书的一个重要不足。另外，在研究财产性收入问题时，本书需要使用金融素养数据。但基于样本量的考虑，本书使用的微观数据库并非全部是凉山州样本，从而没有体现出凉山州的金融素养和金融行为是否存在特殊表现。针对数据使用上的不足，在后续的进一步研究中，课题组将锚定时间利用和金融素养两类指标，逐步构建个性化微观数据库，从而为针对性制定务工时间激励政策和构建匹配凉山州实际的普惠金融体系提供更具针对性的政策建议。

第二，政策研究上存在的不足。基于隐性贫困测度结果和细分分组的禀赋特征，本书给出了不同分组家庭的隐性贫困帮扶策略，但在与现有研究的政策协同上分析还不够。主要原因在于目前各地对乡村振兴战略的实施要求还尚未统一，因此本书很难对隐性贫困帮扶政策与其他政策的协同问题进行明确。本书只能基于已有的明确政策，探寻如何通过隐性贫困帮扶政策与现有帮扶政策的政策协同，巩固拓展脱贫攻坚实效。目前，四川省已经将凉山州原深度贫困县作为乡村振兴重点帮扶县，也专门制定了《关于支持凉山州做好巩固拓展脱贫攻坚成果同乡村振兴有效衔接的若干措施》，后续需要动态跟踪相关政策的落地落实情况，研究隐性贫困框架在落实凉山地区巩固拓展脱贫攻坚成果同乡村振兴有效衔接工作中的应用场景。

第 二 章

文 献 综 述

精准扶贫方略实施以来，国内学者对深度贫困地区的精准扶贫问题进行了大量研究，对深度贫困地区的致贫原因、精准扶贫主项政策的施策绩效等问题进行了重点关注。现有研究充分肯定了我国精准扶贫的帮扶成效，但也指出了精准扶贫工作过程中存在的绩效漏损情况。在全面建成小康社会消除绝对贫困的后扶贫阶段，既往深度贫困地区不仅面临着如何巩固既往脱贫成效的问题，而且同时也面临着后扶贫阶段帮扶工作如何开展，以及如何与乡村振兴有效衔接的前瞻理论研究问题。国内学者对于深度贫困地区精准扶贫历程和政策评估的既往研究是本书重要的研究基础。本书还基于隐性贫困识别来分析深度贫困地区全面建成小康社会后的帮扶问题，既往研究对于深度贫困地区 2020 年后扶贫愿景和战略重点的相关理论研究也是本书重要的思想基础。此外，既往研究对隐性贫困测度问题的相关研究也是本书的方法来源。接下来，本章将从深度贫困地区精准扶贫问题、深度贫困地区后扶贫阶段帮扶愿景和战略、巩固拓展脱贫攻坚成果与乡村振兴有效衔接、凉山州脱贫攻坚与乡村振兴，以及隐性贫困测度与应用五个方面对已有研究进行回顾和述评，从而进一步厘清本书的理论创新和研究可行性。

第一节
深度贫困地区精准扶贫问题的相关研究

既往研究普遍认同以"三区三州"为代表的深度贫困地区是中国脱贫

攻坚的重点和难点所在，在贫困表现上体现为贫困发生率高，贫困深度较深，且收入主要依赖于政府转移支付（李俊杰和耿新，2018）。在致贫原因上则体现为地理区位导致的市场机会不足，基础设施导致的物质资本匮乏，公共服务不足导致的人力资本缺失，这些宏观致贫原因在微观贫困主体上集中体现为"可行能力贫困"（左停等，2018）。深度贫困地区致贫原因和贫困表现也是精准扶贫政策的施策起点，为了进一步明确既往深度贫困地区在2020年后的帮扶工作要点，需要明确深度贫困地区在全面建成小康社会阶段面临的问题。

一、深度贫困地区的脱贫质量

针对深度贫困地区的脱贫质量问题，现有研究主要从深度贫困地区和深度贫困人口两个维度展开。从宏观层面的研究来看，黄承伟（2019）和刘解龙（2018）等都认为脱贫质量是深度贫困地区精准扶贫中后期阶段面临的关键问题；贾玉娇（2018）认为深度贫困地区面临脱贫质量的问题，主要体现在三个方面：一是精准扶贫政策供给与本地禀赋和致贫原因的精准匹配不够；二是未能充分挖掘本地禀赋优势；三是帮扶措施对长期目标的关注不够。郑长德（2018）在给出深度贫困地区脱贫质量分析框架的基础上，分析了深度贫困地区提升脱贫质量的路径选择，主要包括：持续快速的益贫式增长、本地要素禀赋结构升级、基层党组织建设、改善基本公共服务质量、夯实产业发展基础等。

从微观层面的研究来看，当前研究对于深度贫困地区脱贫质量的担忧主要体现为已脱贫人口的返贫问题。防止非贫困户和已脱贫户返贫是深度贫困地区当前和未来阶段脱贫攻坚的重要工作（杨龙等，2019），李长亮（2019）识别了贫困脆弱性较为敏感的群体，受教育程度较低、有病患残疾、无劳动能力的家庭更容易返贫。从深度贫困地区家庭贫困脆弱性的成因来看，胡原和曾维忠（2019）认为贫困脆弱性主要源于自然灾害频发导致的环境脆弱性，生计资本脆弱和内生动力不足导致的可持续增收困难等。左停和徐卫周（2019）、景鹏等（2019）均认为保险机制能够有效降低贫困脆弱性，守住脱贫成果。

从深度贫困地区脱贫质量的相关研究来看，现有研究已经充分认识到防范新增贫困是巩固拓展脱贫攻坚成果的重要任务。但现有研究在理论研究和政策分析层面还存在两点不足：第一，从理论研究来看，现有研究关注了已脱贫家庭的返贫问题，但忽略了既往贫困家庭的脱贫质量问题。收入超过贫困线不等同于生活状况非贫困，由于收入转化为生活水平还需要必要家庭工作时间的匹配，也依赖于生活成本的高低。目前以收入为标准的识别和退出标准，会存在收入超过贫困线，但生活水平仍处于贫困状况的隐性贫困问题，这也是本书引入隐性贫困视角的重要原因。第二，从政策分析来看，虽然现有研究明确指出了贫困脆弱性等与脱贫质量有关的问题，但对于政策层面如何应对并没有在现有政策框架下给出改进思路。改善脱贫质量需要识别进一步帮扶的对象，并根据帮扶对象的禀赋特征和扶贫诉求进行精准施策，但现有研究并没有明确给出精准识别和精准施策的思路。隐性贫困能够基于现有贫困线对返贫敏感人群进行识别，并通过各类家庭的可得资源，给出精准施策的政策启示。

二、深度贫困地区的自我发展能力

自我发展能力不足依然是既往深度贫困地区在当前阶段制约巩固拓展脱贫攻坚成果的重要问题，深度贫困地区自我发展能力不足在源头上体现为产业发展基础依然薄弱，并在终端上体现为贫困家庭从事生产经营活动的要素投入能力不足、要素投入产出效率较低，以及独立发展意愿薄弱，甚至出现"等靠要"等不理性认知。

从深度贫困地区自我发展能力不足的成因来看，吴乐（2018）认为深度贫困地区自我发展能力不足的原因包括四个方面：一是深度贫困地区的资源禀赋约束；二是在基础设施建设上依然存在短板；三是深度贫困地区的精神贫困问题较为突出；四是深度贫困地区基层干部和工作人员的能力还有待加强。许汉泽和李小云（2019）具体分析了深度贫困地区产业发展层面的内生动力不足问题，认为深度贫困地区贫困主体的个人能力缺失、社会机会缺乏等因素综合导致贫困户对产业扶贫项目参与不足。万良杰（2019）强调了贫困认知对深度贫困地区自我发展能力的影响，认为深度贫困地区的贫困群众长期受居住环境的影响，形成了贫困认知偏差和贫困圈层文化，对贫困主体的内生动力产生消极影响。左停和田甜（2019）认为深度贫困地区处于发展边缘，扶贫政策供给和需求之间存在空间错配，发展空间的结构性问题是深度贫困地区自我发展能力不足的重要成因。

从深度贫困地区自我发展能力的提升来看，现有研究给出的思路包括当前政策框架下的挖潜和新政策的接续两个方面。从当前政策的挖潜来看，程世勇（2018）关注了东西部扶贫协作对深度贫困地区自我发展能力提升的重要作用，张蓓（2017）分析了扶志和扶智相结合来提升深度贫困地区内生动力的实践路径，左停等（2019）强调了应将文化视角纳入精准扶贫实践，通过重塑深度贫困地区的文化信息，促进自我发展能力培育。从新政策的接续来看，郑瑞强等（2018）、豆书龙和叶敬忠（2019）、雷兴长（2019）等都认为乡村振兴能够为既往脱贫攻坚的产业基础提供纵深发展的机会，强调通过脱贫攻坚和乡村振兴的政策协同，来夯实深度贫困地区的产业发展基础，进一步激发自我发展能力。

现有研究从区域发展和个人发展两个方面，对深度贫困地区自我发展能力问题进行了较为全面的分析。基础设施、公共服务等存量因素都能够随着经济发展而不断改善，制约深度贫困地区自我发展能力的关键依然在于家庭层面。家庭层面的自我发展能力不足依赖于对两个问题的回答：一是现有政策是否对家庭自我发展能力培养进行了足够关注，二是外部的帮扶资源是否有效转化成为了贫困户的自我发展能力。针对第一个问题，现有研究已经表明在精准扶贫过程中存在重收入结果、轻能力培育的情况，出现该情况的原因在于现有的脱贫评价体系并不直接关注发展能力本身。因此，为了将扶贫资源引流到能力培育环节，需要在收入评价之外，寻找判断精准扶贫努力的新维度。针对第二个问题，现有研究也表明相当一部分贫困户存在"等靠要"的不理性认知，这表明现有以收入为标准的贫困识别和退出条件未能对贫困户的自我努力起到助推和激励作用，如何在贫困识别中纳入对贫困户主动作为的激励是国内精准扶贫政策研究尚未系统展开的内容。

第二节
脱贫地区后扶贫阶段帮扶愿景与战略的相关研究

在全面建成小康社会阶段，研判全面建成小康社会之后的帮扶问题是当前贫困研究的热点。针对 2020 年后的扶贫愿景和战略重点，黄征学等（2019）给出了 2020 年后扶贫工作的五个转向，包括减贫目标盯住更高贫困标准，减贫方向转向城乡兼顾，减贫重点转向防范返贫，减贫动力转向内生发展，财政支持突出保底和靶向。现有研究认为 2020 年后的贫困问题包括相对贫困和城市贫困两个方面。

一、相对贫困问题的研究

精准扶贫阶段，中国的扶贫目标是 2020 年全面消除绝对贫困，但绝对贫困的消除并不意味着贫困问题的终结。李小云和许汉泽（2018）给出了使用相对贫困来调高贫困线的若干原因，包括：第一，现有标准下已脱贫人口的家庭生计依然脆弱；第二，中国目前的社会保障覆盖面虽然较广，但兜底覆盖的强度还比较有限；第三，对标物价水平和发达国家的贫困线水平，中国目前使用的贫困线依然存在变动的可能。2020 年后，隐性贫困将会成为农村扶贫工作的重要目标。针对 2020 年后相对贫困线的设定问题，叶兴庆和殷浩栋（2019）认为可以根据收入中位数比例法，将收入中位数的 30% 或者其他比例作为相对贫困线。孙久文和夏添（2019）根据中国相对贫困和绝对贫困交叉的特点，设计了两区域、两阶段设定方法。现有研究尚未对中国相对贫困群体的典型特征进行测度和刻画，但对相对贫困的帮扶问题给出了施策方向：一是将公共服务数量和质量的均等化作为相对贫困治理的基础；二是进一步推动经济增长的包容性和益贫性；三是推进城乡一体化贫困治理体系；四是进一步加大落后地区的经济开发力度。

二、城市贫困问题的研究

单德朋（2019）认为随着农村反贫困进程的持续推进，城市贫困的相对比重趋于上升，冯丹萌和陈洁（2019）也认为 2020 年后城市贫困问题日益凸显，城市贫困治理是全面建成小康社会后的重要扶贫方向。此外，随着城乡劳动力流动壁垒的破除和城市化进程的持续推进，农村劳动力的乡城流动也将导致贫困的城乡叠加现象（单德朋等，2015）。王锴（2019）

还区分了城市绝对贫困和相对贫困，认为城市相对贫困发生率无明显改善，显著高于绝对贫困发生率。针对城市贫困治理问题，现有研究并没有给出明确的施策思路，只是强调构建城乡一体的扶贫政策框架，并强调社会保障兜底覆盖对城市贫困减缓的作用。

相对贫困和城市贫困的已有研究，对中国 2020 年后的扶贫政策制定具有重要的理论价值，但现有研究对相对贫困和城市贫困识别标准的研究还不够。从城市贫困的识别来看，目前的城市贫困线依然和低保线相同，从而导致在当前识别口径下，城市贫困发生率较低，这也是既往政策和理论研究不关注城市贫困的主要原因。城市和农村维持必要生活水平的所需产品不同，获得这些必需品的成本也不同，因此城市贫困线应显著区别于农村贫困线。并且，不同城市之间的物价差异也较大，在卡路里标准下如何形成与城市特点相符的贫困线是未来研究应予以关照的问题。从相对贫困来看，现有研究普遍认为应以收入中位数的某个比例作为相对贫困线，但基于中国目前的发展阶段，如何设定符合国情国力的相对贫困线，以及如何让相对贫困线激发相对贫困人口的自我发展能力是当前相对贫困研究需要关注的重点问题。

第三节

巩固拓展脱贫攻坚成果与乡村振兴有效衔接的相关研究

"十四五"时期，既往深度贫困地区同时面临巩固拓展脱贫攻坚成果与乡村振兴两大任务，如何实现两者的有效衔接是理论和政策研究重点关注的问题。尤其是《中共中央、国务院关于实现巩固拓展脱贫攻坚成果同乡村振兴有效衔接的意见》出台以来，教育部、人力资源社会保障部、交通运输部、卫生健康委、国家医疗保障局、国家林业和草原局、中华全国供销合作总社、中国人民银行等国家部委、相关单位陆续出台落实的实施意见。理论层面也进行了大量跟进研究，2020 年 12 月 16 日《中共中央、国务院关于实现巩固拓展脱贫攻坚成果同乡村振兴有效衔接的意见》出台之后，在中国知网以脱贫攻坚和乡村振兴为主题的论文显著增加，在数量上与该时间点之前的发文数量总和持平。理论研究对巩固拓展脱贫攻坚成果与乡村振兴有效衔接的逻辑关系和实现路径进行了重点关注，汪三贵和冯紫曦（2020）认为乡村振兴和脱贫攻坚的不同体现在扶持对象、帮扶政策和顶层设计三个方面，扶持对象从既往的收入绝对贫困转向相对贫困，帮扶政策从聚焦特定个体的集中帮扶转向普惠帮扶，顶层设计也从贫困县、贫困村、贫困户等点状单元转为面向更广范围。在政策衔接路径上，要统筹推进巩固拓展脱贫攻坚成果、农业农村现代化、乡村振兴，在过渡期限内做好既往脱贫攻坚政策"四个不摘"与乡村振兴战略的政策衔接。高强（2020）认为要把既往脱贫攻坚政策分为保障性、开发性、支撑性、综合性四个维度，把乡村振兴政策分为发展性、建设性、公共性、改革性四个方面，将两类政策的各个方面分别构建衔接机制进行对接，最终合并整合为防范返贫、产业就业、公共服务、兜底保障、区域开发和城乡改革六个方面构成的衔接体系，并根据盯住目标的变化对既往政策进行调整、加强、转化等分类调整。贾晋和尹业兴（2020）认为巩固拓展脱贫攻坚成果与乡村振兴的有效衔接的关键体现在三个方面，分别是产业扶贫与产业振兴的衔接、民生基础设施建设与产业基础设施建设的衔接、贫困户脱贫与巩固拓展脱贫攻坚成果的衔接。总体可以将现有研究涉及的重点衔接主题分为建立健全巩固拓展脱贫攻坚长效机制和接续推动脱贫地区发展两个方面。

一、建立健全巩固拓展脱贫攻坚长效机制的研究

（一）健全防止返贫动态监测和帮扶机制

防范返贫、降低返贫致贫风险是巩固拓展脱贫攻坚成果的最现实最迫切问题之一（左停和赵梦媛，2021）。不同致贫原因家庭的返贫风险存在显著差异，需要分类施策（耿新，2020；吕光明等，2021）。在盯住对象上，重点是脱贫不稳定户、边缘易致贫户，因病因灾因意外事故等刚性支出较大或者收入大幅下降时导致返贫致贫的重点原因，需要定期监测。也有学者认为由于脱贫攻坚过程中的"悬崖效应"，既往边缘非贫困村比贫困村面临着更高的返贫致贫风险问题，因此监测体系也应对此类非贫困村予以重点关注（章文光等，2020）。在监测方式上需要在关注重点群体的基础上，利用大数据平台进行定期筛查，并畅通自主申报通道，发挥基层

组织和群团组织、社会组织的作用。

（二）持续提升"两不愁三保障"重点指标的保障水平

持续提升"两不愁三保障"重点指标的保障水平主要包括教育保障、农村医疗保障、基本住房安全保障等方面。教育关乎人力资本积累和发展动力，有助于降低风险暴露水平，是构建返贫风险管理体系的重要一环（杨龙等，2021）。李涛等（2020）认为后扶贫阶段，教育问题依然面临诸多挑战，主要包括农村学前教育"入园难、入园贵"，义务教育均衡需持续巩固，农村高中升学和质量亟待提升，职业教育吸引力不足，高等教育帮扶机制需要创新，贫困学生资助力度和精度需要进一步改善等。此外，特殊教育（方征等，2021；杜尚荣等，2021），乡村教师队伍建设（潘安琪，2020）等也是影响教育有保障的重要因素。农村医疗保障主要体现在统筹发挥基本医疗保险、大病保险、医疗救助三重保障制度的综合梯次减负功能（鲍震宇和赵元凤，2018）。林万龙和刘竹君（2021）认为后续施策难点主要体现在两个方面：一是建档立卡贫困户与非贫困户之间的医疗福利"悬崖效应"，两者无论是在报销数额还是自付比例上均有显著差别；二是既往政策的普惠性延续会给地方财政带来较大压力，如何设计分类资助参保政策是"四个不摘"过渡期需要面对的重点问题之一。在住房安全有保障方面，脱贫地区和脱贫人口既面临着自然灾害导致的致贫返贫问题，也面临着从脱贫攻坚"有没有"到乡村振兴"好不好"的转变（张娟娟，2020）。提升基本住房安全保障水平的重点工作包括：一是持续实施脱贫人口的住房安全动态监测，尤其是地质灾害易发地区，需要构建动态监测、应急处置、易地搬迁等长短结合的处置体系；二是实施农房改造，提升农村住房应对地震等自然灾害损伤的能力。此外，易地扶贫搬迁后续扶持也是巩固拓展脱贫攻坚成果的重点工作，李聪等（2021）研究了本土化安置情境下易地扶贫搬迁与乡村振兴有机衔接的脱贫模式，并识别了多元增收、精神脱贫、社区融入三个稳定脱贫的关键问题。周强等（2020）认为搬迁农户生计资本的变化是影响其生计持续发展的根本原因，乡村振兴为易地搬迁农户的生计重构和延续提供了政策支持。

二、接续推动脱贫地区发展的相关研究

依托乡村振兴重点帮扶县和帮扶村推动重点脱贫地区发展是巩固拓展脱贫攻坚成果与乡村振兴有效衔接的重点区域，涉及的重点工作除了持续改善脱贫地区基础设施条件、提升脱贫地区公共服务水平等常规工作之外，要尤为关注脱贫地区乡村特色产业培育和脱贫劳动力稳定就业问题，这也是接续推动脱贫地区发展的重点研究领域。

（一）发展壮大脱贫地区乡村特色产业

产业发展是脱贫攻坚"五个一批"涉及范围最广的帮扶政策（刘红岩，2021），政府通过介入资金、人力资本、技术等要素投入领域，差别化精准扶持，激发贫困主体内生动力，成为我国脱贫攻坚典型经验的重要组成部分。特色产业发展不仅是脱贫攻坚的重要内容，也是乡村振兴的重要目标（郭景福和田宇，2020），是脱贫攻坚和乡村振兴政策衔接的直接抓手，但产业扶贫和产业兴旺在政策目标、政策内容和政策对象上都存在较大区别，不能简单沿用产业扶贫的政策实践应对产业兴旺的新要求。刘明月和汪三贵（2020）识别了两者衔接的困难，主要包括产业扶贫倾向于以同质化手段应对短期增收问题，直接盯住种植养殖业的最终产品，缺乏对前后产业链条的深耕细作，市场主体的参与动力主要靠政府推动，企业和农户的利益联结机制尚未形成稳健关联。从巩固拓展脱贫攻坚成果与乡村振兴有效衔接的角度，脱贫地区乡村特色产业发展涉及的实践问题包括发展什么、谁来发展、如何扶持等方面，内嵌其中的理论问题则是不同行为主体的利益联结机制问题。何龙斌（2020）提出从产业发展环境治理、产业主体参与动力、优势特色产业培育、产业发展风险防范，以及产业发展政策保障五个方面构建产业扶贫和产业兴旺的衔接机制。其中的关键问题依然是要让各利益相关方能够干、愿意干。乡村特色产业发展中涉及的利益相关主体包括龙头企业、致富带头人、新型职业农民和家庭农场、农民专业合作社等。黄祖辉等（2020）认为经营主体之间的利益共赢机制还没有完全建立，贫困农户往往处于不利地位，产业扶贫也存在"精英俘获"现象。针对利益联结机制问题，现有研究既关注了新型经营主体的联

结逻辑（杜洪燕等，2021），又细分特定场景进行了针对性研究，如白丽和赵邦宏（2015）研究了食用菌产业，王胜等（2021）研究了电商扶贫过程中的利益联结机制问题。钟真等（2020）认为当前阶段的农业产业化利益联结机制依然需要解决行为主体之间的利益调节、分配和保障问题，需要通过优化扶持手段、治理结构等予以应对。除了利益联结机制之外，脱贫地区的特色产业发展还需要关注新业态的融合问题，包括依托生态产业化实现生态产品价值转化，依托消费帮扶构建稳定产销关系，依托互联网赋能壮大直播电商等新业态新模式等。

（二）促进脱贫劳动力稳定就业

稳定脱贫劳动力就业的主要渠道包括通过技能培训提升脱贫人口就业能力，通过优化公益性岗位安置就业困难人员，鼓励优秀农民工返乡创业扩展就业选择，以及积极拓展劳动力就业转移渠道等。技能培训、公益性岗位和转移就业服务体系都属于自上而下的政策实践，而理论研究更为关注返乡创业群体在乡村振兴过程中的就业创造和产业带动作用。曹宗平（2021）全面分析了乡村振兴中人力资本的类别和特征，将其刻画为老年农人有心无力，外来农人有力无心，兼职农人三心二意，专职农人心灰意冷，返乡农人一心一意。认为应该充分发挥返乡农民工的人力资本优势，发挥其在乡村振兴和创业就业中的积极作用。郭阳（2021）发现退城入乡现象在小镇青年样本中较为常见，小镇青年的受教育水平、技能、经验、视野等人力资本与乡村振兴目标的匹配度较高，但也面临着多元角色期待、社会融入不足、社会支持匮乏等现实问题。陶自祥（2021）也认为乡村青年的缺场将导致乡村振兴内生动力不足，认为应该区分知识型青年、返乡型青年和在地型青年，根据其诉求的不同制定差异化政策，让青年在乡村振兴中返场驻场。杨建海等（2021）通过研究扶持政策与返乡创业就业拉动效应之间的关系发现，税费减免、奖补政策等财政支持政策能显著提升返乡创业的综合就业拉动作用，而创业培训和产业扶持政策则对建档立卡贫困户和残疾人等特殊群体的就业带动作用更大。如何发挥好返乡农民工，尤其是返乡青年的积极作用是促进脱贫地区稳定就业的关键问题之一。

第四节

凉山州脱贫攻坚与乡村振兴的相关研究

凉山州作为典型的深度贫困地区，一直是贫困研究的重点研究区域。凉山州的贫困主要受自然地理条件、民族历史文化和经济发展基础等因素的综合影响（刘浩和赵晓霞，2013）。从自然地理条件来看，凉山州深度贫困人口主要处于高二半山区和高寒山区，脆弱的地理生态环境既导致农业生产资本难以积累，同时自然灾害也进一步加剧了生计资本的波动风险（蓝红星，2013）。从民族历史文化来看，凉山州贫困人口由于长期贫困的惯性，市场经济意识薄弱，导致难以实现资本积累和复利红利（明亮和王苹，2019）。需要注意的是，该种消费文化并非不能转变的外生前提，而是内嵌于长期处于贫困状况的自我调适，但该种文化场景的改变也非一日之功，帮扶政策的设定需要考虑凉山州特殊的历史文化对社会分层和资源配置的长期影响。针对凉山州自然地理条件、民族历史文化和经济发展基础面临的问题，政策层面集中大量资源对凉山州进行了重点帮扶，实现了全面消除绝对贫困的历史性成就，但发展基础还有待进一步夯实，理论研究也对凉山州巩固拓展脱贫攻坚成果与乡村振兴的有效衔接进行了关注。高静等（2020）研究了凉山州脱贫攻坚与乡村振兴统筹的衔接路径，任务的主要难点在于凉山州主导产业的衔接缺乏持续动力来源，脱贫攻坚中心工作模式与乡村振兴重点工作模式需要切换，凉山州人力资本存量不能支撑全面乡村振兴的要求，基础设施和公共服务均等化的差距依然较为明显，历史文化因素依然在现代经济发展中发挥作用等。凉山州巩固拓展脱贫攻坚成果与乡村振兴有效衔接的政策难点主要体现在产业发展、基础设施和基本公共服务，以及移风易俗三个方面。

一、产业发展方面的研究

常瑞等（2019）指出了凉山州产业发展面临的问题包括"小、散、弱"现象突出，产业资本积累较慢；部分乡镇在政府推动产业过程中有方向跟风、力度聚焦不够、持续配套不力等问题；新型经营主体内生动力不强，带动能力较弱；产业融合程度不够，产业发展的系统推进有短板等。王美英（2018）以会理县烤烟产业为例，聚焦烟区面积减少、种植质量不高、参与动机不足等问题，研究了特色产业发展在凉山州巩固拓展脱贫攻坚成果中的作用和路径。如何应对市场竞争力和内生动力不足的问题是凉山州产业接续的重中之重，也是后续同类研究的焦点问题。中心工作模式切换之后，帮扶资源将变成常态化制度性供给，在规模、质量和响应上都会有显著不同，凉山州需要找到本地要素的价值发现和价值实现路径，从而获得长效市场化动力来源。

二、基础设施和基本公共服务方面的研究

何仁伟等（2019）从教育、医疗卫生等领域关注了凉山州人力资本在巩固拓展脱贫攻坚成果同乡村振兴有效衔接中的作用，认为人力资本是凉山州农户生计资本的重要组成部分，人力资本既涉及教育文化，又包括健康状况，人力资本的不同类型对不同地区的不同生计策略的影响有异质表现和空间差异，人力资本积累需要因地制宜、因人而异精准施策。谢楠等（2020）分析了凉山州脱贫户的生计资本及返贫风险，发现凉山州脱贫户的人力资本水平依然较低，需要持续加大农村学前教育、基础教育和技能教育的支持力度，并通过医疗公共服务体系建设，防范生计风险冲击。常晓鸣（2021）分析了凉山州易地扶贫搬迁户的政策满意度感知，认为凉山州需要建立初级技能终身免费培训机制和中高级技能专项补贴的技能培训体系，易地扶贫搬迁社区依然需要持续完善供水、供电、对外交通等基础设施，并需要持续改善休闲活动区域、垃圾污水处理等公共服务供给。基本公共服务均等化是凉山州乡村振兴阶段依然面临的重要课题，其必要性和重要意义毋庸置疑，但难点在于可负担性以及实现路径。后续研究需要进一步研判哪些重点工作是底层支撑需要集聚资源首先完成的，哪些是发展中的问题可以水涨船高用增量解决的。

三、移风易俗方面的研究

唐钱华（2019）、陈永亮和张立辉（2020）关注了文化层面的移风

易俗在凉山州巩固拓展脱贫攻坚成果与乡村振兴有效衔接中的作用，陈成（2019）研究了移风易俗对凉山州农村妇女脱贫的影响。在凉山州，移风易俗既是乡村振兴中文化振兴目标的主题与难题，也是关乎巩固拓展脱贫攻坚成效的重要胜负手之一和其他乡村振兴目标实现的背景变量。在此过程中的重点任务包括：一是合理确定政府在移风易俗中的角色定位，在尊重民族习俗的基础上如何因势利导，且不搞"一刀切"是角色定位和政策实施的重要难点；二是如何系统发挥本地乡贤和关键少数的作用是重要的工作内容，当地贤达、新型经营主体、基层社团组织都是移风易俗的重要影响因素，如何系统设计、一体推进还需要进一步研究；三是积极发挥普通话推广和义务教育体系在移风易俗中的作用。

针对凉山州巩固拓展脱贫攻坚成果同乡村振兴有效衔接的重要意义和重点难点，四川省委办公厅、省政府办公厅印发了《关于支持凉山州做好巩固拓展脱贫攻坚成果同乡村振兴有效衔接的若干措施》，提出要通过巩固拓展脱贫攻坚成果、产业和就业扶持、"美丽四川·宜居凉山"建设、基础设施建设、教育医疗卫生事业发展、社会治理、财政金融政策、土地政策、综合帮扶9个方面的支持政策，促进凉山州做好巩固拓展脱贫攻坚成果同乡村振兴有效衔接。如何理顺涉及相关主体之间的利益联结机制，构建内外协同的长效动力机制，持续评估并改善政策实施绩效都是后续研究需要关注的重点问题。

第五节

隐性贫困测度与应用的相关研究

以收入为标准的贫困识别主要面临两个问题：一是以收入为标准可能不利于激发贫困主体的主动作为，形成对收入转移的依赖；二是以收入为标准难以识别收入不贫困但生活水平低于贫困状况的隐性贫困人口。既往研究也对这两方面的问题进行了专门研究，隐性贫困正是在对这两个问题的反思之下逐渐推进的，这些研究为本书提供了重要思想基础。

很多国家都基于收入水平制定了收入转移支付政策，来改善收入分配格局。现有研究虽然都认为收入转移支付项目能够有效改善贫困群体的福利水平（Saez，2012），但也对部分群体的工作积极性产生了消极影响，从而导致公平与效率的权衡替代。现有研究对收入转移政策的最优设计方案还存在广泛分歧，负税收、临时救助、收入返现、实物补贴等都是潜在的备选方案。克泽玛和威廉姆斯（Kyzyma and Williams，2017）、尤索夫（Yusuf，2013）专门研究了收入转移支付对贫困减缓的影响，确认了不同收入转移支付项目对贫困人口福利的异质影响。樊丽明和解垩（2014）研究了中国公共转移支付对贫困脆弱性的影响，认为转移支付不仅是为了现金补助，更重要的是提升贫困人口的人力资本并激发内生动力实现双向互促。收入转移支付效率的相关研究主要分歧有两点：一是收入转移支付项目能否盯住贫困人口；二是如何更有效率地改善收入不平等。隐性贫困识别能够较好地应对这两点分歧，一方面，隐性贫困能够更好地识别收入非贫困的隐性贫困人口；另一方面，隐性贫困还能通过对时间赤字的关注，实现对受援者工作时间的正向激励。

一、国外隐性贫困问题的研究

国外学者已经对隐性贫困问题进行了前瞻探索，形成了基本一致的概念界定，但对于隐性贫困成因的识别还各有侧重。隐性贫困是指收入或消费高于政府设定的贫困线，未能被识别为贫困人口，但实际生活水平低于贫困线对应水准的情况。国外学者的研究重点在于这部分人口实际生活水平低于贫困线对应水准的原因，相关研究主要有四类：第一，因时间赤字导致的隐性贫困，列维经济研究所（The Levy Economics Institute）的萨迦利亚（Zacharias）团队是该领域研究的重要力量，他们认为传统的贫困测度方法假设个体和家庭有足够的时间从事基本生活所必需的做饭、清洁和照料家庭成员等家庭服务，但时间赤字的存在导致这些家庭必须从市场中购买家庭服务的替代品，从而导致同等收入家庭，面临差异的生活质量，他们提供了引入时间赤字调整的贫困测度方法——LIMTIP 方法。第二，因风险冲击导致的隐性贫困，弗洛雷斯等（Flores et al.，2008）研究了健康支出导致的隐性贫困，由于健康风险冲击导致收入高于贫困线的家庭，生活质量低于应有水准。奥耶卡莱等（Oyekale et al.，2010）则研究了农业生产投入品成本波动导致的风险冲击及其形成的隐性贫困。第三，因家庭内部资源分配不均等导致的个体隐性贫困，凯蒂朗等（Cantillon et al.，2016）认为既往贫困识别方法假定资源在家庭内部平等分配，但实际上由于性别差异、文化、就业特征等原因，会导致非贫困家庭内部存在部分成员占用资源较少，生活质量低于应有水准，从而形成非贫困家庭内部的隐性贫困个体。第四，特殊群体的生活需要导致的隐性贫困，如帕迪拉·弗劳斯托等（Padilla – Frausto et al.，2015）研究了加利福尼亚老人群体的隐性贫困问题，老年人的生活支出高于法定贫困线所对应的水准，从而导致隐性贫困。从隐性贫困的研究动态来看，国外学者对于隐性贫困的研究主要侧重某个特定群体，强调在测度方法中引入更多变量，更能够准确界定反映生活水平的门槛值，减小测度偏误。如弗洛雷斯等（2008）通过引入储蓄、亲友借款等改善了健康风险冲击导致的隐性贫困测度方法。但现有研究缺乏对于隐性贫困的整体系统测度，尤其缺少针对中国样本的测度。

二、国内隐性贫困问题的研究

贾海彦和王晶晶（2019）将隐性贫困界定为收入之外，住房、健康和教育等重要民生维度的贫困，该群体在非贫困户中尤为显著，形成了现行瞄准机制的内在缺陷，后扶贫阶段需要改变帮扶政策中对于收入维度的单一目标倾向。杨阳（2019）将隐性贫困界定为消费升级背景下，炫耀性消费收入结构和消费结构错配导致的新型贫困人群。并认为个体对贫困状况的主观感知和判断也应归入脱贫的考量因素，贫困发展线识别隐性贫困是除收入贫困线、温饱线之外测度多层次贫困的又一重要指标。孙咏梅（2019）将隐性贫困界定为非物质的贫困，以收入为主的显性贫困之外的一种贫困，包括焦虑等精神层面的主观贫困和医疗教育等方面的相对贫困。隐性贫困的测度和识别难度大，是既往脱贫攻坚政策瞄准的"盲区"，在后扶贫阶段需要前瞻应对。徐昀等（2019）分析了城市存在的隐蔽性贫困人口，主要包括无业人员、刑释解教人员、70周岁以上老人、独居居民等重点群体。并认为城市贫困空间开始从显性贫困转向隐性贫困，以往棚户区和老旧小区贫困辨识度高且暴露性强，但随着城市化进程的推进，城市贫困人口更多被安置到保障性住房，整体存在感减弱，隐匿于现代化的城市景观中，单靠建筑外观和是否申领低保已经无法识别这部分隐性贫困人口。国内学者对于隐性贫困问题的敏感观察为本书提供了扎实基础，也佐证了深入研究隐性贫困问题的必要性。但从对隐性贫困的界定来看，国内同类研究还存在三个问题：一是没有给出明确的测度方法；二是没有充分考虑扶贫目标的可负担性；三是没有体现隐性应对策略与现行帮扶政策的衔接，而以阐述隐性贫困的表现为主，缺乏隐性贫困帮扶的实质思路。

第六节

现有研究述评

本书在全面小康到共同富裕的历史背景下，以凉山州这一典型既往深度贫困地区为研究区域，以隐性贫困为研究视角和研究主线，研究凉山州后扶贫阶段的帮扶对象和帮扶措施，为凉山州和同类既往深度贫困地区实现巩固拓展脱贫攻坚成果同乡村振兴有效衔接提供政策建议。本书的知识基础主要包括五个方面研究：一是深度贫困地区精准扶贫问题；二是后扶贫阶段的帮扶问题；三是巩固拓展脱贫攻坚成果同乡村振兴的有效衔接问题；四是凉山州贫困问题；五是隐性贫困问题。现有研究为本书提供了丰富的典型事实、扎实的理论基础、翔实的数据资料和富有洞见的政策启示，但对标本研究的研究目的和研究内容，现有研究受研究范畴、政策背景和时代进程所限，还有一定的局限性，本书对于既往研究的改进主要体现在如下两个方面。

第一，现有研究指出深度贫困地区自我发展能力依然不足，脱贫质量需要予以关注，但尚未在统一概念框架下进行解释。自我发展能力不足是个动态问题，在全面建成小康社会之后的后扶贫阶段，既往深度贫困地区自我发展能力不足的具体表现与脱贫攻坚初期和中期阶段存在显著不同，道路基础设施和基本公共服务这些存量问题已经大幅改善，我们需要对当前阶段既往深度贫困地区自我发展能力不足的关键点进行明确。通过精准扶贫阶段的大规模帮扶，既往深度贫困地区已经初步具备了发展的软硬件条件，特殊群体的社会保障兜底覆盖网络也已经建成。当前的主要帮扶增量是防范有一定发展能力的脱贫人口返贫，如何激发内生动力盘活存量发展能力是后续帮扶的重要难点。但现有研究没有能够给出统一的概念框架，普遍还是采用生计资本、多维贫困等概念，其逻辑是创造和盯住新的短板目标，拓展帮扶政策资源增量，这并不符合我国当前"尽力而为、量力而行"，不"开空头支票、盲目吊高胃口"的发展实际。本书给出的隐性贫困框架，强调的是通过在隐性贫困测度中考虑个体的劳动付出，激励存量发展能力和生计资本的主动作为和优化配置，是现有帮扶体系和"四个不摘"政策的有益补充，而非另起炉灶。同时，本书的隐性贫困框架也能够对后续分类帮扶提供划分界限，体现精准施策。从脱贫质量来看，不同主体的脱贫质量或者返贫概率存在异质表现，并且脱贫质量的影响因素也存在显著不同，需要细分主体分类展示。本书引入隐性贫困概念能够将深度贫困地区家庭细分为：收入贫困和隐性贫困双重贫困家庭、收入非贫困但隐性贫困家庭，以及非贫困家庭。并将隐性贫困家庭根据家庭资源，分成外部不可控力量导致的隐性贫困和自我选择的隐性贫困。基于隐性贫困的群组细分不仅能够细分识别不同主体的脱贫质量问题，而且有助于通过家庭资源状况的分析，在隐性贫困概念框架下形成农户自我发展能力与脱贫质量的统一解释。

第二，现有研究对于未来扶贫愿景和战略重点的分析，与既往深度贫困地区的实际情况还难以匹配，需要针对既往深度贫困地区的特性进行专门研究。城市贫困和相对贫困并非既往深度贫困地区贫困的主要矛盾所在，巩固拓展脱贫攻坚成果是既往深度贫困地区 2020 年后依然面临的重要任务，该任务在"十四五"期间尤为重要。既往深度贫困地区需要做好2020 年后帮扶群体的精准识别和精准帮扶问题，并在帮扶政策上与乡村振兴战略形成有效政策协同。本书通过引入隐性贫困，能够在不大幅改变现有贫困线和扶贫政策的基础上，识别隐性贫困人口，并对临界贫困人口给出更科学的识别标准。隐性贫困测度过程中对家庭劳动力资源的更全面判断，也有助于对隐性贫困人口因人因户精准施策。既往研究重点是深度贫困地区如何消除绝对贫困的问题。2021 年 2 月 25 日，习近平总书记在全国脱贫攻坚总结表彰大会上庄严宣告，我国脱贫攻坚战取得了全面胜利，也明确要求"我们要切实做好巩固拓展脱贫攻坚成果同乡村振兴有效衔接各项工作，让脱贫基础更加稳固、成效更可持续。"① 本书也顺应时代新要求，在既往研究的基础上，研究了隐性贫困框架下深度贫困地区巩固拓展脱贫攻坚成果同乡村振兴的有效衔接问题，从而与既往研究和新的政策要求形成了呼应。

---

① 习近平：《在全国脱贫攻坚总结表彰大会上的讲话》，载《人民日报》2021 年 2 月 26 日。

第 三 章

脱贫地区减贫历程与 2020 年后的扶贫工作重点

党的十八大以来，习近平总书记站在全面建成小康社会、实现中华民族伟大复兴中国梦的战略高度，把脱贫攻坚摆在治国理政突出位置，推动中国减贫事业取得巨大成就，对世界减贫进程作出了重大贡献。[①] 习近平总书记高度重视凉山州等深度贫困地区的脱贫问题，明确指出四川凉山等连片的深度贫困地区"生存环境恶劣，致贫原因复杂，基础设施和公共服务缺口大"[②]。习近平总书记于 2018 年 2 月深入大凉山腹地考察脱贫攻坚工作，与当地干部群众共商脱贫之策，并对加大易地扶贫搬迁力度，发展适合当地生态的特色产业，加强实用技术和职业技能培训，补齐教育短板等[③]提出了希望和要求。习近平总书记关于扶贫工作的重要论述，为凉山州脱贫攻坚政策实践提供了思想来源和方向指引。2020 年 11 月 17 日，四川省批准凉山州 7 个县脱贫摘帽，凉山州 94.2 万个建档立卡贫困户全部脱贫，贫困县全部摘帽，2072 个贫困村全部退出，"一步跨千年"的凉山州实现了从贫穷落后到全面小康的历史性跨越。回顾凉山州脱贫攻坚历程，对于理解脱贫攻坚伟大精神，厘清后扶贫阶段工作重点都有重要意义。

---

① 汪晓东、宋静思、崔璨：《历史性的跨越新奋斗的起点》，载《人民日报》2021 年 2 月 24 日。

② 习近平：《在深度贫困地区脱贫攻坚座谈会上的讲话》，载《人民日报》2017 年 9 月 1 日。

③ 常雪梅：《记习近平总书记看望四川凉山地区群众并主持召开打好精准脱贫攻坚战座谈会》，新华社，2018 年 2 月 14 日。

第一节
从脱贫攻坚到乡村振兴的政策历程

一、精准扶贫战略实施之前的减贫政策

精准扶贫战略实施之前，凉山州的扶贫工作主要由三个扶贫开发纲要统领，分别是《国家八七扶贫攻坚计划（1994 – 2000 年）》《中国农村扶贫开发纲要（2001 – 2010 年）》《中国农村扶贫开发纲要（2011 – 2020年）》，如表 3 – 1 所示。随着扶贫攻坚进程的推进，扶贫对象和扶贫目标不断变化，帮扶措施也进行了针对性调整。精准扶贫战略实施之前的扶贫开发政策主要呈现如下几个特点。

表 3 – 1　　　　　　　精准扶贫战略实施之前的扶贫开发政策

项目	《国家八七扶贫攻坚计划（1994 – 2000 年）》	《中国农村扶贫开发纲要（2001 – 2010 年）》	《中国农村扶贫开发纲要（2011 – 2020 年）》
扶贫对象	没有完全稳定解决温饱的贫困人口	尚未解决温饱问题的贫困人口	在扶贫标准以下具备劳动能力的农村人口
扶贫重点	扶贫开发工作重点县	扶贫开发工作重点县	连片特困地区和原定重点县
扶贫目标	基本解决农村贫困人口温饱问题，人均纯收入达到 500 元	尽快解决少数贫困人口温饱问题	到 2020 年，稳定实现不愁吃、不愁穿，保障其义务教育、基本医疗和住房
交通条件	乡镇和主要集散地通公路	绝大多数行政村通路	到 2015 年，80% 的建制村通沥青（水泥）路
饮水安全	基本解决人畜饮水困难	基本解决人畜饮水困难	到 2015 年，饮水安全问题基本得到解决
生产生活用电	绝大多数贫困乡通电	绝大多数行政村通电	到 2015 年，全面解决贫困地区无电行政村用电问题

续表

项目	《国家八七扶贫攻坚计划（1994 – 2000 年）》	《中国农村扶贫开发纲要（2001 – 2010 年)》	《中国农村扶贫开发纲要（2011 – 2020 年)》
通讯设施	扩大电视收视率和有线广播覆盖范围	绝大多数行政村通邮、通电话、通广播电视	到 2015 年，基本实现广播电视户户通，行政村基本通宽带，自然村和交通沿线通信信号基本覆盖
教育文化	基本普及初等教育，积极扫除青壮年文盲；大多数青壮年劳动力掌握一到两门实用技术	确保在贫困地区实现九年义务教育，进一步提高适龄儿童入学率	到 2015 年，贫困地区毛入园率有较大提高；巩固提高义务教育水平；高中阶段教育毛入学率达到 80%
医疗卫生	改善医疗卫生条件，防止和减少地方病，预防残疾，严格实行计划生育	大多数贫困乡有卫生院、贫困村有卫生室，基本控制贫困地区的主要地方病	到 2015 年，乡镇有卫生院，村有卫生室；新农合参合率稳定在 90% 以上；乡镇卫生院有全科医生
就业促进	发展劳务输出，引导贫困地区劳动力合理有序转移	积极稳妥地扩大贫困地区劳务输出，加强技能培训	完善雨露计划，对农村贫困劳动力开展技术培训
移民搬迁	对极少数生存和发展条件特别困难的村庄和农户，实行开发式移民	对极少数生存和发展条件特别困难的特困人口，结合退耕还林还草搬迁扶贫	对生存条件恶劣地区扶贫对象实行易地扶贫搬迁
产业扶贫	重点发展种植业、养殖业和相关的加工业、运销业	继续把发展种养业作为扶贫开发的重点；积极推进农业产业化经营	培植壮大特色支柱产业，大力推进旅游扶贫
社会保障	要加强贫困地区的救灾和救济工作	无具体表述	逐步提高农村最低生活保障和五保供养水平

资料来源：笔者根据《国家八七扶贫攻坚计划（1994 – 2000 年）》《中国农村扶贫开发纲要（2001 – 2010 年）》《中国农村扶贫开发纲要（2011 – 2020 年）》汇编整理。

第一，扶贫标准递次提升，扶贫目标体现更多民生维度。设定的扶持收入标准从 1990 年不变价格的 500 元，上升至 2010 年不变价格的 2300元。扶贫目标也从基本解决温饱问题，逐渐演变到在"两不愁"的基础上实现"三保障"，保障贫困人口义务教育、基本医疗和住房安全。扶贫标准的提升既体现了贫困内涵的变化，更重要的是体现了我们对民生问题的大国担当。具体来看，中国贫困线的主要变动为：1986 年，我国根据卡路里标准，将人均纯收入 206 元作为贫困识别标准，后续随消费物价指数变化动态调整，2007 年贫困线调整至 785 元。2000 年将人均纯收入 865 元作为低收入标准，2007 年根据物价变动将低收入标准调整为 1067 元。2008 年贫困线和低收入线双线合一，将低收入标准作为贫困识别依据，经物价调整后，2009 年贫困线标准为 1196 元。自 2011 年起，我国将 2010 年不变价格下，人均纯收入 2300 元作为贫困线，并沿用至今。

第二，扶贫思路以开放式扶贫为主体，扶贫重点从贫困县转向集中连片特困地区。1994 ~ 2010 年，我国的扶贫重点聚焦 592 个扶贫重点县。随着扶贫开发进程的推进，剩余贫困人口进一步体现出空间集聚特征，并且在致贫原因上体现出高度的空间一致性。针对贫困空间分布格局和致贫原因的变化，我国从 2010 年开始将扶贫重点聚焦在 14 个集中连片特困地区，针对性展开新一轮扶贫开发工作。

第三，民生基础设施扶贫目标设定更微观，覆盖面更广。从交通条件来看，扶贫目标从乡镇和集贸市场通公路变为绝大多数行政村通路，并进一步调整为"到 2015 年，80% 的建制村通硬化路"。目标从乡镇到村，从通路到通硬化路，生产生活用电和通讯设施同样也体现了从乡镇到全面解决行政村用电和通讯问题，聚焦目标更微观，考核指标更具体。从饮水安全来看，扶贫目标从基本解决人畜饮水困难调整为"到 2015 年，基本解决饮水安全问题"。

第四，教育医疗卫生目标涵盖维度更广，公共服务均等化程度显著提升。在教育目标上，对普及九年义务教育进行了明确，并对贫困地区义务教育的前端三年入园率和后端高中教育入学率目标进行了延伸。在医疗卫生目标上，目标设定更为具体。从逐渐改善医疗卫生条件，到乡有卫生院、村有卫生室，并对全科医生数量进行了明确。在此基础上，针对因病致贫问题，还对新农合参保率和保障水平提出了符合现实发展水平的要求。

第五，扶贫开发帮扶措施针对性更强，扶贫体系更为完善。随着市场需求结构变迁，贫困地区产业扶贫思路也逐渐从聚焦种植业、养殖业，转变为产业化经营，并对旅游扶贫进行了单独关注。在就业促进上，从外出务工为主，逐渐调整为本地就业和外出务工并举；在人力资本培育上，也从技能培训专项变更为系统的雨露计划。社会保障在扶贫中的作用，从救灾、救济转向通过提高低保线对贫困人口进行制度性兜底。

二、精准扶贫阶段的政策历程

随着《国家八七扶贫攻坚计划（1994－2000 年）》《中国农村扶贫开发纲要（2001－2010 年）》《中国农村扶贫开发纲要（2011－2020 年）》的深入实施，开发式扶贫通过盯住贫困地区区域开发取得了巨大的减贫成效。同时，由于剩余贫困地区和贫困人口的致贫原因和贫困深度的动态变化，经济增长的减贫弹性开始递减。党的十八大以来，习近平总书记立足新时代提出精准扶贫方略。从精准扶贫战略的提出，到打赢脱贫攻坚战的决定，到推进深度贫困地区脱贫攻坚，再到解决"两不愁三保障"突出问题，构成了贫困地区实施精准扶贫战略的主线。习近平总书记通过深入贫困地区调研，两会期间参加各省区代表团审议，召开打赢脱贫攻坚战专题会议，在中央政治局会议、中央经济工作会议、中央农村工作会议、中央财经委员会会议等研究扶贫问题，在国家扶贫日对扶贫工作做重要指示，形成了关于扶贫工作的重要论述，站高谋远指引了打赢脱贫攻坚战的全过程。其中，打赢脱贫攻坚战的七次专题会议，是习近平总书记关于扶贫工作重要论述的主要载体，清晰展示了脱贫攻坚战各阶段面临的问题和工作重点。接下来，本部分将通过系统梳理这七次专题会议的主要内容，展示精准扶贫阶段的政策历程。这七次会议分别是：陕甘宁革命老区脱贫致富座谈会（延安，2015 年）、部分省区市扶贫攻坚与"十三五"时期经济社会发展座谈会（贵阳，2015 年）、东西部扶贫协作座谈会（银川，2016 年）、深度贫困地区脱贫攻坚座谈会（太原，2017 年）、打好精准脱贫攻坚战座谈会（成都，2018 年）、解决"两不愁三保障"突出问题座谈会（重庆，2019 年）、决战决胜脱贫攻坚座谈会（2020 年，北京）。

（一）精准扶贫方略的提出

1. 明确消灭贫困是社会主义的本质要求，也是全面建成小康社会的底线任务和标志性任务

2012 年 12 月，习近平总书记到河北省阜平县看望慰问困难群众时指出，消除贫困、改善民生、实现共同富裕，是社会主义的本质要求。没有农村的小康，特别是没有贫困地区的小康，就没有全面建成小康社会。要求各级党委和政府要把帮助困难群众脱贫致富摆在更加突出位置。① 2013年11月，习近平总书记赴湘西调研扶贫攻坚时指出，到中国共产党成立100年时全面建成小康，要使贫困地区也好起来，要有很大改变，这样全面小康才能保障实现。② 习近平总书记对扶贫工作的定位始终对标中国共产党的初心使命，对标社会主义的本质要求，对标全面建成小康社会的第一个百年奋斗目标，体现了持之以恒的长期关注和亲力亲为的高位推动。

2. 明确扶贫工作是脱贫攻坚战，是事关全局的重点工作，要求全党必须高度重视

2013年12月，习近平总书记在中央经济工作会议上指出，要扎扎实实打好扶贫攻坚战，让贫困地区群众生活不断好起来。③ 2014年的中央经济工作会议进一步指出，扶贫工作事关全局，全党必须高度重视。2015年1月，习近平总书记在云南考察期间强调，扶贫开发是我们第一个百年奋斗目标的重点工作，是最艰巨的任务。④ 2017年7月，习近平总书记在省部级主要领导干部专题研讨班上发表重要讲话首次指出，要坚决打好防范化解重大风险、精准脱贫、污染防治的攻坚战。⑤ 至此，脱贫攻坚作为最大的民生工程列入"三大攻坚战"，成为"五位一体"总体布局和"四个全面"战略布局的中心工作之一。

3. 明确脱贫攻坚要精准扶贫，扶贫工作要形成工作闭环

习近平总书记在地方工作时就提出了"真扶贫、扶真贫"的问题，精准有效是习近平总书记对于扶贫工作的一贯要求。习近平总书记2012年在阜平县指出，扶贫开发工作要因地制宜、科学规划、分类指导、因势利导，要做到有计划、有资金、有目标、有措施、有检查，这些重要论述是精准扶贫方略提出的前期基础。⑥ 2013年11月，习近平到湖南吉首考察，在十八洞村指出，扶贫要实事求是，因地制宜。要精准扶贫，切忌喊口

---

① 程宏毅：《习近平：把群众安危冷暖放在心上把党和政府温暖送到千家万户》，载《人民日报》2012年12月31日。
② 程宏毅：《习近平赴湘西调研扶贫攻坚》，新华网，2013年11月4日。
③ 高雷：《中央经济工作会议在北京举行习近平李克强作重要讲话》，载《人民日报》2013年12月14日。
④ 张玉：《习近平在云南考察工作时强调：坚决打好扶贫开发攻坚战加快民族地区经济社会发展》，载《人民日报》2015年1月22日。
⑤ 高巍：《习近平总书记在省部级专题研讨班上的重要讲话在省区市各级党组织中引起强烈反响》，载《人民日报》2017年7月30日。
⑥ 习近平：《论"三农"工作》，中央文献出版社2022年版。

号，也不要定好高骛远的目标。三件事要做实：一是发展生产要实事求是；二是要有基本公共保障；三是下一代要接受教育。各级党委和政府都要想方设法，把现实问题一件件解决，探索可复制的经验。① 这是习近平总书记第一次明确提出"精准扶贫"，后续又对精准扶贫的内涵进行了进一步阐述。2013 年 12 月，习近平总书记在中央农村工作会议上要求，坚持不懈推进扶贫开发，实行精准扶贫。② 2014 年 10 月，在第一个"扶贫日"来临之际，习近平总书记做出重要批示强调，要扎扎实实做好新形势下扶贫开发工作，创新思路方法，加大扶持力度，善于因地制宜，注重精准发力。③ 2014 年 11 月，习近平总书记在福建调研期间也指出，要加快科学扶贫和精准扶贫。④ 2015 年 1 月，习近平总书记在云南调研时强调，要以更加明确的目标、更加有力的举措、更加有效的行动，深入实施精准扶贫、精准脱贫，项目安排和资金使用都要提高精准度，扶到点上、根上，让贫困群众真正得到实惠。⑤ 至此，精准扶贫、精准脱贫成为指导扶贫工作的主要思想。

（二）陕甘宁革命老区脱贫致富座谈会

　　2015 年 2 月，习近平总书记在延安主持召开陕甘宁革命老区脱贫致富座谈会强调，要贯彻精准扶贫要求，做到目标明确、任务明确、责任明确、举措明确，把钱真正用到刀刃上，真正发挥拔穷根的作用。⑥ 习近平总书记对扶贫工作提出五点要求：一是加大投入支持力度；二是加快社会事业发展；三是加大产业培育扶持力度；四是积极落实改革举措；五是夯实管党治党基础。这次座谈会是党的十八大以来首次以扶贫为主题的座谈会，其作用是强调党中央对扶贫工作的高度重视，并明确要求要加大对扶贫开发的投入支持力度。

---

① 程宏毅：《习近平赴湘西调研扶贫攻坚》，新华网，2013 年 11 月 4 日。
② 《中央农村工作会议在北京举行》，载《人民日报》2013 年 12 月 25 日。
③ 姜萍萍：《习近平：全党全社会继续共同努力形成扶贫开发工作强大合力》，载《人民日报》2014 年 10 月 18 日。
④ 《全面深化改革全面推进依法治国　为全面建成小康社会提供动力和保障》，载《人民日报》2014 年 11 月 3 日。
⑤ 杨丽娜：《习近平：坚决打好扶贫开发攻坚战加快民族地区经济社会发展》，新华网，2015 年 1 月 21 日。
⑥ 霍小光：《把革命老区发展时刻放在心上——习近平总书记主持召开陕甘宁革命老区脱贫致富座谈会侧记》，新华网，2015 年 2 月 16 日。

（三）部分省区市扶贫攻坚与"十三五"时期经济社会发展座谈会

2015年6月，习近平总书记在贵阳主持召开部分省区市扶贫攻坚与"十三五"时期经济社会发展座谈会，听取对"十三五"时期扶贫开发工作和经济社会发展的意见和建议。[①] 本次座谈会进一步明确了扶贫开发的目标定位和形势任务，明确了精准扶贫的"六个精准"，明确了扶贫开发工作责任制和保障机制，构建了精准扶贫的顶层架构。

1. 明确扶贫开发的目标定位和形势任务

消除贫困、改善民生、实现共同富裕，是社会主义的本质要求，是我们党的重要使命。当前的扶贫开发任务依然十分繁重，已经进入冲刺期，要确保贫困人口到2020年如期脱贫。

2. 明确精准扶贫要做到"六个精准"，分类实施"四个一批"

要求扶持对象精准、项目安排精准、资金使用精准、措施到户精准、因村派人（第一书记）精准、脱贫成效精准，在帮扶措施上要坚持因人因地施策，因贫困原因施策，因贫困类型施策，分类实施扶持生产和就业发展一批，通过移民搬迁安置一批，通过低保政策兜底一批，通过医疗救助扶持一批，实现贫困人口精准脱贫。

3. 明确扶贫开发工作责任制和保障机制

在工作机制上，明确中央统筹、省负总责、市（地）县抓落实，片为重点、工作到村、扶贫到户。在责任到人上，明确党政一把手作为扶贫开发第一责任人负总责。在资源保障上，强调专项扶贫、行业扶贫、社会扶贫协同的"三位一体"大扶贫格局。明确把扶贫开发同基层组织建设有机结合起来，要求每个贫困村都有驻村工作队、每个贫困户都有帮扶责任人。

（四）东西部扶贫协作座谈会

2016年7月，习近平总书记在银川主持召开东西部扶贫协作座谈会，这次座谈会主要解决大扶贫格局的资源保障问题，明确了帮扶责任、帮扶

---

① 杨丽娜：《习近平：谋划好"十三五"时期扶贫开发工作确保农村贫困人口到2020年如期脱贫》，新华网，2015年6月19日。

机制和考核机制。①

1. 明确东西部扶贫协作帮扶责任

要求东部地区增强责任意识和大局意识，双方党政主要负责同志亲力亲为推动工作；要求东部地区根据财力增长情况，逐步增加对口帮扶财政投入。

2. 明确东西部扶贫协作帮扶机制和帮扶重点

要完善省际结对关系，推动县与县精准对接，动员东部地区各级党政机关、人民团体、企事业单位、社会组织、各界人士等积极参与脱贫攻坚工作。帮扶重点聚焦产业合作、劳务协作、人才支援、资金支持，并向教育、文化、卫生、科技等领域合作拓展。

3. 明确东西部扶贫协作考核机制

把实现西部地区现行标准下的农村贫困人口如期脱贫作为主要目标，要制定考核评价指标，突出目标导向和结果导向，西部地区作为责任主体也要纳入考核范围。

（五）深度贫困地区脱贫攻坚座谈会

2017 年 6 月，习近平总书记在太原主持召开深度贫困地区脱贫攻坚座谈会，明确了脱贫攻坚的主要难点，科学研判了深度贫困的成因，明确了推动深度贫困地区脱贫攻坚的工作重点。②

1. 如期实现脱贫攻坚目标的主要难点是深度贫困，深度贫困地区脱贫攻坚是硬仗中的硬仗

难在"三区三州"连片深度贫困地区，难在深度贫困县，难在贫困村。深度贫困地区基础设施和公共服务缺口大，"三保障"难度高，贫困村缺乏集体经济组织，内生动力普遍不足。要采取更加集中的支持、更加有效的举措、更加有力的工作，扎实推进深度贫困地区脱贫攻坚。

2. 深度贫困共性致贫原因突出，需要采取针对性脱贫攻坚举措

一是集革命老区、民族地区、边疆地区于一体，自然地理、经济社

---

① 《认清形势聚焦精准深化帮扶确保实效　切实做好新形势下东西部扶贫协作工作》，载《人民日报》2016 年 7 月 22 日。
② 姜萍萍：《习近平：在深度贫困地区脱贫攻坚座谈会上的讲话》，载《人民日报》2017 年 9 月 1 日。

会、民族宗教、国防安全等问题交织在一起，加大了脱贫攻坚的复杂性和难度。二是基础设施和社会事业发展滞后，建设成本高，施工难度大，要实现基础设施和基本公共服务主要领域指标接近全国平均水平难度很大。三是社会发育滞后，社会文明程度低，脱贫内生动力严重不足。四是生态环境脆弱，自然灾害频发，实现脱贫和巩固脱贫成果都存在很大不确定性。五是经济发展滞后，人穷村也穷。很多深度贫困村发展产业欠基础、少条件、没项目，少有的产业项目结构单一、抗风险能力不足，对贫困户的带动作用有限。另外，在深度贫困成因中，需要特别关注因病致贫问题。

3. 要坚持精准扶贫方略，大力度推进深度贫困地区脱贫攻坚

一是合理确定脱贫目标，到 2020 年，深度贫困地区也要稳定实现农村贫困人口不愁吃、不愁穿，义务教育、基本医疗和住房安全有保障。二是加大投入支持力度，新增脱贫攻坚资金、新增脱贫攻坚项目、新增脱贫攻坚举措主要集中于深度贫困地区。三是集中优势兵力打攻坚战，下一步要重点解决深度贫困地区公共服务、基础设施以及基本医疗有保障的问题。对居住在自然条件特别恶劣地区的群众加大易地扶贫搬迁力度，对生态环境脆弱的禁止开发区和限制开发区群众增加护林员等公益岗位，对因病致贫群众加大医疗救助、临时救助、慈善救助等帮扶力度，对无法依靠产业扶持和就业帮助脱贫的家庭实行政策性保障兜底。四是区域发展必须围绕精准扶贫发力。在深度贫困地区促进区域发展的措施必须围绕如何减贫来进行，真正为实施精准扶贫奠定良好基础。深度贫困地区要改善经济发展方式，重点发展贫困人口能够受益的产业。五是加大各方帮扶力度。要加大东部地区和中央单位对深度贫困地区的帮扶支持，强化帮扶责任，要在资金、项目、人员方面增加力度。六是加大内生动力培育力度，提高贫困地区和贫困群众自我发展能力，要改进工作方式方法，多采用生产奖补、劳务补助、以工代赈等机制。七是加大组织领导力度。深度贫困地区党委和政府要坚持把脱贫攻坚作为"十三五"期间头等大事和第一民生工程来抓，坚持以脱贫攻坚统揽经济社会发展全局。要把夯实农村基层党组织同脱贫攻坚有机结合起来，特别是要下决心解决软弱涣散基层班子的问题。八是加强检查督查，脱贫计划不能脱离实际随意提前，扶贫标准不能随意降低。要实施最严格的考核评估，坚持年度脱贫攻坚报告和督查制度，要加强扶贫资金管理使用。扶贫工作必须务实,脱贫过程必须扎实,脱贫结果必须真实,让脱贫成效真正获得群众认可、经得起实践和历史检验。

这次座谈会对精准扶贫方略的重要意义在于:一是对深度贫困地区这一重中之重、难中之难的脱贫攻坚工作进行了专门部署;二是将精准脱贫目标锚定为"两不愁三保障",及时矫正脱贫攻坚抢进度,提前脱贫的苗头;三是明确了深度贫困地区经济发展与脱贫攻坚的关系,要围绕脱贫攻坚谋划经济发展;四是直指问题本质,明确了易地扶贫搬迁、公益岗位、医疗救助、政策性兜底相结合的精准帮扶政策组合。

（六）打好精准脱贫攻坚战座谈会

2018 年 2 月,习近平总书记在成都主持召开打好精准脱贫攻坚战座谈会,会议明确提出了中国特色脱贫攻坚制度体系,分析了脱贫攻坚的宝贵经验,也对脱贫攻坚工作面临的问题和下一步工作重点进行了明确。[1]

1. 脱贫攻坚过程中形成了中国特色脱贫攻坚制度体系,为全球减贫事业贡献了中国智慧和中国方案

加强党对脱贫攻坚工作的全面领导,建立各负其责、各司其职的责任体系,精准识别、精准脱贫的工作体系,上下联动、统一协调的政策体系,保障资金、强化人力的投入体系,因地制宜、因村因户因人施策的帮扶体系,广泛参与、合力攻坚的社会动员体系,多渠道全方位的监督体系和最严格的考核评估体系,形成了中国特色脱贫攻坚制度体系,为脱贫攻坚提供了有力制度保障,为全球减贫事业贡献了中国智慧、中国方案。

2. 脱贫攻坚伟大实践中积累了宝贵经验,需要长期坚持并不断完善

一是坚持党的领导,强化组织保证;二是坚持精准方略,提高脱贫实效;三是坚持加大投入,强化资金支持;四是坚持社会动员,凝聚各方力量;五是坚持从严要求,促进真抓实干;六是坚持群众主体,激发内生动力。这些经验弥足珍贵,要长期坚持并不断完善和发展。

---

3. 脱贫攻坚过程中依然存在突出问题，需要连续作战

脱贫攻坚工作中的形式主义、官僚主义、弄虚作假、急躁和厌战情绪以及消极腐败现象仍然存在，必须再接再厉，发扬连续作战作风，做好应对和战胜各种困难挑战的准备。全面打好脱贫攻坚战，要把提高脱贫质量放在首位，聚焦深度贫困地区。加强组织领导，坚持目标标准，强化体制机制，牢牢把握精准，完善资金管理，加强作风建设，组织干部轮训，注重激发内生动力。

这次座谈会对精准扶贫方略的重要意义在于：一是从为全球减贫事业贡献中国智慧和中国方案的高度，提出中国特色脱贫攻坚制度体系，并明确制度体系的主要内容；二是对脱贫攻坚经验进行了总结，为后续脱贫攻坚精神的构建形成了基础框架；三是针对厌战情绪和形式主义等问题，明确以作风建设为抓手，狠抓脱贫质量，并明确要求聚焦重点问题制定三年时间表和作战图。

（七）解决"两不愁三保障"突出问题座谈会

2019 年 4 月，习近平总书记在重庆主持召开解决"两不愁三保障"突出问题座谈会，会议要求把防止返贫摆在重要位置，要探索建立稳定脱贫长效机制，并对贫困县摘帽后的脱贫攻坚工作进行了安排。[①]

1. 严把贫困退出关，采取有力措施防止返贫，切实提升脱贫质量

一是严格执行退出的标准和程序；二是针对已脱贫人口，适时组织"回头看"；三是探索建立稳定脱贫长效机制，提升脱贫人口自我发展能力，确保脱真贫、真脱贫。

2. 聚焦突出问题，明确时间表、路线图，确保如期完成任务

当前阶段的主要问题包括：一是深度贫困地区的"三保障"问题，尤其是道路、饮水、住房还存在一些难中之难；二是扶贫领域的作风问题，尤其是停脚歇气和急功近利的问题；三是脱贫之后的政策延续问题。

3. 做到"四个不摘"，确保脱贫攻坚政策稳定性、连续性

要求让脱贫具有可持续的内生动力，要摘帽不摘责任、不摘政策、不

---

① 常雪梅：《习近平：统一思想一鼓作气顽强作战越战越勇着力解决"两不愁三保障"突出问题》，载《人民日报》2019 年 4 月 18 日。

摘帮扶、不摘监管，确保帮扶政策稳定延续。

这次座谈会对精准扶贫方略的重要意义在于：一是对已脱贫地区的返贫问题进行了提前安排，明确组织脱贫人口"回头看"工作，要求建立稳定脱贫长效机制；二是对脱贫地区后续帮扶工作进行了提前部署，要求落实"四个不摘"。

（八）决战决胜脱贫攻坚座谈会

2020年3月，习近平总书记在北京出席决战决胜脱贫攻坚座谈会，[①] 本次座谈会在脱贫攻坚冲刺阶段召开，也是党的十八大以来脱贫攻坚方面最大规模的会议。会议为应对新冠肺炎疫情带来的挑战进行了工作部署，对脱贫攻坚普查工作进行了安排，也对接续推进脱贫攻坚与乡村振兴有效衔接提出了要求。

1. 疫情给脱贫攻坚带来新挑战，需要落实精准防控，努力克服疫情影响

新冠肺炎疫情给脱贫攻坚工作带来新的挑战，直接影响了就业和产业，需要落实分级分区精准防控策略，统筹好疫情防控和脱贫攻坚工作。

2. 要开展脱贫攻坚普查，采取针对性措施提高脱贫攻坚质量

稳定巩固脱贫攻坚成果是重要难点，要构建返贫监测机制，监测脱贫不稳定户、边缘易致贫户和突发致贫户，并提前采取帮扶机制。要通过脱贫攻坚普查，全面检验脱贫攻坚成效，确保经得起历史和人民检验。

3. 要构建巩固拓展脱贫攻坚成效同乡村振兴有效衔接的体制机制

产业扶贫要强调市场规律，要长期培育和支持。要把脱贫攻坚的体系、政策和力量统筹纳入乡村振兴战略。

这次座谈会对精准扶贫方略的重要意义在于：一是明确要求建立返贫监测体系，重点监测脱贫不稳定户、边缘易致贫户和突发致贫户；二是明确要求要处理好脱贫攻坚和乡村振兴的关系，建立巩固拓展脱贫攻坚成果同乡村振兴有效衔接的政策体系。

---

① 宋鹤立：《习近平：在决战决胜脱贫攻坚座谈会上的讲话》，载《人民日报》2020年3月7日。

第二节
凉山州脱贫攻坚的宏观背景与微观事实

一、凉山州脱贫攻坚的宏观背景

(一)多民族聚居、公共基础服务存在短板是凉山州人口构成的社会地理特征

理解凉山州的民族构成,是科学制定扶贫方略的基础。2012 年凉山州少数民族占比为 54.71%,2019 年少数民族占比进一步提升至 57.24%。凉山州主要少数民族是彝族,2005 年彝族人口占比为 51.28%,并在 2019 年提升至 53.83%。① 布拖县、昭觉县、喜德县和美姑县的彝族人口占比相对较高,2012 年均超过 90%。"一步跨千年"的时代背景是理解凉山州致贫原因的关键,历史原因导致的人力资本存量不高和公共基础服务短板也是凉山州致贫的重要原因。在精准扶贫实施之前,凉山州的基本公共服务特征为:第一,教育落后且成本高。凉山州师资力量、教学质量、教育基础设施差,部分贫困村距离学校较远且学生年龄较小,需长期有人在集镇租房陪读,贫困家庭负担重。从人力资本存量来看,劳动力属于文盲或者半文盲的比率还较高,义务教育依然有较大改善空间,适龄儿童的辍学率也相对较高。劳动力受教育程度和义务教育巩固率不高是凉山州既往家庭致贫和贫困代际传递的重要原因。第二,医疗卫生条件落后。凉山州贫困村卫生室基础设施较差、医疗条件落后、医疗器械缺乏等问题较为普遍;医疗卫生人员素质参差不齐,业务水平不高。第三,公共文化设施落后。精准扶贫之前,凉山州贫困村的公共文化设施大多是 20 世纪 80 年代前后建造的一批农村文化设施。大部分贫困村没有文化活动场所,村民文化生活匮乏,加之文化事业经费严重不足,导致文化发展的整体水平不高,现有公共文化设施不能很好地满足人民群众日益增长的精神文化需

---

① 数据来源于历年《凉山州统计年鉴》。

求。科学制定扶贫方略既需要按照一般经济规律通过大规模要素投入改善本地经济机会，也需要深入分析不同民族在社会习俗和生活方式上的差异，提高扶贫政策与本地需求和能力的匹配度，从而实现外因和内因的相辅相成，义务教育、职业培训、推广普通话、移风易俗都是扶贫资金发挥作用的重要辅助条件。

（二）坡陡地少、地质条件脆弱是凉山州的自然地理特征

从客观自然条件来看，凉山州地形以山地为主，平原面积占比低，山地面积占土地总面积的71%，适宜经济发展的空间主要集中于安宁河谷地带，处于安宁河谷的西昌市、会理县和会东县也是凉山州经济总量最大的三个市县，其余地区的经济发展水平则明显较低。凉山州在土地禀赋上有三个特征：一是耕地面积占比整体偏低，利用率低，凉山州耕地面积仅占土地面积的5.3%，且中低产耕地占比较高。二是耕地中有效灌溉面积占比较低，凉山州实施贫困村规划的51个自然村，有效灌溉面积占比仅为8.9%。三是耕地有效利用率偏低，25度以上坡耕地占比较高。凉山州25度以上坡耕地占比平均为42.6%，昭觉县、布拖县和喜德县25度以上坡耕地占比均高于60%，其中喜德县为90.9%。[①] 凉山州土地禀赋的上述特征制约了产业发展能力，这是本地致贫的客观因素。此外，复杂的地质条件和脆弱的生态环境是凉山州预期脱贫攻坚必须面对的客观存在。受限于自然条件，凉山州贫困县地质灾害时有发生，复杂的地质条件既是致贫的重要客观原因，又给脱贫攻坚工作带来了更大挑战。从四川生态安全战略格局来看，凉山州主要处于川滇森林及生物多样性功能区和大小凉山水土保持生态功能区，多为限制和禁止开发区，其生态功能属性限制了产业发展的选择范围。此外，凉山州贫困村普遍分布在坡度较陡、地形复杂的边远山区、高寒山区，耕地面积虽多，但土层较薄，土地贫瘠，造成粮食产量低，加之贫困地区自然灾害频繁，常出现旱灾、雪灾、霜冻、冰雹等自然灾害天气，导致贫困群众的生产生活得不到保障。

---

① 数据来源于2019年《凉山州统计年鉴》。

（三）经济机会匮乏、经济密度低是凉山州的经济地理特征

受自然地理条件的限制，经济活动集聚不足使得要素投入难以获得规模经济，凉山州难以通过市场力量吸引要素集聚，从而导致经济发展内在动力不足。凉山州经济总量显著低于全国平均水平，2019年凉山州人均地区生产总值为34566元，不到同期全国平均水平（70892元）的一半，仅为四川省平均值的62.2%。[①] 凉山州经济发展水平最好的西昌市，其人均产值也低于全国平均水平，人均产值最低的昭觉县，仅为全国平均水平的1/5，经济地理的第一天性和第二天性共同形成了凉山州的经济发展格局。凉山州经济地理的第一天性导致要素集聚密度相对较低，工业发展难以获得规模报酬递增优势。经济密度不足也制约了非农产业发展机会，从农业总产值和地区生产总值的相对关系来看，农业发展占总体经济比重相对较高，非农经济发展水平也制约了非农就业机会创造和城镇化率进程。地广人稀，山地较多，适宜经济发展的空间少是凉山州贫困成因的客观因素，如何在第一天性约束下发展能够实现土地深度利用的产业方向，是破解深度贫困的关键所在，也是凉山州脱贫攻坚发展什么产业和在哪里发展产业难以回避的问题。总体来看，凉山州深度贫困县人均地区生产总值远低于同期全省平均水平，并且在经济新常态背景下，受限于相对单一和同质化的产业体系，凉山州当前的产业发展模式不足以应对消费结构的多样化变迁，凉山州受总体增速放缓和结构变迁的影响更大，部分深度贫困县总体经济增速为负，这是凉山州致贫脱贫的经济背景。

综上对于凉山州宏观经济社会背景的分析，可以得到如下几点结论：第一，凉山州经济社会发展条件极为薄弱，属于典型的经济不发达地区，这也是凉山州既往贫困现象的主因。第二，经济新常态背景下，受限于相对单一和同质化的工业产品体系，凉山州的工业发展模式不足以应对消费结构的多样化变迁，工业发展存在进一步回落的可能，这给凉山州既往贫困地区培育内生发展动力提出了挑战。第三，随着交通基础设施的改善，给凉山州特色农牧业、特色旅游业和原有工业体系的价值链攀升带来了机遇，也是经济新常态下，凉山州实现经济发展动力切换的重要抓手。作为

---

① 数据来源于2020年《中国统计年鉴》。

脱贫攻坚的主战场之一，凉山州经济机会缺乏、地质条件复杂、生态环境脆弱等多重不利因素叠加，巩固脱贫攻坚成果的任务仍然艰巨。为了进一步巩固拓展脱贫攻坚成果，确保脱贫攻坚成果经得起历史和人民检验，需要厘清凉山州脱贫人口现状和经济社会发展的家底，从宏观角度处理好区域发展和脱贫攻坚的关系，从中观角度统筹多方力量，形成"三位一体"大扶贫格局，从微观角度增强脱贫主体的自我发展能力，激发内在活力。

二、凉山州脱贫攻坚的微观事实

为了考察凉山州致贫原因的微观事实，课题组使用《凉山彝族自治州喜德县"十三五"脱贫攻坚总体规划》中的全样本普查数据来反映凉山州精准扶贫战略实施之初的微观致贫原因，最主要的致贫原因包括缺资金、缺技术、交通条件落后，以及缺劳动力。

具体致贫原因如下：（1）因残致贫（占 2.08%），这类贫困家庭中有残疾人成员，不仅对家庭没有收入的贡献，反而还增大支出，导致家庭长期陷入贫困之中，依靠自身能力难以脱贫。（2）因病致贫（占 2.88%），这类贫困家庭中有长期慢性病或重大疾病患者，通常无钱治疗，往往采取"以拖代治"的方式，结果病情加重，造成"越穷越病、越病越穷"的恶性循环。（3）因学致贫（占 5.77%），这类贫困家庭中至少有一人就读幼儿园、高中、职业院校或大学，家庭因学费或生活费较高导致家庭致贫。（4）因灾致贫（2.08%），这类家庭因遭受地震、洪涝、滑坡、泥石流等自然灾害使家庭经济遭受巨大损失，家庭陷入贫困。（5）因缺土地致贫（占 2.08%），这类家庭的土地拥有量还是在 1983 年第一轮土地承包时所确权的土地，但三十多年过去后，家庭人口发生了大的增长，导致人均耕地面积减少而致贫。（6）因缺水致贫（占 2.01%），这类家庭大多数居住在高海拔的山岭中，人畜饮水管网未能引水到户，同时无生产用水设施，虽有土地和人力资源，可是生产用水得不到保障，使得土地和人力资源严重浪费，导致家庭收入低下而致贫。（7）因缺劳动力致贫（占 8.05%），这类贫困户家庭成员以 60 岁以上的老人为主，无法从事体力劳动，缺乏脱贫致富的劳动力。（8）因缺发展资金致贫（占 50.9%），缺发展资金主要体现在农村贷款困难，存在没抵押贷不到款的现象，贫困户想脱贫致富但缺乏启动资金。（9）因缺技术致贫（占11.83%），缺技术主要体现为贫困户有土地、有劳动力，但缺乏科学生产技术，导致农产品单位产量低、质量差、效益低。（10）因交通条件落后致贫（占8.89%），该类贫困群众普遍居住在边远山区，基础设施薄弱，材组道路不通，生产资料和农产品运输难，农产品转化商品率低。（11）因自身发展动力不足致贫（占2.28%），这类贫困群众基本上安于现状，"等靠要"思想严重，缺乏生产技能和发展意识，导致长期维持低收入水平。

第三节

凉山州的脱贫攻坚政策实践

一、凉山州精准扶贫之前的脱贫攻坚政策实践

在精准扶贫方略实施之前，凉山州的脱贫攻坚主要经历了扶贫越温攻坚（1985~1993年）、"八七"扶贫攻坚阶段（1994~2000年），以及新阶段的扶贫开发阶段（2001~2013年）。凉山州在"八七"扶贫规划实施阶段，以解决温饱问题作为扶贫开发的中心任务，以"温饱线"作为脱贫标准，即农民人均纯收入达到200元，人均粮食600斤。2000~2010年以人均纯收入1000元作为贫困线，2010年以后则以2010年不变价的2300元作为贫困识别标准。四川省将凉山州作为扶贫开发的重点区域，加大对凉山州的政策支持力度，凉山州也坚持把扶贫开发作为第一民生工程。凉山州在"八七"扶贫阶段，累计投入财政扶贫资金5000万元，实现了210万贫困人口稳定温饱的问题。[1] 在中国农村扶贫开发纲要（2001~2010年）实施阶段，凉山州累计投入各级扶贫资金40.9亿元，实施了整村推进扶贫工程、劳务扶贫工程、产业扶贫工程、移民扶贫工程和社会扶贫工程，显著降低了贫困人口数量，改善了农户人均收入水平。2005~2010年，凉山州扶贫投资总额持续增加，从2005年的17677万元增加到2010年的

---

① 刘正勇、蔡爽、罗艳：《凉山脱贫攻坚历程效果及经验启示》，载《四川党史》2020年第2期。

75097 万元，农民人均纯收入从 2005 年的 2438 元，增加到 2010 年的 4565 元，为凉山州实现全面建成小康社会目标奠定了坚实发展基础，具体变动如表 3 - 2 所示。接下来，本部分将在介绍凉山州扶贫投资总体情况的基础上，概述凉山州精准扶贫之前脱贫攻坚的政策实践，并通过扶贫政策与扶贫成果的绩效评估，识别精准扶贫之前凉山州脱贫攻坚面临的问题。

表 3 - 2　　　　　凉山州精准扶贫之前的政策实践

指标	单位	2005 年	2006 年	2007 年	2008 年	2009 年	2010 年	2011 年	2012 年
地区生产总值	万元	2995106	3596011	2111549	5564245	6271142	7841910	10001275	10796590
人均 GDP	万元	0.69	0.83	1.04	1.02	1.43	1.76	2.20	2.47
公共财政收入	万元	127856	173972	218822	307838	401964	523970	671317	872146
公共财政支出	万元	486079	604512	805835	1175687	1602408	1906966	2206155	2435164
乡村人口	万人	375.42	378.65	390.34	390.35	400.65	408.38	415.79	422.14
少数民族人口	万人	201.49	202.62	224.58	217.54	221.32	253.26	247.43	261.04
建档立卡人口*	万人	46.98	42.39	37.39	32.86				92.92
行政村个数	个	3743	3741	3752	3293	3753	3754	3755	3753
贫困村个数	个	1187	1187	1187	1187	1187	1187	1187	1187
扶贫投资总额	万元	17677	19335	32589	53390	65068	75097	192028	178315
中央财政扶贫资金	万元	4416	4690	8185	8562	9627	13948		
省级财政安排资金	万元		130					38456	87158

续表

指标	单位	2005 年	2006 年	2007 年	2008 年	2009 年	2010 年	2011 年	2012 年
其中：种植业	万元	735	1955	7846	12236	11000	12580	14351	6173
养殖业	万元	295	1779	1994	4251	12349	4666	3979	3728
农业加工业	万元	15	0	867	876	3779	4030	3221	4392
农户直接贷款	万元	430	2000	5750	11000	2222	11000	4850	17674
新增基本农田	万亩	0.88	1.48	0.37	0.03	0.17	0.34	0.46	0.89
新增经济林	万亩	2.865	4.1904	0.22	0.795	2.628	1.75	1.33	3.4712
新增及改良草场	万亩	5.4	22.74	11.49	0.055	0.925	0.4	3.53	1.39
解决饮水困难	万人	6.03	5.18	5.65	6.55	8.31	7.02	8.84	13.79
解决饮水困难牲畜	万头	18.57	12.78	10.40	11.23	15.64	13.87	16.03	19.96
组织培训参加人次	万人	18.54	12.65	6.24	8.22	7.59	12.03	10.86	5.13
输出劳动力人数	万人	6.75	8.32	2.58	0.16	0.16	0.16	0.53	0.46
农民人均纯收入	元	2438	2813	3187	3653	3960	4565	5538	6419
城镇可支配收入	元	6890	7953	9947	11715	13121	14879	17218	19835

注：＊2010 年前后的贫困线标准不同。

资料来源：根据历年四川省扶贫统计监测年表整理。

（一）精准扶贫之前凉山州的扶贫投资情况

精准扶贫战略实施之前，凉山州扶贫投资资金来源主要包括中央扶贫贴息贷款、中央财政扶贫资金、以工代赈资金和其他资金。表 3 - 3 展示了 2007 ~ 2012 年凉山州扶贫资金投资总额及来源和扶贫资金投向。

表 3 - 3　　　　　精准扶贫之前凉山州扶贫投资来源与去向　　　　单位：万元

指标	2007 年	2008 年	2009 年	2010 年	2011 年	2012 年
扶贫资金投入	32589.27	53390.27	65067.87	75097.26	192028.3	178315
财政扶贫资金	13587.79	16281.6	21697.15	27761.26	65223.48	118505.6
其中：中央下达资金	8185.1	8562	9627	13947.96		0
省级资金	0	0			38456.2	87157.59
市州级资金	3743.33	4630	5513	6492.3	9000	11027.43
县级资金	1659.36	3089.6	6557.15	7321	17767.28	20320.55
以工代赈资金	1900	3910	3778	4452	13090	2106
信贷扶贫资金	5750	16700	16700	16700	12933	30381.58
其中：项目贷款	0	5700	5700	5700	8083	12708
扶贫到户贷款	5750	11000	11000	11000	4850	17673.58
利用外资（实际投资额）	323.57	173	0	0		0
社会扶贫资金	4876.924	11470.31	17202.72	20007	42135.38	14412.75
其他资金	6150.99	4855.361	5690	6177	58646.4	12908.6
扶贫资金投向						
种植业	7846.25	12235.5	12349	12580	14351.26	6173.45
养殖业	1993.7	4251	3779	4666	3979.11	3727.5
加工业	867	876	2222	4030	3220.6	4392
基础设施	6886.64	17396.26	17455.81	25143.24	44598.27	59838.36
社会事业	1582.6	4165.16	8734.56	7556.92	10768.94	3326.02
其他	13413.08	14466.35	20527.5	21121.1	115110.1	100857.7

资料来源：根据历年四川省扶贫统计监测年表整理。

扶贫资金投入的特点为：第一，中央和省级转移资金是凉山州最为稳定的扶贫资金来源，这体现了中央和四川省对凉山州扶贫工作的持续高度重视。第二，市州级和县级扶贫资金增长速度最快，2007～2012年市州级和县级扶贫资金年均增长率分别为24%和65%，体现了对市县扶贫责任的逐步压实。第三，中央财政扶贫资金和以工代赈资金是各市县较为稳定且平均的收入来源。细分区县来看，各区县的信贷扶贫资金较为不均衡，各自的本级资金投入差异较大。不均衡的原因与各区县的财政收入和重点项目的分布有关，比如，2005年中央扶贫贴息贷款主要集中在越西县，占贴息贷款总额的92%，在用途上主要用于越西县电力基础设施建设。①

扶贫资金投向的特点为：第一，从扶贫投资的去向来看，扶贫投资资金主要用于贫困县基础设施建设和专项投入，直接对标凉山州基础设施不足这一贫困根源。2007～2012年，基础设施的累计投资占扶贫资金总额的28.72%，并且投资规模持续增加，从2007年的6886.64万元增加到2012年的59838.36万元。从专项投入来看，投资额最大的是电力设施。第二，产业投资以种植业投资为主，并且对加工业的投资支持力度持续增加。2007～2012年，种植业、养殖业和农业加工业的累计扶贫投资分别为65535.46万元、22396.31万元和15607.6万元，占总投资之比分别为10.99%、3.75%和2.62%。加工业投资从2007年的867万元增加到2012年的4392万元，体现了拓展产业链条，增加产业附加值，创造本地就业的明确导向。

凉山州精准扶贫战略实施之前，在扶贫投资来源和去向上面临的主要问题包括：第一，相对于庞大的扶贫缺口，扶贫资金投入规模需进一步增强。相对于凉山州基础设施薄弱的现实，为了进一步补齐道路、水、电，以及其他产业配套设施的短板，需要进一步扩大投入规模。从扶贫投入规模不高的原因来看，既有上级资金来源供给少和省级层面统筹导致资金直接到县数量不多的因素，也有贫困县因配套能力不完善导致项目包装申报动机不足的需求侧因素。第二，对社会资金的撬动力度还不够。社会帮扶的主要来源包括银行信贷、企业帮扶、社会组织结对帮扶等。针对银行信贷，需要通过扶贫贴息贷款增强银行放贷动机，在路、水、电等可盈利项目上采取政府和银行打捆投入的模式也能够有效撬动银行资金投放。针对

① 数据来源于2006年四川省扶贫统计监测年表。

企业帮扶和社会组织帮扶，当时尚未形成全社会的总体宣传动员，在投入总量上有所欠缺，但把有限的投入盯住深度贫困地区特性的存量问题也能够显著改善扶贫效率，比如针对地方病和特定人群高危疾病的社会专项投入。第三，各扶贫单项投资的投资密度需要进一步加强。在种植业和养殖业投入上，亩均和户均投入都相对较低。在技术培训上也存在参与面广，但每人次培训支出低的特点。较低的培训投入强度不利于培训绩效改善，教育培训面临投入广度和投入深度的权衡替代。

（二）精准扶贫战略实施之前凉山州的具体帮扶成效

精准扶贫战略实施之前，凉山州扶贫工作主要围绕路、水等基础设施和就业机会等方面展开。2005～2010 年，凉山州通过整村推进，累计在 4761 个村实施了扶贫项目，累计扶持农户约 70 万户，累计扶持人口约 286 万人，年均新增农民人均纯收入约 400 元（见表 3 - 4），[①] 解决了绝对贫困人口的温饱问题。具体帮扶成效包括以下几点。

表 3 - 4　　　　　　　　精准扶贫之前凉山州具体帮扶成效

扶贫成效	单位	2005 年	2006 年	2007 年	2008 年	2009 年	2010 年
实施了扶贫项目的村数	个	326	416	1035	1070	977	937
扶贫项目扶持农户户数	户	43481	43556	102021	132696	129482	248305
扶贫项目扶持人口数	人	186997	198690	382611	540991	554154	1000669
新增基本农田面积	亩	8787	14835	3650	3000	1700	3410
新增及改扩建公路里程数	公里	1256. 51	834. 93	465. 64	584. 2	809. 9	849. 84
新增经济林面积	亩	28650	41904	33000	7950	26280	17500
新增教育、卫生用房面积	平方米	8800	134377	11865	17462	40599	23617
解决饮水困难人数	人	60332	51838	56516	65505	83107	71600
解决饮水困难牲畜头数	头	185657	127838	103998	112255	156354	138651
组织培训参加人次	人次	185380	126459	62393	82190	75869	120298
人均有粮	公斤	484	490	380	528	485	491
解决绝对贫困人口温饱	人	51000	55000	49834	56250		
新增农民人均纯收入	元	281. 82	278. 56	470. 1	466. 56	307	605

资料来源：笔者根据历年四川省扶贫统计监测年表整理计算得到。

---

① 本部分数据来源于历年《四川省扶贫统计监测年表》。

中国民族地区发展丛书

第一，聚焦道路基础设施建设，交通内通外联短板有所缓解。2005～2010 年，凉山州新增和改扩建公路 4801 公里。精准扶贫战略实施之前，凉山州道路基础设施的建设以安宁河谷地区为建设重点，逐渐向高二半山地区有序扩展，西昌市、冕宁县和会理县三个市县的新建和改扩建道路总里程之比超过 30%。在财务能力范围之内，考虑建设成本和建设后的经济效益是凉山州 2010 年之前道路基础设施建设的主要逻辑。结合当期道路建设投资金额，平均每公里公路投入资金 15000 元以上。每公里投资强度存在显著区际差异，昭觉县和布拖县单位投入最高，分别为 70011 元和62385 元。各市县每公里公路建设投入强度与海拔正相关，凉山州复杂的地形地貌给道路基础设施建设和养护带来了显著的财务压力，补齐道路基础设施短板需要持续保持较大规模的财政转移支付。

第二，本地就业和劳务输出并举，改善就业机会。本地就业机会改善主要依靠种植养殖业、农业加工业，以及本地基础设施建设吸收的劳动力。凉山州实施劳务产业富民增收工程，劳务输出分基地县项目和非基地县项目两类，凉山州改善劳务输出的主要工作包括：一是通过建设基层劳务工作站，实现劳务输出的充分动员；二是通过针对性技能培训，增强就业能力；三是对外协调劳务输出基地，简化劳务输出流程，减少不确定性。2005～2010 年，凉山州累计技能培训约 65 万人次。2005～2012 年，凉山州累计转移就业 18703 人，其中省外就业 8153 人，转移就业情况详见表 3－5。

表 3－5　　　　　精准扶贫之前凉山州劳务转移情况　　　　　单位：人

指标	2005 年	2006 年	2007 年	2008 年	2009 年	2010 年	2011 年	2012 年
转移就业人数	1500	1666	1833	1633	1633	1633	2500	6305
在县内转移就业	0	0	0	738	1139	1093	2060	4930
在县外省内转移就业	0	0	0	78	10	50	190	262
在省外转移就业	1500	1666	1833	817	484	490	250	1113

资料来源：笔者根据历年四川省扶贫统计监测年表整理计算得到。

第三，农业生产条件持续改善，自我发展能力有所提升。精准扶贫战略实施之前，凉山州主要通过基本农田、经济林和草场建设，以及农业加工业建设改善农业生产条件。2005～2010 年，凉山州累计新增基本农田 35382 亩，新增经济林 155284 亩。2005～2012 年累计农业加工业投资 17180 万元，累计养殖业投资 33041 万元。农牧业生产条件的改善和收入增加以及贫困减缓之间并不一定存在短期显著相关关系，产业真正发展需要补齐所有短板，农牧业生产条件改善是经济增长和贫困减缓的必要条件但非充分条件。

（三）凉山州精准扶贫之前的帮扶绩效评估

凉山州扶贫投资在投入上包括种植业投资、养殖业投资、农产品加工业投资、基础设施投资、民生设施投资和其他投资，也有部分农户直接贷款；在投资产出上则主要体现为新增基本农田、解决饮水困难、技能培训和劳动力转移等具体项目。为了进一步明确投资方向和盯住目标，需要对扶贫投资和帮扶措施的扶贫绩效进行实证评估，表 3-6 和表 3-7 分别展示了扶贫投资和具体帮扶措施的减贫绩效。在实证策略上，本部分不仅分析了扶贫投资和措施对贫困人口数量变动的影响，还分析了扶贫投资对城乡居民人均纯收入的影响。实证部分的数据来源于 2005～2012 年四川省扶贫统计监测年表，数据格式为县级面板数据，总样本 136 个。

表 3-6　　　　精准扶贫之前扶贫投资对凉山州贫困状况的影响

被解释变量	（1）农村居民人均纯收入	（2）城镇居民人均可支配收入	（3）贫困人口数量
总投资	0.0337*（1.84）	0.172（0.80）	-0.00321（-0.12）
种植业投资	-0.00623（-1.60）	0.00707（0.16）	0.00497（0.81）
养殖业投资	0.00299（0.86）	0.00861（0.21）	0.00289（0.55）
农产品加工业投资	0.00100（0.23）	-0.00384（-0.08）	0.00515（0.76）
基础设施投资	-0.00568（-0.79）	-0.0226（-0.27）	-0.0104（-1.06）

续表

被解释变量	(1)	(2)	(3)
	农村居民人均纯收入	城镇居民人均可支配收入	贫困人口数量
公共服务投资	-0.00174 (-0.47)	0.0586 (1.36)	0.00506 (0.52)
农户直接贷款	-0.00506 (-1.45)	0.0124 (0.30)	-0.00690 (-1.31)
地区生产总值	0.514*** (8.19)	0.0144 (0.02)	-0.0789 (-0.60)
财政收入	-0.0113 (-0.29)	0.363 (0.79)	0.0698 (1.02)
财政支出	0.137*** (3.82)	-0.345 (-0.82)	-0.535*** (-4.58)
少数民族人口	0.0242 (0.36)	0.0116 (0.01)	0.103 (0.49)
常数项	2.819*** (15.74)	3.511* (1.67)	2.331*** (4.85)
样本	135	136	68

注：括号内为 t 值，***、**、* 分别表示在1%、5%、10%显著性水平上统计显著。

表3-7　　　　凉山州精准扶贫之前帮扶措施的帮扶绩效

被解释变量	(1)	(2)	(3)
	农村居民人均纯收入	城镇居民人均可支配收入	贫困人口数量
新增基本农田	-0.00353 (-0.60)	-0.0403 (-0.61)	-0.0189 (-1.56)
新增经济林	0.00189 (0.27)	0.0535 (0.68)	0.0152 (1.08)
新增草场面积	0.000368 (0.06)	-0.0194 (-0.29)	-0.00182 (-0.18)
解决饮水困难人数	0.0127 (1.10)	0.349*** (2.70)	0.00204 (0.11)

续表

被解释变量	(1) 农村居民人均纯收入	(2) 城镇居民人均可支配收入	(3) 贫困人口数量
解决饮水牲畜	- 0.0159 (- 1.23)	- 0.0341 (- 0.24)	- 0.0126 (- 0.58)
技能培训	- 0.000998 (- 0.16)	- 0.134 * (- 1.91)	0.00302 (0.27)
劳动力转移	0.00883 *** (2.78)	- 0.0852 ** (- 2.38)	- 0.00289 (- 0.43)
地区生产总值	0.487 *** (8.28)	0.121 (0.18)	- 0.0773 (- 0.60)
财政收入	0.0123 (0.31)	0.411 (0.93)	0.0844 (1.19)
财政支出	0.150 *** (4.24)	- 0.305 (- 0.77)	- 0.590 *** (- 4.89)
少数民族人口	0.0136 (0.20)	- 0.375 (- 0.50)	0.172 (0.85)
常数项	2.766 *** (15.46)	4.186 ** (2.08)	2.428 *** (4.81)
样本	135	136	68

注：括号内为 t 值，***、**、* 分别表示在 1%、5%、10% 显著性水平上统计显著。

第一，扶贫投资去向对凉山州贫困状况的影响。扶贫总投资、基础设施投资、农户直接贷款、地区生产总值和地方财政支出对贫困人口数量有负向影响，其他变量的参数估计值均为正值。但只有地方财政支出对贫困人口数量的影响能够在常用显著性水平上统计显著，其参数估计值为－0.535，地方财政支出每增加10%，贫困人口数量下降5.35%。本地财政支出的短期减贫效应比外来扶贫投资更为显著，其可能原因在于外来资金通常属于切块资金，难以统筹使用，现实中会存在"各做各的菜，各敬各的神"的情况，与资金统筹使用相比缺乏灵活性和整体性，各路资金的协同作用尚需进一步提升。从扶贫投资对城乡居民收入的影响来看，扶贫

中国民族地区发展丛书

投资对城镇居民人均可支配收入的影响不显著，扶贫资金对整体经济社会发展的溢出效应尚未完全展现，溢出效应主要集中于农村地区。总投资、地区生产总值和地方财政支出对农村居民人均纯收入有积极影响，参数估计值分别为0.0337、0.514和0.137，且均能够在常用显著性水平上统计显著。总体的经济不发达是凉山州致贫的根本原因，通过持续投资和转移支付改善宏观经济机会是精准扶贫战略实施之前的最有效减贫手段。

第二，帮扶措施对凉山州贫困状况的影响。综合各帮扶措施对城乡居民收入和贫困人口数量的影响来看，劳动力转移的减贫效应最为显著，参数估计值约为0.01，且能够在1%的显著性水平上统计显著。劳动力转移人口每增加10%，农村居民人均纯收入将增加0.1%。在改善本地经济机会的同时，为了缓解本地就业需求和就业供给的错配问题，通过有序引导本地劳动力外出务工，是凉山州实现短期减贫的有效扶贫措施。值得注意的是，外出务工具有显著的外部性，一个成功或失败的外出务工经历都会以乘数放大，并反作用于后续外出务工决策。鉴于该种外部性特征，外出务工的持续稳健推进需要政府层面或者协会层面的介入。通过就业信息、劳务纠纷、劳务订单等方面的介入，构建凉山州外出务工的点对点通道，能够有效约束"不敢和不愿"对务工意愿的负面影响。

（四）凉山州精准扶贫战略实施之前依然面临的主要问题

由于在基础设施和发展环境方面欠账较多，凉山州的扶贫开发工作，不仅需要当地政府群众的自力更生、艰苦奋进，而且也需要国家从政策、资金、人才、项目等方面继续给予大力支持。凉山州经济社会发展不足，资金投入能力弱是普遍问题。在下一阶段扶贫攻坚过程中，需要结合贫困地区的实际情况有针对性地出台一些政策扶持贫困地区发展，加大扶贫项目资金的投入力度，特别是基础设施、生态环保、公共事业、社会保障、节能减排等方面的支持力度，提高项目建设补助标准，取消公益性建设项目的地方配套资金，全部由中央和省投资建设。

第一，道路基础设施需要盯住更微观主体。精准扶贫战略实施之前，凉山州道路基础设施主要盯住县级层面的对外通道建设，但县内交通通达性依然较差，尤其是在高山地区乡镇与县城驻地的通勤时间依然较长。下一贫困阶段需要以乡镇和行政村为盯住对象，改善内部通达性，该目标超出了本地财政的负担能力。针对凉山州交通设施建设，需要在政策上以专项项目建设的方式予以倾斜和支持，持续加大交通建设投入力度。

第二，民生基础设施需要盯住更多维目标。在道路基础设施从通达到通畅的同时，在民生基础设施上也需要根据人民群众的必要需求逐渐提升建设目标。在饮水困难逐渐解决的同时，盯住安全饮水目标；在通讯基础设施建设上，实现村和户层面的信息通畅；在医疗卫生设施建设上，立足县中心医院建设的基础，构建县乡村三级医疗卫生体系，并着力通过医疗保险体系建设，应对因病致贫问题。

第三，产业发展基础需要进一步夯实。需要继续加大对农业产业化的支持力度，精准扶贫战略实施之前，凉山州在种植养殖方面已经具备了一定的发展基础和规模，但农产品产业基地滞后，产业化经营程度低、知名度不高、销售不畅，仍然是制约产业发展的障碍。下一扶贫阶段需要在产业建设、良种推广和补贴、品牌打造、信贷支持等方面继续给予支持，畅通从能生产到产量高和卖得好的循环通道。

第四，人力资本存量需要进一步改善。下一扶贫阶段需要继续加大智力扶贫力度：一是通过智力导入，帮助制定出符合地方发展的特色产业规划、基础设施建设规划等，促进经济社会全面发展。二是通过加大对贫困地区干部的培养，加强对凉山州科技人员的培训和指导，增强凉山州自我发展能力。三是进一步加大对凉山州教育卫生事业的投入，改善农村的教育卫生基础设施和办学就医条件，加强师资队伍、医疗器械配备和建设，着力夯实教育卫生基础。四是大力开展农村实用技术和科学技术培训，加强农村青壮年的教育，提高劳动力的文化水平和综合素质。五是发展符合贫困地区特点的职业学校，并设立专项资金，建设培训基地，提高培养层次，促进贫困地区发展。

第五，社会保障底线需要进一步筑牢。鉴于社会保障对于应对贫困的重要性和社会保障的支出负担，下一阶段需要继续提高凉山州贫困县城乡居民参加养老保险财政补助资金额度，统一由中央、省财政进行补贴，加大贫困县区基层劳动保障平台及网络建设资金投入。进一步加大贫困县区基层劳动保障服务平台基础设施及网络建设资金投入力度，将建设县、乡（社区）基层就业和社会保障服务中心纳入地区发展规划，所需要资金由中央、省财政统一扶持。同时，由于贫困县受人口数量和财政困难影响，人员编制配置较少，乡（镇）工作人员多数都身兼数职，劳动保障服务工作人员多数都是兼职，无法正常开展基层劳动保障服务工作，需要着力解决贫困县基层劳动保障服务平台人员编制问题。

第六，多元帮扶机制需要进一步构建。精准扶贫战略实施之前，凉山州的主要扶贫资金来源是中央财政扶贫资金，社会帮扶力量尚未有效参与扶贫进程。下一阶段在加大扶贫帮扶力度的同时，需要多元化扶贫资金来源渠道，实现中央和地方扶贫资金对社会帮扶力量的有效激发和撬动。可以借鉴地震灾区的做法，建立"一对一"帮扶制度，由发达地区市、县一对一帮扶贫困县。加大定点帮扶力度，充分发挥中央国家机关、央属企业和东部沿海发达地区对口帮扶在资金、智力、市场等方面的优势。

第七，扶贫资金使用壁垒需要进一步破除。扶贫资金普遍存在资金沉淀的情况，"用不起"和"用不了"是两个主要的制度性壁垒。地方配套资金是用不起的典型原因，下一阶段可以尝试通过体制机制创新，取消贫困县项目建设地方配套资金，提高工程建设补助标准，补助业务部门项目前期规划费和办公费用，切实发挥上级拨付资金的使用效率。建设用地约束是扶贫资金用不了的典型原因，扶贫项目不论是基础设施、产业发展、农村基本生活条件，还是社会事业发展与公共服务、移民搬迁等内容，都将涉及建设用地问题。下一轮扶贫攻坚过程中，需要对凉山州扶贫项目建设用地问题进行针对性分析，充分考虑地方实际。就贫困地区扶贫项目建设用地指标、农村宅基地指标，在政策上给予支持，适当增加用地指标，使扶贫建设项目用地得到保障，确保扶贫项目建设持续顺利推进。

二、精准扶贫阶段凉山州的脱贫攻坚政策实践

从凉山州精准扶贫的具体实践来看，2015 年，中共凉山州委七届七次全体会议对全面落实中央和四川省委精准扶贫精准脱贫战略，集中力量打赢扶贫开发攻坚战进行了研究部署，会议通过《中共凉山州委关于集中力量打赢扶贫开发攻坚战确保同步全面建成小康社会的决定》。会议指出，按照"五年集中攻坚、一年巩固提升"要求，以县为单位分年度制定到村到户的扶贫脱贫计划，确保凉山州每年减少农村贫困人口 10 万人左右。到 2020 年，实现凉山州 50.58 万农村贫困人口脱贫，基本消除绝对贫困；

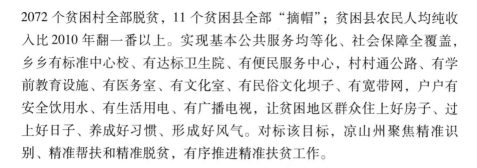

2072 个贫困村全部脱贫，11 个贫困县全部"摘帽"；贫困县农民人均纯收入比 2010 年翻一番以上。实现基本公共服务均等化、社会保障全覆盖，乡乡有标准中心校、有达标卫生院、有便民服务中心、村村通公路、有学前教育设施、有医务室、有文化室、有民俗文化坝子、有宽带网，户户有安全饮用水、有生活用电、有广播电视，让贫困地区群众住上好房子、过上好日子、养成好习惯、形成好风气。对标该目标，凉山州聚焦精准识别、精准帮扶和精准脱贫，有序推进精准扶贫工作。

（一）精准扶贫典型政策

凉山州精准扶贫工作主要盯住"两不愁三保障"目标，通过产业发展脱贫、转移就业脱贫、易地搬迁脱贫、医疗保障脱贫、教育支持脱贫、兜底保障脱贫以及禁毒戒毒脱贫等渠道落实国家政策。

1. 产业发展脱贫

凉山州把发展生产作为脱贫攻坚的主要方向，实现输血与造血相结合，着力培塑和激发内生动力。凉山州在扶贫产业上主要聚焦马铃薯、水果、蔬菜、中药材为主的"果薯蔬草药"特色农牧业，以及核桃、青红花椒、油橄榄为主的生态林业。在发展特色种植养殖产业的同时，还大力发展电子商务进农村活动，拓展特色农产品外销渠道。凉山州的产业扶贫又可以分为县域经济改善和家庭收入提升两个维度，宏观目标和微观诉求互为前提相互助力。县域层面的产业扶贫主要包括农业扶贫、工业扶贫和旅游扶贫，支持的主要是种植养殖、能源设施、景区开发等具体产业项目，以及厂房、道路等产业基础配套项目。家庭层面的产业扶贫政策则主要包括资金或实物支持，企业、合作社、大户带动，产业扶持基金和小额贷款扶持等，目标是通过增强要素投入能力和经营能力形成稳定收入来源。

2. 转移就业脱贫

凉山州转移就业脱贫主要体现在劳动供给层面的就业能力提升和劳动需求层面的就业渠道拓展两个方面。就业能力提升涉及的政策主要是通过职业院校、定点培训机构等开展就业技能培训，尤其强调外出务工群体的务工常识和就业技能培训，以及本地特色农业、特色服务业、民族特色刺绣等本地特色产业的针对性技能培训。就业渠道拓展涉及的政策主要是依托东西部扶贫协作和四川省内就业结对帮扶，拓展跨区域劳务输出协作。

同时，通过开发公益性岗位、扶贫车间等，对特殊困难就业群体进行针对性就业帮扶。

3. 易地搬迁脱贫

易地扶贫搬迁主要针对不具备基本发展条件地区的建档立卡户，凉山州易地扶贫搬迁工作主要围绕"搬得出、留得住、能致富"开展相关帮扶工作，坚持新村、新居、新产业、新农民、新生活"五新同步"推进易地扶贫搬迁、彝家新寨建设、农村危房改造。针对"搬得出"，凉山州统筹规划并完善集中安置区域的基础设施和公共服务设施等安置条件，并提供搬迁资金支持。针对"留得住、能致富"，凉山州实施以工代赈，规划产业布局，积极拓展移民安置贫困户的增收渠道。

4. 医疗保障脱贫

一是构建完备的医疗保障体系，凉山州通过省、州、县三级财政补助，实现建档立卡贫困户城乡基本医保全覆盖，并通过大病补充医疗保险和社会救助在医疗支出末端实现减支。贫困人口全部参加基本医保、纳入家庭医生签约服务，个人自付比率控制在 5% 以内。二是优化就医流程，通过"先诊疗，后付费，免押金"等方式减轻贫困人口就医经济压力。三是通过提供家庭医生服务，确保贫困人口享受慢性病门诊综合医疗保障待遇，减轻慢性病患因日常服药而导致的长期医疗支出。四是打好艾滋病防治硬仗，做好健康体检和艾滋病筛查，落实母婴阻断和抗病毒治疗措施，受艾滋病影响的贫困人口全部纳入脱贫攻坚帮扶，感染者及病人就医费用实现"零"支付。

5. 教育支持脱贫

凉山州教育扶贫工作主要有：一是控辍保学，封堵失学辍学漏洞，确保实现义务教育有保障。二是通过加大投入和对口帮扶，切实改善学校办学各项软硬件条件。在硬件上，解决"大班额""大校额""大通铺"问题；在软件上，加大师资队伍建设力度，数量上增加，质量上提升，待遇上改善。三是全面落实相应补助政策，包括免费营养餐、寄宿补贴、免学杂费和免书本费等，切实减轻家庭教育开支。

6. 兜底保障脱贫

一是凉山州为建档立卡贫困户、低保户和特殊困难人口代缴养老保险，实现应保尽保。二是通过联通扶贫局、民政局和公安局等相关部门信息，动态更新社会保障兜底范围，并实现及时救助。三是加强养老院、社会福利院、儿童福利院等民政集中供养机构建设，加强对特殊困难人口的集中供养能力，切实保障其基本需求。

7. 禁毒戒毒脱贫

凉山是全国禁毒工作的主战场之一，毒品和贫困问题的交织是凉山州脱贫攻坚面临的独特问题。凉山州在禁毒戒毒脱贫上的主要工作有：一是广泛宣传教育，以学校为主构建城乡全覆盖的禁毒宣传教育体系，并通过开展"禁毒防艾文明户""无毒社区""无毒村社"创建活动巩固宣传成效。二是政法系统干警驻村任专职禁毒副书记，依托专业优势专项开展毒品问题整治，并与驻村帮扶有效衔接。三是加大受毒品祸害家庭子女的关爱帮扶力度，在基本生活保障、教育、医疗、就业等方面给予照顾和支持，决不能让毒品危害延伸到下一代人。四是严打毒品犯罪，强化毒品查缉堵截，狠抓外流贩毒整治。

8. 移风易俗脱贫

主要工作有：一是实施"板凳工程"，引导健康文明新生活，引导群众从坐板凳、睡床铺、用灶台改起，以生活方式变革倒逼生产方式变革。二是推进"厕所革命"，实施改厕等住房功能分区建设。三是深化"四好"创建，组建红白理事会、道德评议会、文明劝导队等群众组织开展日常监督劝导，持续推进婚丧嫁娶高额彩礼和铺张浪费问题集中整治。

（二）精准扶贫政策实践的典型案例

为了从更为微观的角度刻画凉山州精准扶贫政策实施情况，本部分使用了凉山州喜德县作为凉山州精准扶贫政策实践的样本县。喜德县是脱贫攻坚开发工作的重点县，也是彝族聚居区和农业县，彝族人口和农业人口均超过90%，2014年贫困发生率为30.54%，是凉山州典型的深度贫困县。①

1. 样本县"十三五"脱贫攻坚基本情况

凉山州喜德县全县面积2206平方公里，总人口22.3万人，是典型的彝族聚居区和农业县。2014年，喜德县建档立卡贫困户15437户、60633

---

① 该部分数据来源于《凉山彝族自治州喜德县"十三五"脱贫攻坚总体规划》。

人，贫困发生率为 30.54%。识别贫困村 136 个，占全县建制村的 80%。2020 年 11 月，通过四川省 2020 年贫困县退出专项评估检查，贫困人口全部脱贫，贫困村全部退出。喜德县"十三五"脱贫攻坚成效包括以下几点。

第一，基础设施和公共服务显著改善。在住房安全上，累计建房 3 万余套，包括易地扶贫搬迁住房 5429 套，彝家新寨住房 7412 套，住房安全保障水平显著提升。在饮水安全上，"十三五"时期累计建成饮水工程 356 处，架设管道 2811.29 公里，实现安全饮水有保障。在道路交通设施上，累计新增道路 650 公里，所有贫困村均通硬化路。在电力通讯设施上，累计建设电路线路超过 1200 公里，建设 4G 通讯基站 133 个，实现电力网络覆盖所有村户。

第二，农村特色产业扩面提质。一是优化特色产业布局，在高山、二半山、河谷地带因地制宜引导特色产业规模发展，高二半山区主要发展畜禽养殖和青红花椒，河谷平坝则主要发展设施经济作物。二是畅通利益联结机制，实施龙头企业带动、合作社带动、大户带动"三个带动"模式，解决农户"干什么""怎么干"和"卖给谁"的实际困难，有效缓解特色产业发展"不敢不能不愿"的问题。三是推动实现现代农业转型，通过建设设施农业基地、种植业示范片基地、标准化养殖小区基地，推动设施农业发展。

第三，教育医疗卫生事业显著发展。"十三五"时期累计投入 7.49 亿元用于义务教育均衡发展，新建学校 3 所，改扩建学校 45 所，义务教育学校基础设施大幅改善。通过公开招考和政府购买服务方式补充师资力量，控辍保学硬任务持续巩固。在医疗卫生事业上，实施组团式对口帮扶模式，显著快速提升医疗服务水平。广东佛山五家三甲医院组团帮扶喜德县，帮助喜德县创建一个省级重点专科、补充两个欠缺科室、创建三个州级重点专科，并帮助进行制度建设。省内德阳什邡市重点帮扶喜德县医疗队伍建设，医疗卫生服务能力和水平显著提升。

第四，社会保障兜底覆盖能力显著增加。一是建立健全社会救助体系，建设以低保、特困供养、临时救助和各类专项救助为主题，社会力量参与为补充的社会救助体系。二是实施弱势群体关爱保障，落实城乡居民基本养老保险代缴政策，建设以居家为基础、社区为依托、社会机构为补充的农村养老服务体系。三是做好残疾人保障和服务，落实重度残疾两项补贴，做好残疾人康复服务和扶残助学力度，持续加大残疾人就业帮扶。"十三五"时期，喜德县累计投入 4.44 亿元用于社会保障工作，基本实现应保尽保、应补尽补。

2. 样本县精准扶贫的具体实践

为了展示样本县精准扶贫的具体实践，本部分使用了喜德县 2018 年脱贫攻坚问卷调查数据。该数据来源的优点在于：第一，喜德县是凉山州典型贫困县，其脱贫进度能够反映凉山州总体脱贫进展；第二，喜德县 2020 年公示退出贫困县序列，2018 年已经实现主体脱贫，2019 年为巩固提升年，因此使用 2018 年全年数据能够反映脱贫攻坚的常规工作。

（1）产业发展。一是建好"三个基地"，夯实现代农业产业基础。建好"标准化养殖小区"基地。采取统一规划、统一标准、集中修建、集中饲养、分户管理使用的模式，建设标准化养殖小区。建好"种植产业示范片"基地。抓好每个贫困村至少建 300～500 亩"种植产业示范片"基地，以基地带动农民产业理念转变，形成规模化、规范化的产业基地，引进马铃薯、花椒油深加工龙头企业，延长农特产品产业链。建好"设施农业"基地。充分利用自然地理条件和交通便利的区位优势，着力发展绿色、有机的果蔬设施。二是突出"三个带动"，培育壮大优势产业。突出"龙头企业带动"。引进养殖业龙头企业铁骑力士实业有限公司建设生猪扩繁场，提供猪仔及饲料、猪种及养殖技术、现代化管理及疫病预防经验，统一回收成品，实施生猪"代养模式"项目，有效保障全县优质仔猪供应。突出"大户带动"。发展推广 1 户大户带动 2～5 户贫困户的"1＋2""1＋5"养殖小区模式，积极培育种养大户，带动身边贫困户，通过"大带小、富带贫"，实现共同富裕。突出"合作社带动"。通过"合作社＋农户""合作社＋基地＋农户""龙头企业＋合作社＋农户""合作社＋电商平台"等模式，帮助贫困户发展养殖产业。三是实现"三重收入"，创新联结利益共赢机制。抓住产业扶持资金、扶贫小额贷款等金融扶贫利好政策，盘活村集体经济，为贫困农户进行产业融资贷款，使贫困户获得三重收入。入股获得分红收入。按照"龙头企业＋专业合作社＋贫困户""专业合作社＋贫困户"的产业模式充分吸纳贫困户土地参与或投资入股，贫困户获得利润分红。务工取得劳务收入提出设施农业项目用工优先使用贫困群众劳务，贫困群众就近就地务工，促进贫困群众增收，提升现代种植技能。发展特色产业增加农特产品收入。结合贫困村产业优势，发展绿色、有机农特产业，充分利用贫困户产业扶贫小额贷款政策，促进贫困群众发展花椒、核桃等农特产业，增强"造血"功能，增加贫困群众农特产品收入。[①]

（2）转移就业。喜德县认真落实转移就业相关政策，通过实施技能培训脱贫行动、开发公益性岗位及扩大就业输出等方式，积极促进转移就业脱贫。第一，通过分批、分期对贫困户进行培训，不断提高贫困群众的就业能力，典型培训政策如表3－8所示。第二，采取补助路费、发放稳岗补贴等措施，鼓励贫困户赴佛山市、什邡市等地务工。第三，结合禁毒防艾、护林防火等工作为贫困群众设置公益性岗位。2018年，完成劳动力转移输出5.9万人次，同比增长4.4%。其中，建档立卡贫困户转移输出3138人，劳务输出佛山总人数591人，其中建档立卡贫困户538人；实现劳务收入8.87亿元，同比增长4.35%，其中建档立卡贫困户劳务收入0.45亿元；开发农村公益性岗位223个，举办1场就业扶贫专场招聘会。

表3－8　　　　　　　　　　技能培训活动

活动	内容及效果
送培训下乡	开展实用技术培训类的"短平快"项目培训，如"农民夜校""培训大篷车""田间课堂"等
扶贫专班	联合德阳市安装技师学院（什邡市）对定向组织贫困劳动力进行汽车维修技能培训，共计22人
"一帮一"挖掘机培训	联合对口帮扶学校四川水利水电技师学院，开展中长期"一帮一"挖掘机驾驶员技能培训28人
贫困户新型农民素质提升培训	联合县委组织部、农办、党校对红莫镇等16个乡（镇）开展培训

资料来源：笔者调研数据。

[①] 该部分内容整理自喜德县扶贫开发局总结的《喜德县脱贫攻坚中的特色亮点》和《喜德县发展山地特色农业助推脱贫攻坚》，凉山州人民政府门户网站，2018年7月3日。

受访建档立卡户中，有 215 户家中有人参加过就业培训，累计 298 人次，40 户没有参加过培训。有 194 户认为参加培训对找工作或提高就业收入有帮助，有 37 户家中通过政府安排外出务工，有 34 户获得稳定的本地就业机会，其中 20 户家中有 1 人获得公益岗位（如保洁员、护林员等）。另外，仅有 4 户家庭知晓扶贫车间，30 户不知道，221 户空白；10 户属于自主创业，其中 5 户得到政府补贴；225 户认为获得的就业创业帮扶措施，对家里增收有帮助，30 户认为没有帮助。

（3）易地搬迁。2018 年，喜德县规划建设 18 个易地扶贫搬迁集中安置点，其中 200 户以上 3 个，100 户以上 5 个，实施易地扶贫搬迁住房建设 2577 户，有 2471 户实施集中安置，106 户分散安置。住房建设结合国家相关规定和喜德县实际情况，共开发 5 种户型，其中 1 人户 25 平方米，2 人户 50 平方米，以此类推人均 25 平方米。发放易地扶贫搬迁贷款金额 1296.3 万元，易地扶贫搬迁贷款实际发放额占承诺发放额的 43.21%。在资金发放方面，集中安置的农户，由四川省财政厅直接给付城建公司；分散安置的农户，通过一卡通的形式直接发放农户账户。农户自筹资金每户不超过 1 万元。

在评估的 255 户建档立卡户中有 250 户自 2014 年以来享受过住房改造政策，其中有 121 户通过易地扶贫搬迁方式，125 户通过彝家新寨方式享受易地搬迁的政策，2 户享受过危房改造政策。2018 年，享受该政策的有 165 户，往年享受的有 83 户，政府补贴到位 247 户。在通过易地搬迁和彝家新寨方式的住房政策补助中，所有受访农户均反映住房已完工并入住。搬迁后，主要通过务农、务工、政府补贴、经商（创业）等方式获得收入来源。

（4）医疗保障。喜德县全面完成全县贫困人口就医信息管理系统建设，对患病贫困人口逐步分类建档，实现贫困人口精准帮扶，就医信息精准管理。2018 年，共 7443 名贫困人口住院，产生医疗费用 3090.24 万元，基本医保报销 2015.55 万元，大病保险报销 51.91 万元，县域内倾斜支付报销 156.98 万元，爱心基金救助 132 人次、36.0929 万元，卫生扶贫基金救助 727 人次、135 万元，个人支付比例控制在 5% 以内。抽样中 255 户建档立卡户家庭全部购买了城乡居民基本医疗保险（新农合）和大病医疗保险，有 214 户认为现在看病和以前相比负担减轻得非常明显，有 39 户

认为比较明显，医疗保障脱贫效果明显。

（5）教育支持。2018 年，喜德县着力提升贫困地区教育发展，对师资力量进行优化补充和素质提升。建档立卡贫苦户中接受义务教育的学生为 12178 人，其中小学 8787 人，中学 3391 人。开办"一村一幼"幼教点 157 个，聘用辅导员 364 人，在点幼儿 4782 人，占全县学前教育在校生的 43.39%；完成"9+3"招生 493 人，"3+2"五年制教育招生录取 106 人，"9+5"五年制贯通式免费教育录取 8 人，三年制中职教育招生录取 81 人，中职类教育总录取 688 人；开办控辍保学司法学习班，启动问责。认真贯彻落实"15 年"免费教育政策，2018 年，共计投入约 10065.584 万元，保障各级各类在校生享受免费教育的权益。

建档立卡户家庭中，若家中有义务教育阶段学生，通过享受免费营养餐、寄宿补贴、免学杂费、免书本费等的补助政策，实现 2018 年义务教育阶段（一般为 6~15 周岁）学生辍学数为 0。

（6）兜底保障。2018 年，喜德县为 618 名城乡特困人员发放生活补助 240.92 万元，为 353 名孤儿发放补助金 351.788 万元，为 620 名特殊困难儿童发放补助金 144.28 万元，为 1417 名困难残疾人发放困难生活补贴 136.032 万元，发放重度护理补贴资金 205.564 万元。向年收入低于贫困线但没有享受低保且持有喜德县二代《残疾人证》的 513 名建档立卡对象发放特殊生活补贴，2018 年共计发放 102.42 万元，完成 35873 名农村低保对象提标补发工作，共计发放农村低保金 7963.806 万元。

（7）禁毒戒毒。2018 年，喜德县安排相关工作人员签订《禁毒工作目标责任书》，确保禁毒工作目标、任务和措施的落实，开展集中宣传，发放禁毒标志标牌 1000 余块，成功举办以"脱贫攻坚、无毒喜德"为主题的"6.26"国际禁毒宣传活动。举办 4 期禁毒社会化工作培训班，培训 200 余人次；禁毒工作坚持破大案与打零包相结合，完善打击零包贩毒工作机制，集中整治零星贩毒和吸毒突出的窝点，切断毒品流入消费市场的供应渠道，净化社会环境。共破获毒品刑事案件 34 起，抓获犯罪嫌疑人 72 人，起诉 52 人，完成 2018 年任务指标的 69.3%，破获 3 起特大跨省贩卖运输毒品案件，完成 2018 年任务指标的 100%，查处吸毒人员 190 人，完成 2018 年任务指标的 69%，强制隔离戒毒 143 人，建立社区戒毒工作站 23 个，一级社区戒毒（康复）工作站 2 个，管控社戒社康及社会面吸毒人员 2800 余人。抽查的 255 户建档立卡户家庭中共有 252 户确认村里开展过禁毒防艾宣传工作，占总数的 98.82%，有 177 户确认村里没有吸毒人员，仅有 1 户建档立卡户家庭确认该村有吸毒人员。

第四节

凉山州 2020 年后的扶贫重点工作

一、"十四五"时期凉山州巩固拓展脱贫攻坚成果的宏观背景

第一，"十三五"时期凉山州经济增速持续放缓，"十四五"期间脱贫地区需要继续理顺巩固拓展脱贫攻坚成果与经济增长的关系，实现稳健脱贫。以凉山州为例，2016～2018 年凉山州 GDP 和人均 GDP 的年均增长率分别为 5.25% 和 3.63%，显著低于全国平均水平和"十二五"时期的平均增速，这给脱贫地区实现稳健脱贫带来了现实压力。脱贫攻坚不仅是凉山州"十三五"期间的最重大任务，也是其实现全面发展的重要机遇。而脱贫攻坚进程的顺利推进和持续的经济放缓同步出现，意味着"十三五"期间深度贫困地区依然面临着经济增长和巩固拓展脱贫攻坚成果的协同问题。在经济增速放缓程度不断加深的情况下，"十四五"时期，凉山州需要进一步理顺经济增长和巩固拓展脱贫攻坚成果的关系，切实体现巩固拓展脱贫攻坚成果同乡村振兴有效衔接是重大的发展机遇。

第二，凉山州资源型产业需求波动持续放大，面临产业转型的迫切压力。"十四五"期间，凉山州需要落实党的十九大报告中关于"加大力度支持民族地区加快发展，强化举措推进西部大开发形成新格局"的重要论述。探索和用好差别化的区域支持政策，通过基础设施和营商环境的持续改善优化，积极对接和融入国家发展大局。凉山州需要在产业发展上主动作为，把握外部需求结构变迁导致的本地禀赋升级机会，形成稳健有活力的产业体系，为"十四五"时期实现稳健脱贫提供产业支撑，也为建立更加有效的区域协调发展新机制贡献民族地区的力量。

第三，深度贫困地区财政收支缺口依然巨大，财务风险是凉山州"十四五"时期巩固拓展脱贫攻坚成果的重要不确定因素。凉山州在易地扶贫搬迁、危房改造项目实施过程中使用和撬动了大量信贷资金，农发行易地扶贫贷款规模迅速增长，但尚未形成稳定的偿债收入来源，从而形成了政策性信贷中的财务风险。此外，在小额信贷扶贫、产业扶贫中也存在个人信贷的金融风险。"十四五"期间，凉山州需要进一步对财务风险点进行排查，促成财务稳健的可持续减贫格局。

第四，凉山州基本公共服务水平与全国总体水平还存在显著差距，推进基本公共服务均等化是既往深度贫困地区"十四五"时期巩固拓展脱贫攻坚成果的重要目标和手段。从教育方面来看，凉山州在教育数量上取得长足进步，但对应的教育质量依然存在较大短板。这既影响了凉山州的教育回报率，又给"十四五"期间的控辍保学工作带来了现实压力，影响了脱贫成效的稳健性。从医疗卫生方面来看，凉山州普遍面临缺人、缺技术的问题，这导致了大病重病县内就诊率依然较低的问题，形成了因病致贫的持续压力。

第五，交通、电力、信息通讯基础设施是既往深度贫困地区将"绿水青山"转化为"金山银山"的重要制约因素，"十四五"期间既往深度贫困地区依然需要加大力度推进交通信息通讯基础设施建设。在交通基础设施方面，凉山州在融入全国高速公路、铁路主干网络上还存在显著短板，在通村、通组的毛细血管网络上也面临着普遍不足，并且既往已经建成使用的交通基础设施也面临着保养维护的较大压力。在电力基础设施方面，凉山州生活用电情况已经显著改善，但既往贫困村在通动力电方面还存在较大不足。在信息通信基础设施方面，凉山州依然需要提升4G网络覆盖水平。

第六，凉山州内部经济发展水平和脱贫攻坚任务还存在显著地区差异，尤其是800人以上的大型和特大型安置区依然面临制约脱贫攻坚成效的特性因素。"十四五"时期，凉山州需要通过实施、落实《关于支持凉山州做好巩固拓展脱贫攻坚成果同乡村振兴有效衔接的若干措施》等规划，由点及面针对性破除凉山州的特性发展困境。

第七，凉山州的社会治理压力给"十四五"时期脱贫攻坚工作带来新要求。一方面，新时期社会主要矛盾的转化，给推动凉山州社会治理体制改革带来了内在动力，"十四五"时期凉山州的经济发展需要更为关注共享发展、绿色发展、协调发展。这既表明了"十四五"时期持续坚持巩固拓展脱贫攻坚工作的现实必要性，也给巩固拓展脱贫攻坚工作的实现路径提出了要求。另一方面，国际政治环境的变化使得凉山州面临更为严峻的社会治理外部压力，凉山州的经济、社会、生态问题在互联网背景下显著放大。"十四五"时期凉山州需要继续通过脱贫攻坚工作，讲好脱贫地区社会治理的中国故事，为坚定"四个自信"贡献民族地区的减贫实践。

第八，全球自然环境变化给生态脆弱的凉山州巩固拓展脱贫攻坚成果带来系统性风险。凉山州是较为脆弱的生态敏感地区，全球极端天气频发导致的山火、洪涝干旱、病虫害，使得凉山州脱贫攻坚成效面临外部环境导致的贫困脆弱性，形成稳健脱贫的"最后一公里"问题。这既要求凉山州构建完备的自然灾害预警及应急管理系统，也要求凉山州践行"两山理论"，切实落实和体现绿色发展，将"绿水青山"转化为"金山银山"。

二、"十四五"时期凉山州巩固拓展脱贫攻坚成果的重点难点

"十四五"时期凉山州脱贫攻坚的任务主要盯住两个问题：一是基于现有贫困标准，如何提高脱贫稳健性；二是着眼于未来贫困识别标准变化，如何针对新贫困特征进行提前应对。从脱贫稳健性来看，凉山州面临的主要问题是已脱贫人口的返贫问题和隐性贫困问题。从未来贫困特征的提前应对来看，凉山州面临的主要问题是防范规模性返贫问题，"十四五"时期凉山州的贫困脆弱性有如下几点表现。

第一，医疗等意外大宗开支导致的返贫。随着脱贫攻坚的持续深入，凉山州因缺资金、缺技术等共性原因致贫的情况得到显著缓解。因病致贫在所有致贫原因中的占比和重要程度持续提升，因病致贫导致的大宗支出增加是凉山州脱贫人口返贫和新增贫困人口的重要原因，并且受限于自然规律，疾病的发生无法通过政策介入根除。因此，着眼于稳健脱贫，凉山州需要在"十四五"期间持续通过健康扶贫应对因病致贫、返贫问题。

第二，帮扶资源不可持续导致的返贫。发展产业形成可持续生计能力，是实现稳健脱贫的内生动力来源，既往减贫政策通过发展产业、转移

就业等路径强调了对贫困户自我发展能力的塑造。但目前既往贫困村的产业发展比较倚重帮扶单位的技术、资金投入，以及帮扶单位带来的市场销路。当前扶贫任务完成之后，凉山州将会面临帮扶单位退出带来的要素投入和产品销售能力下降问题。凉山州需要梳理和排查现有产业帮扶项目的风险点和风险程度，通过有针对性的制度安排，实现外部帮扶力量退出后的产业发展延续性。

第三，扶贫产业市场需求和价格波动导致的返贫。凉山州产业扶贫对种植业和养殖业的偏重较大，由于农产品生产供给滞后于市场需求信息的先天特征，特定品种的大规模种植、养殖必然会面临外部市场波动导致的本地产业不稳健问题，这给凉山州产业发展带来了潜在负面影响。为此，大面积种植中草药、柑橘等产品的凉山州需要及时关注市场动态，通过引入农业保险，并适时引导产品和产业结构转型，提升本地产业发展的稳健性。

第四，既往收入来源无内生动力和产业支撑导致的返贫。现有小额信贷支持扶贫在实践中存在信贷资金他用的情况，未能实现真正的产业发展，贫困户依靠国投公司或者转贷企业约定的利息获得当前的部分稳定收入，但签约期限普遍以2020年为结束时点。后续小额信贷政策难以延续之后，该部分稳定资产性收入如何填充，是当前亟须解决的问题。

第五，大规模转移支付政策退出后，思想上"等靠要"导致的返贫。部分贫困户和脱贫户依然存在严重的"等靠要"思想，基层政府需要把握好巩固拓展脱贫攻坚成果与乡村振兴有效衔接的关键阶段，采取有力措施引导群众形成合理预期，并引导生产和支出行为。

第六，文化习俗导致的大宗开支形成的返贫。移风易俗依然是民族地区实现稳健脱贫的重要胜负手，凉山州婚丧嫁娶、攀比摆阔、不良嗜好等问题依然存在，并且在很多地方根深蒂固。凉山州需要通过有力手段的持续介入，引导理性消费行为，并形成积极向上的生活习惯。

第四章

脱贫地区隐性贫困识别原理与政策内涵

当前识别标准面临的问题

在精准扶贫阶段，既往贫困地区实现了全面消除绝对贫困的历史性目标，但部分脱贫地区经济社会整体发展水平仍然不高，产业基础还很薄弱，面临防止规模性返贫的较大压力，巩固拓展脱贫攻坚成果依然是主要任务（王昶和王三秀，2021）。《中共中央、国务院关于实现巩固拓展脱贫攻坚成果同乡村振兴有效衔接的意见》为脱贫地区"十四五"期间巩固拓展脱贫攻坚成果提供了政策依据。相应政策内容和重点工作充分体现了以持续扩大投入增量解决脱贫地区存量短板的政策关照，以及激发存量要素内生动力解决增量来源的务实倾向。相关政策实施的基础是找到合适的识别标准（郑瑞坤和向书坚，2021），但现有帮扶识别指标还有三方面的问题：一是收入能否真实反映生活水平。收入和时间是形成消费活动的互补要素，贫困线上的收入水平还需要匹配一定的家庭工作时间才能实现非贫困的生活水平，如果家庭照料等无报酬活动无法自己供给，那么可能出现收入高于贫困线但生活质量低于贫困线对应生活水平的隐性贫困情况（单德朋和张永奇，2021）。二是收入指标能否对激发内生动力形成有效激励。既往贫困地区在扶贫阶段通过大规模的集中资源帮扶获得了庞大的资产存量，这些存量资产尤其是人力资本，是脱贫地区在全面小康到共同富裕进程中的最基础和最扎实可靠的发展动力来源（涂圣伟，2020）。但以收入划线、差额补齐的帮扶方式，也导致了主动作为不够的自利行为（郑双怡和冯琼，2018），后续的帮扶识别指标需要体现对内生动力的有效激励（张海洋和颜建晔，2020）。三是如何调整帮扶识别标准才能既体现与发展阶段相适应，又实事求是不吊高胃口。现有研究普遍认为相对贫困能够更好地对标当前阶段不平衡、不充分发展的社会主要矛盾变化（张永丽和徐腊梅，2019），是中国下一步扶贫工作的重点（叶兴庆和殷浩栋，2019）。孙久文和夏添（2019）还具体研究了相对贫困线的划定问题，建议将全国农村居民收入中位数的40%作为相对贫困线，并分地区和时间段逐步上调。盯住相对贫困是发达国家应对收入不平等的重要政策手段，而发展中国家和欠发达国家则普遍以世界银行划定的绝对贫困线来指导减贫实践。缓解贫困的公共政策主要针对市场失灵引致的经济增长负外部性问题，即无法依靠市场机制实现自我减贫的地区和群体，这也是不同国家和地区在减贫目标选择上有所差异的原因所在。从深度贫困地区的发展水平和贫困现状来看，相对贫困并非深度贫困地区经济发展负外部性的体现，相对贫困的主要成因依然是普遍的经济欠发达，相对贫困线的划定将超出深度贫困地区的发展水平和帮扶能力。2020年，中国农村居民人均可支配收入中位数为15204元，以40%的最低比例计算的相对贫困线为6081.6元，同期农村居民按五等份分组的低收入户人均可支配收入为4681.5元，将有30%左右的农村居民被界定为相对贫困人口。[①] 贫困线的大幅提升不仅导致针对性帮扶在财务上难以持续，而且相对贫困样本的扩大也将导致相对贫困人口在致贫原因上更为多元和复杂，从而导致精准识别和精准施策的困难（Darvas，2019）。

研判脱贫地区后扶贫阶段的帮扶愿景和战略重点，既需要基于脱贫地区当前阶段巩固拓展脱贫攻坚成果面临的主要问题，又需要对标全国“两步走”战略安排对于“到2035年基本实现社会主义现代化”的总体要求。基于巩固拓展脱贫攻坚成果的当前目标，脱贫地区依然面临着掉边掉角户的压茬推进问题、脱贫不稳定户的持续增收问题、边缘易致贫户的动态帮

① 数据来源于2021年《中国统计年鉴》。

扶问题等影响脱贫攻坚成果巩固的现实困难。从数据来看，2019 年底全国依然有 88 个贫困村贫困人口数量超过 1000 人，并且有 1025 个深度贫困村贫困发生率超过 10%。[①] 这意味着这些村只用了一年的时间，通过"挂牌督战"集聚资源攻坚的方式实现了贫困村退出。这一方面体现了我国脱贫攻坚的重要成就，另一方面也对这些村脱贫攻坚成果的巩固拓展问题提出了高要求（郑长德，2018）。另外值得注意的是，收入是当前阶段贫困识别的主要依据，收入达标与生活水平脱贫并非完全等价。在贫困识别存在规模排斥的情况下，依然存在收入非贫困未得到帮扶，但生活水平处于贫困线以下的边缘易致贫户，这也是实现"真脱贫"的关键群体。如何识别这些边缘易致贫户，并进行精准帮扶，是脱贫地区后扶贫阶段帮扶工作的重要目标。

对标 2035 年全国基本实现社会主义现代化的发展目标，脱贫地区需要持续巩固拓展现有脱贫成效。目前，脱贫地区尤其是既往深度贫困地区的产业发展基础还较为薄弱，与东部地区的发展差距依然巨大，需要持续予以政策支持，应对中国当前阶段发展不平衡、不充分的问题（左停等，2019）。后扶贫阶段，脱贫地区需要识别初具自我发展能力的贫困监测户，并通过后续持续帮扶实现基于内生动力的可持续发展长效机制（郑双怡和冯琼，2018）。综上所述，脱贫地区后扶贫阶段的帮扶重点既包括现有收入识别标准下未被识别的边缘易致贫户，又包括初具自我发展能力但尚不稳固的脱贫不稳定户。对于边缘易致贫户和脱贫不稳定户的识别需要兼顾识别成本和帮扶能力：识别成本越高，帮扶对象越精准，精准帮扶所需资源越少（Zsolt，2017）。帮扶对象识别具体要体现三个要求：一是锁定重点贫困主体，体现精准识别；二是基于发展实际，体现财务可行；三是契合贫困户行为逻辑，实现引领带动。脱贫地区识别边缘易致贫户和脱贫不稳定户的便利做法是，依托相对贫困线大幅提高帮扶标准，从而将所有边缘易致贫户和脱贫不稳定户都纳入帮扶范围，但这将导致识别对象的不精准和帮扶支出的大幅增加，从而不具政策可行性。

本书将引入隐性贫困视角应对帮扶标准识别在兼顾识别成本和帮扶绩效上的困境，该视角源于既往研究对于时间贫困的关注。维克里（Vick-

---

ery，1977）首先基于时间维度扩展了贫困内涵，认为达成非贫困的生活水平不仅需要收入高于贫困线，而且还需要一定的家庭工作时间。萨迦利亚（2017）认为传统的贫困测度方法假设个体和家庭有足够的时间从事基本生活所必需的做饭、清洁和照料家庭成员等家庭服务，但时间赤字的存在导致这些家庭必须从市场中购买家庭服务的替代品，从而导致同等收入的家庭面临生活质量的差异。收入在贫困线之上的家庭如果缺乏做饭、儿童照料等必要家庭工作时间，就只能通过市场高价获得，从而无法在贫困线的收入水平上达到非贫困的生活状况（Giurge，2020）。比如为了获取最低收入，外出就业成为农村低收入人口的必要选择，但外出务工却没有时间照顾家庭，空巢老人与留守儿童便是家庭时间赤字的真实场景，并逐渐成为农村社会发展面临的突出问题。因此，以往贫困测度框架中认为家庭拥有足够时间的隐含假设不符合现实，为了实现贫困人口生活状况的真脱贫，我们需要将时间赤字纳入帮扶识别框架，识别隐性贫困群体，以克服现实帮扶过程中的漏瞄与返贫问题。另外，基于时间调整的隐性贫困识别方法，能够根据务工时间调整贫困线，从而有助于形成对家庭务工的正向激励（Ikegami et al.，2017），也能够通过务工时间更全面反映家庭拥有的劳动力资源，从而有助于对不稳定脱贫户精准施策，持续改善自我发展能力。通过引入时间赤字进行隐性贫困识别的方法，能够在时间赤字计算和贫困线调整时考虑工作时间的长短。工作时间越长，贫困线水平相应提高，从而为脱贫户的自我发展提供了正激励，也有助于改善帮扶绩效。一个典型的例子是，贫困户工作时间较长，从事家庭必要生产活动的时间较少，从而产生时间赤字，其家庭贫困线需要设置得更高才能达到非贫困生活状况，进而依然能够得到相应帮扶。因此，隐性贫困不仅能够识别现有实际上尚未摆脱贫困生活状况的隐性贫困群体，更重要的是隐性贫困对于工作时间的考虑，能够有效激励贫困家庭参与生产经营活动等劳务行为的积极性。并且，隐性贫困还能够更完备地识别贫困家庭拥有的资源，从而为精准施策提供了更科学的信息。目前，国内还没有引入时间赤字构建贫困指数的同类研究，因此本书的研究也为后续帮扶标准变动和测度提供了一种参考方法。

第二节
基于时间赤字调整的隐性贫困界定

一、隐性贫困的成因

本书对于隐性贫困的直接定义是，依据现有贫困识别标准无法识别，但却处于实际贫困状况的主体。根据既有贫困线，如果收入或者消费超过当前贫困线则为非贫困人口，但收入非贫困和生活水平的非贫困并非等价关系，存在收入高于贫困线但生活水平低于贫困线对应生活水平的隐性贫困人口（Irani and Vemireddy，2021）。从贫困识别原理来看，实际贫困的内涵界定和贫困线的划定标准之间的不一致，是导致隐性贫困的主要成因。具体包括以下两种情况。

（一）实际贫困内涵的界定高于现有的贫困线划定标准导致的隐性贫困

随着经济社会发育程度的不断提升，对贫困内涵的界定也从关注生存温饱问题的"卡路里标准"，转向关注更广泛意义上人的发展。选择更准确反映生活质量的维度，并根据人发展的需要不断提高扶贫标准，如资产、权利、教育、健康等（邹薇和方迎风，2011）。随着公平、权利意识的增长，学者们也开始引入相对贫困和主观贫困（丁赛等，2019）。如果现有贫困识别标准是收入和消费标准，但贫困内涵是多维标准，就会导致部分贫困主体无法在现有识别维度下被识别，从而产生贫困内涵和识别维度不一致导致的隐性贫困。识别该种隐性贫困的方法是采用多维贫困方法，调整现有的贫困识别维度，与贫困多维内涵相匹配。选择更准确反映生活质量的贫困维度，并根据人发展的需要不断提高扶贫标准，是贯穿贫困识别和测度研究的主要脉络，也是相关研究的扩展方向。但也存在共性的争议，如何构建满足贫困测度公理的多维贫困指数，如何处理多维贫困的数据可得性和采集成本的问题、贫困治理与预算约束的问题等。中国当前贫困治理的主要问题是巩固脱贫攻坚成果，为"两个一百年"奋斗目标的衔接奠定坚实基础。因此，本书并不关注贫困多维内涵与单维收入贫困线偏差导致的隐性贫困。

（二）贫困线的划定标准与实际贫困内涵的现实背离导致的隐性贫困

根据既有贫困线，如果收入或者消费超过当前贫困线则为非贫困人口。但收入非贫困和生活水平的非贫困并非等价关系，收入转化为生活水平还需要消费行为的衔接，即取决于贫困线水平的收入能否转化为非贫困生活状况所对应的消费数量。收入水平向非贫困状况转化的路径为：贫困线收入—用于实际消费的收入—产品和服务消费数量—非贫困生活状况。该转化路径具体受四个因素的影响：（1）家庭内部是否存在收入分配歧视。如果家庭内部存在弱势群体，将会导致其实际使用收入低于收入贫困线，从而形成非贫困家庭内部的隐性贫困个体。（2）家庭的存量债务是否影响实际可支配收入。如果收入处于贫困线水平的家庭存在存量债务和每期必须支付的利息，那么该家庭用于消费的实际收入将会低于收入贫困线，形成被债务和其他非消费必须开支导致的隐性贫困。（3）家庭消费是否还需要收入之外的其他互补要素。时间也是收入转化为消费需求的重要互补要素，如果缺乏子女和老人照料等必要家庭服务时间，收入在贫困线水平的家庭需要花费额外收入从市场上获得相应商品和服务，导致实际购买力低于贫困线收入对应水平，从而出现因时间赤字引致的隐性贫困。（4）消费品价格水平是否高于贫困线对应的一篮子消费品价格。中国目前的收入贫困线对标的是农村物价水平，但在劳动力乡城流动的背景下，存在大量农村人口在城市生活。从而导致收入高于贫困线，但实际购买力和生活状况处于贫困水平的隐性贫困人口。此外，老年人、慢性病患等特殊人群在商品和服务需求上存在特殊需求，其价格高于贫困线对应的一篮子物价水平，也会出现必要消费品价格较高导致的隐性贫困现象。

二、基于时间赤字的隐性贫困界定

基于既往深度贫困地区的发展现状和实际情况，本书在贫困内涵上依然聚焦收入贫困，不考虑贫困多维内涵导致的隐性贫困。针对贫困线的划定标准与实际贫困内涵背离导致的四种隐性贫困，本书则重点盯住时间赤字导致的隐性贫困。仅关注时间赤字的原因在于：第一，在中国传统价值判断的影响下，家庭内部的收入分配不平等现象受到社会网络的有力约束，并非普遍存在。第二，债务的利息支出和劳动力乡城流动导致的生活成本上升，都是行为主体的自我选择，并非外力导致的预设前提，因此没有关注的现实必要。第三，特殊群体的特殊需求确实是既往深度贫困地区隐性贫困的重要成因之一，但现有的健康扶贫政策和低保政策已经通过社会保障的兜底功能对此进行了有力约束。基于上述原因，本书的研究重点是时间赤字导致的隐性贫困。

与基于收入的贫困识别相比，本书使用隐性贫困视角进行贫困识别。除了收入低于贫困线导致的贫困之外，还有另外三个识别贫困的假设条件。

第一，个人生理必要活动时间低于临界值。为了达到正常的健康生活水平，个人必须有最低限度的个人护理时间用于休息、饮食、个人卫生护理等个人生理必要活动。如果行为主体的个人可支配时间少于该种最低限度的时间，则该主体处于贫困状况。

第二，无法得到必要的家庭工作时间。时间和收入是形成消费活动的互补要素，贫困线上的收入水平还需要匹配一定的家庭工作时间才能实现非贫困的生活水平。这里的家庭工作主要是指采购商品或服务、准备饮食等家务劳动，维持自身健康的看病就医活动，对未成年子女和缺乏自理能力成年家人的看护、陪伴照料活动等无报酬活动。如果家庭无法自己供给，或者需要通过市场等其他渠道获得这些必要家庭工作对应的商品和服务，那么意味着该家庭无法实现最低限度的健康发展，从而可以被界定为贫困家庭。

第三，获得必要家庭工作产品和服务后的可支配收入低于收入贫困线。无酬家庭工作时间和有酬工作时间存在替代关系，缺乏必要家庭工作时间的家庭可以通过依靠有酬工作所得从市场购买的方式获得，但个人生理必要活动时间无法替代。收入在贫困线水平的家庭，如果缺乏必要家庭工作时间，那么必须通过市场获得维持基本生活所需的必要家庭工作时间。这将导致家庭实际可支配收入低于贫困线水平，从而处于贫困状况。

根据隐性贫困识别的上述条件，隐性贫困有三个具体标准：一是个人生理必要活动时间低于临界值；二是无法得到必要家庭工作时间；三是从市场获得必要家庭工作时间后的可支配收入低于收入贫困线。三个条件为互补关系，只要符合任何一个条件就可以识别为贫困户。个人生理必要活动时间和必要家庭工作时间可以根据个人时间利用的基本信息来设定临界值，隐性贫困识别的难点有二：一是如何处理必要家庭工作时间与有酬工作时间的替代关系，两者是线性替代还是非线性替代关系，以及替代率如何判断；二是经过必要家庭工作时间的市场替代后，如何判断家庭的实际可支配收入与收入贫困线的关系。在家庭工作时间与有酬工作时间的替代关系上，本书使用回归估计的方法拟合两者关系，并确定替代率。针对经家庭劳务市场替代后，家庭实际可支配收入与贫困线的关系，本书使用时间赤字调整贫困线的方法。该方法包括两步：一是时间赤字的计算；二是使用时间赤字调整贫困线。时间赤字表示从事实际有酬工作的主体，其生理活动时间和家庭工作时间低于必要水平的情况，即生理必要活动时间、必要家庭工作时间、实际有酬工作时间之和大于可支配时间。使用时间赤字识别隐性贫困还需要将时间赤字货币化，即计算通过市场商品和服务替代时间赤字相应家庭工作的货币价值。如果减去时间赤字的货币价值后，家庭的实际可支配收入低于贫困线，那么该家庭为隐性贫困家庭。

第三节
基于时间赤字的隐性贫困识别原理

基于时间赤字的隐性贫困测度需要应对三个问题：第一，家庭无酬工作时间与有酬工作时间的替代关系和替代率；第二，时间赤字货币化的方法；第三，如何在隐性贫困中识别由于不可控因素导致的隐性贫困，还是自愿的隐性贫困。其中，前两个问题与时间贫困的处理方式有关，隐性贫困成因的细分识别依赖于时间贫困的处理。本书在隐性贫困测度中对时间的处理，核心思想来源于既往对于时间贫困的研究，尤其是维克里（1977），哈维和穆霍帕德亚伊（Harvey and Mukhopadhyay, 2007），梅尔茨和拉特金（Merz and Rathjen, 2014），萨迦利亚（2017）的研究。

本书以家庭为单位识别时间赤字导致的隐性贫困，并与收入贫困线的显性贫困形成对照。根据上述对贫困问题的界定，贫困主要有四个特征：

（1）如果家庭人均可支配收入低于收入贫困线 M_0，则为贫困家庭，这也是现行的收入贫困标准，在本书中我们将其界定为显性贫困；（2）如果家庭可支配时间低于维持个人健康所需的最低限度 C，则为贫困家庭；（3）在收入在贫困线 M_0 上的家庭，还需要必要的家庭无酬工作时间 H，才能在贫困线收入水平下实现非贫困生活状况，即如果收入为 M_0，但可支配时间低于 H，该家庭同样为贫困家庭；（4）可支配时间超过维持健康最低限度 M_0 的家庭，还需要从市场获得必要家庭无酬工作的替代品，支出金额为 $M_1 - M_0$，如果该家庭收入低于 M_1，则依然无法实现非贫困生活状况。

根据现有收入贫困识别标准，人均可支配收入低于收入贫困线的家庭为当前贫困标准可识别的显性贫困家庭。本书引入隐性贫困视角后，收入超过贫困线，但缺乏必要时间的家庭也属于贫困家庭。识别该种隐性贫困有两个思路：一是先计算家庭收入超过贫困线的部分，然后看多余的收入能否保证从市场上获得相应产品和服务，来弥补家庭无酬工作时间不足的缺失；二是计算必要时间和实际工作时间与可支配时间的时间赤字，然后根据工资率将时间赤字折算为货币价值，将时间赤字的货币价值与收入贫困线加总，计算隐性贫困线，识别隐性贫困家庭。本书使用第二种方法处理时间赤字的货币化问题，具体思路如下。

为了简化起见，一开始仅测度有劳动能力个体的时间赤字，之后再以家庭为单位，根据家庭结构调整参数，给出细分识别思路。该单身个体每周可支配时间为 T_m，如果按周计算，则 T_m 为 168 小时。时间利用包括四个部分，分别是个人生理必要活动时间、家庭必要无酬工作时间、有酬工作时间和闲暇时间。家庭工作和个人生理活动的最低限度为 $T_1 = C + H$，其中最低限度的个人生理必要活动时间为 C，自己供给或者从市场获得的必要家庭工作时间为 H，个人实际有酬工作时间为 L。如果必要家庭工作时间、必要个人生理时间和实际工作时间之和超过个人可支配时间，则出现时间赤字。时间赤字可以表示为：

$$X = T_m - C - H - L \qquad (4-1)$$

如果 $X < 0$，则为时间赤字，这意味着该个体刨除实际工作后的剩余时间，无法满足必要个人生理活动和家庭劳务的最低时间限度。面临时间赤字的个体需要通过市场获得这些时间的替代品，替代品的货币价值为：

$$V_X = \left| \min(0, \ X)p \right| \qquad (4-2)$$

其中，V_X 表示时间赤字的货币价值，p 表示时间赤字的市场替代成本。如果其收入无法支撑其获得必要的替代品，那么该个体可以被界定为贫困人口。从市场获得必要时间替代之后的可支配收入为：

$$M = M_T + wL - V_X \qquad (4-3)$$

其中，M 为家庭实际可支配收入，w 为有酬工作的工资率水平，M_T 为劳务收入之外的其他收入来源。如果家庭实际可支配收入低于现有收入贫困线 M_0，意味着该个体的实际消费水平低于贫困线对应的生活状况，从而被界定为贫困人口。贫困识别条件为：

$$M_T + wL - \left| \min[0, \ (T_m - C - H - L)] \right| p - M_0 < 0 \qquad (4-4)$$

根据隐性贫困的上述识别条件，隐性贫困的致贫原因包括：第一，时间赤字导致的隐性贫困，即 $T_m - C - H - L < 0$。虽然较长的有酬工作时间是时间赤字的关键来源，但基于工资收入的重要性，政策层面难以通过减少务工时间的方式实现隐性贫困减缓。更为可行的思路是通过提供公共服务减少其子女照料时间等必要家庭无酬工作时间。第二，劳动工资率低于家庭必要无酬工作市场价格导致的隐性贫困，即 $w < p$。对应的减贫思路一是通过增加培训、转变生产方式等手段，提高工资率水平；二是通过改善公共服务供给，提高家庭无酬工作市场可替代程度，并通过补贴等方式降低相关产品和服务的替代价格。

第四节

隐性贫困识别的政策内涵

既往研究已经对未脱贫人口的精准扶贫和精准脱贫问题进行了富有洞见的研究，但少有研究从隐性贫困的角度，系统关注精准脱贫成果的巩固拓展问题。通过隐性贫困测度，识别精准扶贫政策盲区，巩固和提升脱贫攻坚质量，是本书盯住的政策目标。基于时间赤字进行隐性贫困识别的关键参数为必要时间、实际工作时间、时间赤字替代成本、有酬工作工资和收入贫困线。在隐性贫困测度框架下，贫困户的致贫原因和应对策略将更为具体。以应对策略为例，在隐性贫困框架下，不仅可以通过转移支付 M_T 推动贫困减缓，还可以通过培训提升工资水平 w，以及降低时间赤字和替代成本来实现减贫。对标上述贫困识别条件，可以将贫困状况进行如下区分。

一、显性贫困家庭

该类家庭由收入贫困线 M_0 进行识别，收入水平在 M_0 之下的家庭为目前贫困识别标准能够显示的显性贫困家庭，由图 4 - 1 中 OM_0DT_m 所表示。单独以收入为识别标准不能识别家庭拥有的劳动力资源，从而不能识别收入致贫的原因是工资率较低、客观上无法全职工作等不可控因素，还是自我选择导致的贫困。自我选择的贫困是指基于当前可支配资源，选择较低资源投入数量和投入强度，从而无法得到应有资源回报的情况。具体表现为主动选择不工作、少工作，以及主动选择轻松但工资率低的工作，这些资源配置的自我选择都会导致收入贫困的结果。但在收入贫困框架下，无法区别客观所致的贫困和主观选择的贫困，难以判断哪些贫困主体需要"扶智"改善工资回报率，哪些贫困主体需要"扶志"改善资源配置。这不仅增加了脱贫攻坚的财政支出压力，也在客观上助长了部分贫困主体的"等靠要"思想，形成扶贫绩效漏损。

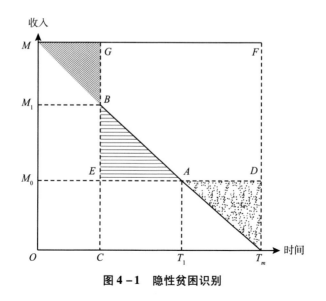

图 4 - 1 隐性贫困识别

二、隐性贫困家庭

根据隐性贫困识别和测度原理，收入处于收入贫困线 M_0 的家庭，依然需要必要的家庭无酬工作时间和个人必要生理活动时间 T_1，即图 4-1 的 A 点对应的时间。收入处于贫困线水平的家庭在付出有酬工作时间之后，如果剩余时间少于 T_1 则属于收入不贫困但处于实质贫困状况的隐性贫困家庭。隐性贫困家庭主要包括以下三个部分。

（一）深度隐性贫困

梯形 M_0EBM 表示的深度隐性贫困群体，即高负荷工作导致可用时间少于个人生理必要活动时间 C，并且所得收入无法保证从市场上获得必要无酬时间替代品，从而陷入时间匮乏和生活贫困的深度隐性贫困状况。工资率水平较低是该部分贫困主体的核心致贫原因，他们已经将个人有酬工作时间增加到无法保证个人生理活动必要时间的水平，超负荷的劳动使得他们无法得到必要的休息。由于其收入水平高于收入贫困线，因此在现有贫困识别标准下属于非贫困人口。但由于时间匮乏，其可自由支配时间无法满足个人健康需要；并且受工资总额较低的影响，其收入水平又不能实现贫困线对应的基本物质生活状况。深度隐性贫困群体常见于少儿和老年抚养比较高的家庭，为数不多的劳动力即便在损耗身体的超负荷工作状况下，依然不能获得非贫困的生活水平。针对此类深度贫困隐性家庭，潜在针对性扶贫策略包括：第一，通过技能培训等方式，提高其有酬工作工资率，改善收入水平；第二，通过提供家庭照料服务，降低其从市场获得家庭服务的成本；第三，依托其抚养和家庭照料对象，实施低保兜底等专项转移支付项目，增加收入水平。从工资形成的微观机制来看，劳动力市场供求状况和劳动力边际产出是影响工资的核心因素。针对深度隐性贫困群体的工资率现状，其有酬工资低的原因并不在于劳动力市场供大于求导致的较低工资水平，而在于深度隐性贫困主体所处行业的低生产效率。典型的例子是贫困地区从事粮食作物生产的贫困户，虽然工作时间长、强度大，但受限于生产方式和生产产品的市场表现，较长的工作时间也难以转化为合理的收入。因此，对深度隐性贫困群体而言，除了直接转移支付之外，更具针对性的收入改善措施并非改善其当前的技能水平，而是通过改变生产方式，改善现有工作的市场回报。

（二）常规隐性贫困

三角形 AEB 表示常规隐性贫困群体，表示具备基本的个人生理活动必要时间，但所得收入无法从市场上购买必要家庭产品和服务，生活水平低于贫困线所对应状况，这也是隐性贫困识别盯住的最主要群体。常规隐性贫困群体与边缘户的生活状况类似，利用隐性贫困识别框架能够有效识别边缘户，并针对性采取帮扶措施。常规隐性贫困群体与深度隐性贫困群体类似，但数量更大，在现行标准下也更难以识别。深度隐性贫困群体的重要表现是过高的抚养比，在现实中表现为劳动力少和家庭负担重，这些家庭的困难在村级层面能够形成共识。而常规隐性贫困家庭则是边缘贫困户的重要来源，也是真脱贫、稳健脱贫的重要风险点。劳动回报率低和必要家庭无酬工作时间少，是常规隐性贫困家庭的主要致贫原因。鉴于这些贫困家庭具备一定的潜在发展能力，并且贫困规模较大，直接转移支付并非可靠和可行的减贫政策选项。这部分家庭并不是既往精准扶贫框架的盯住对象，在结果上表现出"个体努力—收入高于贫困线—无法得到帮扶，但生活水平并不高"的悬崖效应，这也是现有非贫困户在脱贫攻坚过程中心理落差的重要来源，即"帮穷不帮勤"现象。对常规隐性群体的针对性帮扶不仅有助于进一步提高脱贫质量，而且有助于充分调动已有要素的发展潜力，达到类似负税收的正向激励效果。对于常规隐性贫困家庭，针对性的减贫策略有二：一是针对收入相对不足的问题，在现有的工作能力和工作时间基础上，通过针对性培训和专业化分工，改善其工资率水平。现行的精准扶贫政策中也强调通过就业培训实现减贫，但相应的帮扶主体主要针对建档立卡贫困户，而其中相当一部分贫困户缺乏自我发展能力，从而导致培训效果难以达到预期。通过隐性贫困框架识别出常规隐性贫困主体之后，应该将该群体纳入现有劳务和技能培训项目，从而体现现有减贫框架下的减贫政策溢出效应。二是针对时间赤字问题，通过"一村一幼""老年人日间照料中心"等公共服务项目建设，大幅降低常规隐性贫困主体的必要家庭无酬工作时间，通过减少支出的方式实现贫困减缓。在具体实施上，不需要大幅改变现有扶贫框架，只需要按照现有节奏，在增强相关公共服务供给能力上持续推进即可。

（三）资源配置导致的隐性贫困

三角形 MBG 和 ADT_m 表示自我选择隐性贫困群体，其中 MBG 表示个人主动选择超负荷工作导致无法满足个人生理活动必要时间的情况，而 ADT_m 则表示个人主动选择少工作和不工作导致收入较低，从而无法满足必要生活消费的情况，这部分群体既表现为时间赤字导致的隐性贫困，也可以在现行收入识别标准下显性识别。针对个人主动选择超负荷工作导致的隐性贫困，这部分主体相对较少，在现实中表现为高强度工作的科研工作者等透支个人健康追求其他非物质目标的行为主体。该种隐性贫困与个人的资源配置有关，他们完全可以选择减少工作时间规避时间赤字，这与脱贫地区的发展实际不符，不属于本书重点关注的领域。针对个人主动选择少工作和不工作导致的贫困，这对应于脱贫攻坚实践中的"等靠要"和"养懒汉"现象。这不仅导致了扶贫资源的浪费，而且也导致了部分非贫困群众对脱贫攻坚工作的消极认知，是深度贫困地区脱贫攻坚需要应对和解决的问题。在隐性贫困识别框架下，可以有效识别有能力自我脱贫，但主动选择贫困状态的行为主体。该部分主体按照当前市场工资水平，有能力通过适当增加有酬工作时间实现贫困减缓。该群体在现实中的典型表现是有工作能力的单身家庭，其主动选择贫困的行为逻辑与现有的帮扶手段有关。现有帮扶政策是以收入补齐为刚性帮扶目标，无论个体是否努力，最终结果都相同。如果根据隐性贫困识别框架，该主体面临的时间盈余将极大减少能够获得的转移支付数量，从而为增加有酬工作时间提供正向激励。

第五节

隐性贫困对巩固拓展脱贫攻坚成果

与乡村振兴有效衔接的启示

2021 年和 2022 年的"一号文件"都对巩固拓展脱贫攻坚成果与乡村振兴有效衔接提出了明确要求，《中共中央　国务院关于全面推进乡村振兴加快农业农村现代化的意见》指出要设立 5 年的衔接过渡期，期间落实

"四个不摘"，逐步实现由集中资源支持脱贫攻坚向全面推进乡村振兴平稳过渡。健全防止返贫动态监测和帮扶机制，守住防止规模性返贫底线。实施脱贫地区特色种养业提升行动，持续做好有组织劳务输出工作，吸纳更多脱贫人口和低收入人口就地就近就业。《中共中央　国务院关于做好2022年全面推进乡村振兴重点工作的意见》进一步指出，要继续开展脱贫后评估工作，推动脱贫地区更多依靠发展来巩固拓展脱贫攻坚成果，巩固提升脱贫地区特色产业，提高脱贫人口家庭经营性收入，推动脱贫地区帮扶政策落地见效。巩固拓展脱贫攻坚成果与乡村振兴有效衔接在基层一线的要点是找到不稳定户和易致贫户，靠发展实现可持续脱贫，压实帮扶责任，形成政策合力，也就是帮扶谁、帮什么、谁来帮、怎么帮，隐性贫困指标体系能够对这四个方面的要点进行有效统筹，具体启示包括以下几点。

第一，隐性贫困的瞄准对象与有效衔接的重点人群高度一致。巩固拓展脱贫攻坚成果与乡村振兴有效衔接的对标人群可以进一步细分为脱贫不稳定户、边缘易致贫户和突发致贫户，从发展目标来看又可以细分为巩固脱贫攻坚成果和拓展脱贫攻坚成果两个方面。灵活使用低保兜底政策和公益性岗位，能够对缺乏劳动力家庭提供基本保障。后扶贫阶段的主要难点是有劳动能力的脱贫不稳定户和边缘易致贫户如何实现稳定增收，这部分农户的共性特点是有一定劳动能力和土地生产要素，但对于发展什么产业、怎么发展产业，谁来解决产业发展中的共性问题还存在显著短板，导致勤劳但难以增收的"劳而不获"现象，久而久之也就陷入低水平脱贫状态而"各安天命"，难以承受自然灾害、农资成本、市场价格波动等风险冲击。在现实中，我们看到很多脱贫户凭借着养殖育肥猪实现了脱贫，但饲料价格持续上涨，生猪疫病多点频发，猪肉价格频繁波动对中小型养殖户的抗风险能力构成了严峻挑战，这些从事中小型种植、养殖的脱贫户既是巩固脱贫攻坚成果的重点，也是拓展脱贫攻坚成果的底盘。隐性贫困对标的主要群体正是具备一定发展能力和要素的农户，要通过提升单位工时回报率来实现隐性贫困减缓，这与巩固拓展脱贫攻坚成果的要求高度一致，且对象更为聚焦，抓手更为具体。

第二，隐性贫困的数据采集体系能够对帮扶主体提供有力激励。收入数据和时间利用数据是识别隐性贫困的两个基础数据，收入数据的采集可以沿用现有体系。时间利用包括必要生理活动时间、家庭无酬工作时间和有酬工作时间,时间利用数据采集的焦点是有酬工作时间。就业工作时间可以采取雇主提供证明材料,并由个人按季度申报的方式采集,家庭生产经营性工作时间按基本农业工时定额申报和个人弹性工时自主申报结合的方式分季度采集。该采集体系能够从有酬工作时间和家庭照料服务两个方面对帮扶主体形成激励,既能够通过激励有酬工作时间缓解"等靠要"等资源配置不充分的问题,也能通过体现家庭照料价值缓解把家庭照料往社会面推的自利倾向问题。从激励有酬工作时间来看,隐性贫困数据采集体系的一个最直观理念就是"工作时间越长,得到帮扶的可能性越大",这能够对帮扶主体主动参与生产经营活动提供有力激励。相应工时可以与地力提升、轮作间作、水肥一体化等政府主导项目挂钩,农户参与这些项目的工时付出是最容易核查的有酬工作时间,因此,这也将极大增加政府主导项目的指挥棒作用,增强农户参与项目的意愿,从而放大政策实施绩效。隐性贫困数据采集对帮扶主体的另外一种激励效应与家庭照料有关,隐性贫困在时间赤字计算过程中能够对老人照料和儿童照料赋值,从而体现家庭照料价值的社会认可,对自主家庭照料提供激励,从而约束通过"分家析产、户口分置"将家庭照料推向社会面的消极问题。

第三,隐性贫困的测度结果能够对压实各方责任提供明晰路径。巩固拓展脱贫攻坚成果依然需要延续"五级书记抓扶贫"的做法,调动各方资源形成大帮扶格局,这需要设计明晰路径,压紧压实各方主体责任,并引导资源流向,隐性贫困框架可以为压实帮扶责任提供激励。隐性贫困对有劳动能力农户的关注,能够有效约束基层只重视通过兜底帮扶无劳动能力农户的倾向。目前,各地均通过设置贫困监测线划定了动态监测户,监测户绝大多数是无劳动能力的家庭。这既有这些家庭收入不高的原因,也有基层政府存在的便利倾向,将这些家庭纳入监测户,就可以灵活运用低保兜底和公益性岗位政策,实现预设问题的完美解决,就不用花费大量精力挨家挨户研究增收问题。甚至即便有一般农户因病因灾等导致大宗开支增加,基层也不愿意上报,而是通过统筹其他项目资金自行解决,以免后续按程序跟进入户产业扶贫。隐性贫困指标更为关注有劳动能力的家庭,这要求基层更为关注农户的务工时间和单位工时收入问题,从而对基层产业帮扶的"绣花功夫"提供正向激励。

第四，隐性贫困能够对后扶贫阶段具体如何做提供更明确的指向，从而引导资源投向。一是隐性贫困关注工资性收入，这对于帮扶车间、以工代赈、就业春风行动等项目的持续深入展开提出了明确要求。工资性收入提升主要有三条路径：（1）通过增加就业机会实现更为充分的就业，农闲时期、从事家庭照料的闲余时间等都有较大的就业挖掘空间；（2）通过优化劳动力资源的空间配置提高劳动效率，有组织的劳务转移是提高劳动力配置效率的重要政策方向；（3）通过技能培训提高工资率水平，要匹配市场需求打造劳务品牌，切实提高培训实效。二是隐性贫困关注生产经营性收入。特色产业发展是提升生产经营性收入的关键，要把"土特产"这三个字琢磨透，依托农业农村特色资源，推动乡村产业全链条升级，增强市场竞争力和可持续发展能力。三是隐性贫困关注减少必要无酬工作时间。改善公共服务数量和质量是降低家庭必要无酬工作时间的主要渠道，如提供社区养老设施和相应服务，为老人、残疾人等失能群体提供集中看护；通过"一村一幼"、寄宿制学校、弹性日托服务等公共服务供给提供子女照料等。这些都是巩固拓展脱贫攻坚成果与乡村振兴有效衔接的重点工作，也都可以藉由隐性贫困帮扶框架进行协调统一，形成资源合力。

第五章

脱贫地区隐性贫困测度
与影响因素的实证研究

第一节
隐性贫困测度方法

基于时间赤字的隐性贫困识别标准为 $M_T + wL - |\min[0, (T_m - C - H - L)]|p - M_0 < 0$，隐性贫困识别依赖于两个端点的判断：一是判断仅有必要生理活动时间的家庭，其收入需要超过贫困多少才能从市场上获得必要家庭无酬工作时间的替代品；二是判断收入在贫困线水平的家庭，需要有多少时间用于个人必要生理活动和必要家庭无酬工作时间。判断这两个端点是否为隐性贫困，需要明确的参数包括最低限度的必要生理活动时间 C，收入贫困线 M_0，最低限度的必要家庭无酬工作时间 H，有酬工作工资率 w，以及从市场上获得家庭无酬工作时间替代品的成本 p。接下来，我们将对这两个端点进行明确界定。

一、时间赤字的计算

收入处于贫困线水平的家庭，除了收入之外，还需要最低限度的时间才能实现贫困线对应的生活水平。本部分以人均可支配收入 2300 元（2010 年不变价格）作为贫困线。在该贫困线水平上，人们只能买到一些原材料为主的基本消费品，这些基本消费品与半成品和制成品不同，并不包含任何能够节约时间的要素。为了实现非贫困生活水平，家庭需要花费一定时间才能将这些基本消费品转化为可消费产品。典型的例子是贫困线收入水平能够负担得起粮油蔬菜等基本消费品，但不能负担外出就餐等制成品，需要通过家务劳动将这些基本消费品做成饭菜，满足消费所需。最低限度的必要时间包括两个部分：一是无法通过市场替代的必要生理活动时间；二是可以通过市场商品和服务进行替代的必要家庭无酬工作时间。

（一）必要生理活动时间（C）

根据《2018 年全国时间利用调查公报》，必要生理活动时间包括睡觉休息、个人卫生护理、用餐或其他饮食活动，该时间以个人为单位进行核算，无规模效应。2018 年，中国个人每天平均必要生理活动时间为 11 小时 53 分钟，其中用于睡觉休息的平均时间为 9 小时 19 分钟，涉及个人生理所需的夜间睡眠、日间睡眠、打盹或闭眼短时休息；用于个人卫生护理的平均时长为 50 分钟，涉及洗漱、如厕、美容、保养等活动；用于就餐和其他饮食活动的时间为 1 小时 43 分钟。全国时间利用调查数据是实际发生数据，该数据因年龄、性别，以及是否为工作日而异，并且该数据并非最低限度的必要生理活动时间。维克里（1977）基于美国时间利用调查给出的最低限度必要生理活动时间为每天 10.2 小时（每周约 71 小时），其中用于个人护理 1.1 小时，饮食 1.2 小时，休息 7.9 小时。同时，维克里（1977）还认为成年人在周末每天还需要额外 5 小时的放松时间。因此，个人必要生理活动时间为每周约 81 小时，或每天 11 小时 34 分钟，这与中国时间调查显示的平均水平接近。由于生活方式的差异，我们对最低限度必要生理活动时间的界定并未包括周末的额外休息时间。维持健康的最低限度休息时间各国整体相同，我们也以 7.9 小时作为睡觉休息的最低限度。我们使用相对贫困线的方法来设定个人护理时间和饮食时间最低限度，以中国均值的 60% 作为门槛值，个人护理和饮食的最低用时分别为0.5 小时和 1.03 小时。因此，本部分使用的最低限度必要生理活动时间为9.43 小时/天，或者 66 小时/周。

（二）必要家庭无酬工作时间（H）

《2018 年全国时间利用调查公报》将家庭无酬劳动界定为家务劳动、

陪伴照料孩子生活、护送辅导孩子学习、陪伴照料成年家人、购买商品或服务、看病就医、公益活动。2018 年，中国成年人每天用于家庭无酬工作的平均时间为 2.7 小时，其中女性为 3.8 小时，男性为 1.53 小时，城镇居民为 2.75 小时，农村居民为 2.65 小时。细分无酬家庭工作内容来看，每天平均家务劳动时间为 1.43 小时，子女照料平均时间为 0.6 小时，其余无酬工作时间均小于 10 分钟。值得注意的是，家庭无酬工作时间具有显著规模经济效应，每新增一个受照料成员所需的新增照料时间有递减趋势。因此，必要家庭无酬工作时间需要根据家庭结构分别设定。在收入贫困线水平上，所有饮食都通过家务活动准备，洗衣、清扫等家庭清洁活动以及子女照料和其他成年家庭成员的照料工作也需要自己负担，所以此类家庭所需的必要家庭无酬工作时间显著高于所有居民的平均水平。我们同样以 60% 作为均值家庭和贫困线收入家庭的相对比重，即均值家庭的平均家庭无酬工作时间是贫困线收入家庭的 60%，即每天 4.5 小时，或者31.5 小时每周，该数值略高于美国单身家庭（31 小时每周）。根据中国2018 年数据，中国居民参与子女照料的参与率为 18.9%，参与者每天的子女照料时间均值为 3.13 小时，子女的平均数量为 1.04 人。由此，我们将第一个子女的照料时间设定为每天 3 小时（3.13/1.04 = 3），或者每周21 小时，并根据子女照料时间的规模报酬情况，将每新增一个子女所需的时间设定为基准值的 1/3，即每天 1 小时（每周 7 小时）。同时，针对有多个成人的家庭，同样假定每新增一个成人，家庭必要无酬工作时间增加基准值的1/3，即每天 1.5 小时（每周 10.5 小时）。综上分析，收入在贫困线的家庭，如果家中无子女，其每周必要家庭无酬工作时间计算公式为：

$$H = 31.5 + 10.5(a - 1) \tag{5-1}$$

其中，a 表示家庭中的成人数量，31.5 表示第一位成人家庭成员所需的必要家庭无酬工作时间，10.5 表示每新增一位成人家庭成员所需的额外无酬工作时间。如果家中有 c 个需要照料的子女，则其每周必要家庭无酬工作时间为：

$$H = 31.5 + 10.5(a - 1) + 7(c + 2) \tag{5-2}$$

针对家庭无酬工作时间，现有研究的争论主要集中于家庭无酬工作时间是否能够替代。哈维和穆霍帕德亚伊（2007）认为虽然做饭、洗衣、家庭照料等无酬工作可以通过购买市场商品和服务获得替代品，但家庭还需要付出一定的时间来管理家庭，与家庭成员进行沟通，以实现家庭单位的基本功能，而这部分无酬工作时间无法通过市场获得替代品。针对此类争论，本部分在无法确定该种时间是否存在以及数量多少的情况下，为简单起见仅考虑所有家庭无酬工作时间都能被替代的情况。因此，对于有 a 个成年人，但无成年子女的家庭，时间赤字可以表示为：

$$X = T_m - C - H - L = 168a - 66a - [31.5 + 10.5(a-1)] - L$$
$$= 91.5a - 21 - L \tag{5-3}$$

以单身家庭为例，出现时间赤字的有酬工作时间临界值为每周 71.5 小时，相当于每日约 10.2 小时，即如果该家庭获得的贫困线收入通过超过 10.2 个小时的每日工作时间得到，那么该家庭没有足够时间从事家庭必要无酬工作。必须通过市场购买相关替代品，从而无法得到贫困线对应的生活水平。由于家庭无酬工作的规模效应，双劳动力且无子女的家庭陷入时间赤字的概率更低，门槛值为人均周工作时间为 81 小时，或每日约 11.6 小时。对于有 a 个成年人，且有 c 个需要照料子女的家庭，时间赤字可以表示为：

$$X = T_m - C - H - L = 168a - 66a - [31.5 + 10.5(a-1) + 7(c+2)] - L$$
$$= 91.5a - 35 - 7c - L \tag{5-4}$$

如果某家庭为有一个未成年子女的单亲家庭，该家庭出现时间赤字的有酬工作门槛值为 49.5 小时每周，或每天约 7 小时。按平均每天 8 小时工作的单亲家庭，即便其收入水平在收入贫困线之上，依然面临着较高的贫困概率。

（三）有酬工作时间（L）

有酬工作包括就业工作和家庭生产经营活动。《2018 年全国时间利用调查公报》将就业工作界定为：为获工资收入或经营收入而展开的活动，包括本地就业、外出务工、创业活动等。家庭生产经营活动则是指以家庭为单位、以获得收入或自用为目的进行的生产经营活动，包括农业（种植业）、畜牧业、渔业、其他初级生产与经营活动，农副产品加工，家庭建筑生产活动，以及对外提供的商品销售、维修安装、客货运输、通过互联网进行的家庭经营活动（如开网店、微店）、经营有偿家庭服务等。这些数据的常规获得途径是通过样本家庭日志表的方式得到，《2018 年全国时间利用调查公报》选择的调查对象按每 15 分钟一个时间段，在日志表中记录一天 24 小时的活动，以及活动时是否使用互联网、活动时与谁在一起等信息，数据采集成本较高。目前尚无数据库专门针对凉山州时间利用进行数据采集，为此我们采取了根据收入结构和收入数量倒推工作时间的方法。从收入来源来看，家庭收入包括生产经营性收入、务工收入、资产性收入、转移支付收入，以及其他收入，需要付出时间的主要是生产经营性收入和务工收入，根据这两项倒推有酬工作时间的具体操作如下。

第一，务工时间。针对本地务工人员，倒推其有酬工作时间既需要明确其工资性收入总额，也需要明确其工资率水平。工资性收入总额可以通过问卷"务工、上班等工资性收入"得到。考虑到贫困线附近家庭的受教育程度普遍不高，我们使用本地月均工资性水平的 60% 作为其每月工资，并计算有酬工作时间，折算为每周用于务工的有酬工作时间。月平均工资来源于 2018 年凉山州全州月最低工资标准，具体标准为每月 1650 元，每日 75.86 元。针对外地务工人员，由于外出务工无法为家庭提供无酬劳动，因此不考虑其时间利用情况，仅将其汇回收入作为其他收入看待。

第二，生产经营工作时间。可得数据是家庭"种植、养殖、经商等经营性净收入"，如何根据该收入倒推生产经营工作时间是本部分面临的重要难点。我们的做法是通过典型家庭深入访谈的形式，计算每单位经营性净收入对应的工作时间。综上对于有酬工作时间的判断，时间赤字具体表示为：

$$\begin{cases} X = 91.5a - 21 - (E/w + I/t), & c = 0 \\ X = 91.5a - 35 - 7c - (E/w + I/t), & c > 0 \end{cases} \quad (5-5)$$

其中，E 和 I 分别表示工资性收入和生产经营性收入，w 和 t 分别表示单位时间的工资性收入和生产经营性收入，所有时间单位都折算为周。针对单位时间的生产经营性收入，我们使用的计算方法是农户生产经营性收入，人均务工工时为 1865 小时/年。[①]

①　何景熙：《不充分就业及其社会影响——成都平原及周边地区农村劳动力利用研究》，载《中国社会科学》1999 年第 2 期。

（四）其他时间

上述时间利用情况假定家庭成员只包括未成年子女和成年劳动力，并没有考虑未成年子女的年龄、老年人，以及其他因病因残需要家庭照料的成年人，也没有考虑工作日和节假日的区别。对于这些问题，本部分的处理思路为：第一，年龄较大的未成年子女确实可以在家庭照料中起到一定作用，但本部分认为年龄较大的未成年子女白天的时间以在校就读为主，因此可以不考虑其家庭贡献；第二，就老年人而言，确实具有充裕的时间进行家务劳动，但同时老年人也面临更高的患病可能，从而增加了家庭照料压力，因此本部分在时间赤字计算过程中，既不考虑老年人贡献的家庭无酬工作时间，也不考虑老年人增加的家庭照料时间；第三，针对工作日和节假日的工作时间差异问题，深度贫困地区贫困线附近的家庭在工作过程中极少有工作日和节假日的区别，因此本部分将工作日和节假日等同处理。

二、时间赤字的货币化

具备必要生理活动时间的个体，但面临时间赤字的家庭，可以通过市场获得必要家庭无酬工作的替代品。为了基于时间赤字识别隐性贫困，需要根据可替代家庭无酬工作的替代成本，将时间赤字货币化。家庭无酬工作的替代率和替代成本是将时间赤字货币化过程中的重要分歧点：一种观点认为家庭无酬工作可以按固定替代成本完全替代；另一种观点则认为不同的家庭无酬工作具有不同的替代率，综合替代成本与时间赤字数量正相关，子女照料等更为核心的家庭无酬工作，更难以得到完全替代品，并且替代成本也更高。非线性替代是更符合现实的假定，理论上可以通过回归方法估计不同时间赤字对应的替代成本。但回归估计的方法对数据要求较高，本部分中的时间利用数据本身为估算值，使用估算值进行参数估计将导致更大的估计偏误，因此本部分采用固定替代成本将时间赤字货币化，替代成本根据凉山州最低工资确定。根据《凉山州人民政府关于调整全州最低工资标准的通知》，从 2018 年 7 月 1 日起，凉山州非全日制用工每小时最低工资为 17.4 元，最低工资标准包括个人缴纳的住房公积金和社会保险。全州月最低工资标准为每月 1650 元，每日 75.86 元。本部分将家庭必要无酬工作替代成本设定为全州非全日制用工最低工资平均的 60%，即每小时 10.44 元。

三、调整贫困线识别隐性贫困

收入在贫困线上的家庭，其收入超出贫困线的部分至少需要弥补货币化的时间赤字才能实现非贫困的生活水平。基于时间赤字的隐性贫困识别标准为：

$$\begin{cases} M_T + wL - \left| \min\{0, [91.5a - 21 - (E/w + I/t)]\} \right| p - M_0 < 0, \ c = 0 \\ M_T + wL - \left| \min\{0, [91.5a - 35 - 7c - (E/w + I/t)]\} \right| p - M_0 < 0, \ c > 0 \end{cases}$$

$$(5-6)$$

在隐性贫困的具体识别过程中，有两种等价方法：一是根据时间赤字往下调整实际可支配收入，然后比较实际可支配收入与贫困线；二是根据时间赤字往上调整贫困线，然后比较可支配收入与贫困线。两种方法的测度结果在数学表达上相同，但对家庭行为的激励效果不同。第一种方法容易导致家庭通过减少收入的方式获得更多补贴；第二种方法类似于负税收工作激励政策，能够为贫困户提供更强的有酬工作激励，通过增加工作时间获得更多补贴。在贫困户收入难以客观准确判断的情况下，第二种识别标准具有更好的容错性，也更匹配深度贫困地区自有禀赋未被充分发挥的现状。因此，本部分建议采用第二种方法进行隐性贫困识别，在政策宣讲中强调工作时间越长，贫困线水平越高，从而充分调动贫困户的既有资源，实现扶智和扶志相结合。

第二节
数据来源与核心变量统计描述

一、数据来源

本部分数据来源于 2018 年四川省凉山州脱贫攻坚实地调研，涉及凉山州喜德、盐源、昭觉三个贫困县。总样本量975户，其中：喜德县255户建档立卡贫困户和61户非贫困户，盐源县179户建档立卡贫困户和131户非贫困户，昭觉县242户建档立卡贫困户和107户非贫困户。对非贫困户的调查有短问卷和长问卷两种，短问卷仅涉及"两不愁三保障"情况，只有长问卷采集了收入数据。经数据清理后，我们仅使用了长问卷调查样本，最终样本量为757户，其中贫困户676户，非贫困户81户。

问卷中与隐性贫困测度有关的变量包括：（1）家庭成员构成。涉及家庭常住人口数量、劳动力数量、60岁以上老人数量、未成年子女数量、正在接受义务教育的子女数量等。（2）家庭收入构成。涉及种植、养殖、经商等经营性净收入，务工、上班等工资性收入，土地租金、征地、财政和信贷资金分红等财产性收入，以及各类政府补贴、亲友给钱等转移性收入。（3）其他变量。一是人口统计学特征，包括户主性别、户主受教育程度、户主民族等；二是帮扶情况，包括建档立卡时间、脱贫时间、是否领低保、享受的住房改造政策、享受的产业扶持政策等。

二、核心变量统计描述

（一）家庭成员构成

从家庭常住人口数量来看，常住人口数量均值为4.36人，最少为1人，数量最多的家庭为11人，家庭成员构成情况详见表5-1至表5-3。家庭规模主要集中在2～6人，最常见的家庭是5口人，共227户，占总数的约30%。其次为4人户、6人户和3人户，占比分别为19.15%、15.59%和14.40%。单身户为29户，占比3.83%。从单身状态来看，29户中有15户为老年独居，收入脆弱性较强，其余14户为中青年单身户。

从抚养比来看，平均每个成年劳动力要抚养和赡养0.337个子女和老人。有5户抚养赡养任务较重的家庭，其抚养比为2。抚养比超过1的家庭有53户，这些家庭同样属于不稳定脱贫户。平均每个家庭抚养的孩子数量为1.114个，其中有19户家庭孩子数量超过3个，没有未成年子女的家庭有335户，占总体比重为44.25%。平均每个家庭赡养老人的数量为0.295个，其中有111户家庭赡养1个老人，有56户赡养2个老人，其余 590 户无 60 岁以上老人。

表 5 - 1 家庭成员构成

变量	单位	样本数量	平均值	最小值	最大值
人口数量	人	757	4.362	1	11
老人数量	人	757	0.295	0	2
未成年子女数量	人	757	1.114	0	6
抚养比	%	757	0.337	0	2

资料来源：笔者根据凉山州脱贫攻坚实地调研计算得到。

表 5 - 2 家庭成员数量

人口数量（人）	频次（次）	百分比（%）	人口数量（人）	频次（次）	百分比（%）
1	29	3.83	7	39	5.150
2	80	10.57	8	5	0.660
3	109	14.40	9	1	0.130
4	145	19.15	10	3	0.400
5	227	29.99	11	1	0.130
6	118	15.59	总计	757	100

资料来源：笔者根据凉山州脱贫攻坚实地调研计算得到。

表 5 - 3 家庭孩子数量

未成年子女数量（人）	频次（次）	百分比（%）	累计百分比（%）
0	335	44.25	44.25
1	147	19.42	63.67
2	152	20.08	83.75
3	104	13.74	97.49
4	16	2.110	99.60
5	2	0.260	99.87
6	1	0.130	100
总计	757	100	

资料来源：笔者根据凉山州脱贫攻坚实地调研计算得到。

（二）家庭收入构成

家庭收入构成主要包括生产经营性收入、工资性收入、财产性收入和转移性收入，其中转移性收入包括政府转移支付收入和转移收入的其他来源。生产经营性收入和工资性收入是主要的收入来源，收入均值分别为14861元和15620元，财产性收入较少，均值仅为497.7元。家庭收入构成情况详见表5－4至表5－6。细分农户类型来看，建档立卡贫困户生产经营性收入占比更高，而非建档立卡贫困户则更依赖工资性收入，并且非建档立卡户的财产性收入占比也显著更高。转移性收入超过50%的农户有78户，其中有9户的收入全部来源于转移性收入。在转移性收入占比超过50%的农户中，分别有43户和47户家中没有老人和未成年子女，这意味着有相当一部分有劳动能力的家庭也仅依靠转移性收入实现脱贫。这不仅意味着在大规模扶贫政策退出后，这些家庭存在收入不可持续的可能，同时也意味着有相当一部分家庭的禀赋资源存在浪费。这要求在未来的贫困识别过程中，需要通过识别和帮扶，实现既有禀赋的激励、挖掘和带动，充分体现扶智和扶志相结合。

表5－4　　　　　　　　　　　　　家庭收入构成总体情况

收入来源	样本数量（户）	平均值（元）	最小值（元）	最大值（元）
生产经营性收入	757	14861	−7200	126772
工资性收入	757	15620	0	160000
财产性收入	757	497.7	0	131900
转移性收入	757	5017	0	136255
政府转移收入	757	4808	0	136255
家庭纯收入总额	757	35995	4182	290263
家庭人均纯收入	757	8752	3625	53860

资料来源：笔者根据凉山州脱贫攻坚实地调研计算得到。

表5－5　　　　　　　　　　　　　建档立卡户各收入来源占比

收入来源	样本数量（户）	平均值	最小值	最大值
生产经营性收入	676	0.424	−0.115	1

续表

收入来源	样本数量（户）	平均值	最小值	最大值
工资性收入	676	0.393	0	1.115
财产性收入	676	0.00588	0	0.711
转移性收入	676	0.176	0	1

资料来源：笔者根据凉山州脱贫攻坚实地调研计算得到。

表 5 - 6　　　　　　　　非建档立卡户各收入来源占比

收入来源	样本数量（户）	平均值	最小值	最大值
生产经营性收入	81	0.362	0	1
工资性收入	81	0.440	0	1
财产性收入	81	0.0129	0	0.864
转移性收入	81	0.184	0	1

资料来源：笔者根据凉山州脱贫攻坚实地调研计算得到。

（三）时间赤字

所有农户总体为时间盈余，并且建档立卡贫困户的时间盈余显著高于非贫困户，二者的时间盈余分别为109.51小时/周和58.58小时/周，这进一步表明建档立卡贫困户的既有禀赋未得到充分使用。既有禀赋未被充分使用的原因，既可能源于外部经济机会缺乏，也可能源于自我发展动力不足，而自我发展能力不足则是客观回报率和主观意愿的叠加。

总体样本中有175户农户存在时间赤字，占总体比重为23.12%。细分农户类型来看，有142户建档立卡户存在时间赤字，占比21.01%；有33户非贫困户存在时间赤字，占比40.74%。存在时间赤字的建档立卡户和非贫困户，其时间赤字均值分别为84.99小时/周和93.17小时/周，见表5-7。

表 5 - 7　　　　　　　　总体时间赤字情况

项目	时间盈余均值（小时/周）	时间赤字均值（小时/周）	时间赤字户数（户）	样本量（户）	时间赤字占比（%）
总体	104.06	86.53	175	757	23.12

续表

项目	时间盈余均值（小时/周）	时间赤字均值（小时/周）	时间赤字户数（户）	样本量（户）	时间赤字占比（%）
建档立卡户	109.51	84.99	142	676	21.01
非贫困户	58.58	93.17	33	81	40.74

资料来源：笔者根据凉山州脱贫攻坚实地调研计算得到。

第三节

基于时间赤字的隐性贫困测度结果

一、总体测度结果

为了根据时间赤字调整隐性贫困线，本部分以年为单位进行时间赤字计算。隐性贫困测度基准模型的相关参数设定如下：

（1）总时间（$time\_total$）。家庭可支配时间总额为家庭成年劳动力数量 $\times 24 \times 360$，问卷中部分样本家庭建档立卡人数与常住人口数量不一致，本部分在计算成年劳动力时统一使用建档立卡人数减去非劳动力人数，并扣除了残疾人口数量。

（2）必要生理活动时间（$time\_care$）。使用家庭成年劳动力数量 $\times 9.43 \times 360$ 计算得到。

（3）必要家庭无酬工作时间（$time\_house$）。如果家中没有未成年子女，$time\_house = 31.5 \times 52 + 52 \times 10.5 \times (adult - 1)$。如果家庭有未成年子女，则 $time\_house = 52 \times 31.5 + 52 \times 10.5 \times (adult - 1) + 52 \times 7 \times (child + 2)$。如果家庭中只有老人，没有成年劳动力，则不考虑其家庭无酬工作时间。

（4）有酬工作时间（$time\_labor$）。务工每日工资设定为凉山州每日最低工资水平 75.86 元的 60%，有酬工作时间按每天 8 小时计算。家庭有酬工作时间 $time\_wage = 8 \times income\_wage / (75.86 \times 0.6)$。

（5）生产经营工作时间（$time\_plant$）。按照单位工时收入为 3 元计算生产经营工作时间，$time\_plant = income\_plant/3$。

（6）时间赤字（$time\_deficit$）。时间赤字等于总时间减去必要生理活动时间、必要家庭无酬工作时间、有酬工作时间和生产经营工作时间，如果差值小于零则表示存在时间赤字。同时，为了防止部分农户因收入集中于某种单一来源而导致的计算误差，我们还设定了时间赤字上限值，时间赤字最高不超过必要生理活动时间和必要家庭无酬工作时间总和。例如，有 1 个成年劳动力的家庭，其每年预算赤字为 5084 小时，每多一个成年劳动力，预算赤字上限多 1/3。

（7）时间赤字货币化（$deficit\_value$）。将时间赤字替代成本设定为本地有酬工资水平，即 9.48 元。$deficit\_value = time\_deficit \times 9.48/$家庭总人口。

（8）基于时间赤字的隐性贫困线（$povertyline$）。使用货币化的时间赤字调整 2018 年的绝对贫困线，$povertyline = 3609 + deficit\_value$。如果家庭人均纯收入低于调整后的贫困线，则被识别为隐性贫困人口。

隐性贫困测度的落脚点是为精准帮扶提供指引，并能够为发挥内生动力提供激励。为此需要识别隐性贫困户的特征，并与绝对贫困和相对贫困等同类指标形成比照，形成优势互补的帮扶识别标准体系。借鉴同类研究，我们将中国农村居民人均可支配收入中位数的 40% 作为相对贫困识别标准，2018 年当年为 5226.4 元①，计算得到的相对贫困发生率为 24.04%，后续我们将建档立卡贫困户和相对贫困户作为隐性贫困识别的对照组。所有样本中，有 83 户农户为隐性贫困，隐性贫困发生率为 10.96%。其中，建档立卡贫困户和非贫困户的隐性贫困户数分别为 69 户和 14 户，隐性贫困发生率分别为 10.21% 和 17.28%，结果见表 5 – 8。如果不考虑没有成年劳动力的农户，建档立卡贫困户和非贫困户的隐性贫困发生率分别为 11.44% 和 15.15%。

与绝对贫困和相对贫困相比，隐性贫困指数体现出两个特点：一是隐性贫困测度结果更符合当前发展阶段，具有较高的财务可行性。样本家庭隐性贫困发生率与中国实施精准扶贫方略时的绝对贫困发生率相近，并且显著低于相对贫困发生率。这意味着基于时间赤字的隐性贫困识别，在扶

---

① 数据来源于 2019 年《中国统计年鉴》。

贫政策制定上具有较好的财务可行性，适合作为后扶贫阶段的帮扶识别标准。二是隐性贫困能够有效缓解收入识别的漏瞒问题，识别结果更为精准。无论是非建档立卡贫困户还是非相对贫困户都有相当比例的家庭属于隐性贫困，非建档立卡贫困户的隐性贫困发生率更高，尤其是针对有劳动能力的家庭，非贫困户的隐性贫困发生率比建档立卡贫困户高 7.07 个百分数。非贫困户隐性贫困发生率更高的可能原因包括：第一，两者受扶贫政策扶持力度存在显著差异，非贫困户得到的政策扶持和政府转移支付收入更少，务工时间更长，从而导致时间赤字和隐性贫困；第二，在规模识别导致规模排斥的贫困识别程序下，相当一部分非贫困户和建档立卡贫困户的自我发展能力和收入水平本身差别不大，但贫困户得到的帮扶更多，形成悬崖效应，导致部分非贫困户的收入情况反而不如建档立卡贫困户。

表 5-8　　　　　　　　　　　　　隐性贫困总体测度结果

项目	隐性贫困户数（户）	样本数（户）	贫困发生率（%）
总体	83	757	10.96
建档立卡户	69	676	10.21
非贫困户	14	81	17.28
相对贫困户	13	182	7.14
非相对贫困户	70	575	12.17

资料来源：笔者根据凉山州脱贫攻坚实地调研计算得到。

二、隐性贫困识别结果的进一步分析及其与其他测度方法的比照

隐性贫困指数在贫困识别上涉及的面不广，有集聚资源进行帮扶的能力，也能见收入识别之未见，有其识别视角的独特性。但独特的视角并不意味着结果的精准和施策的适用，为了判断隐性贫困的识别结果是否有精准施策的可行性，还需要对隐性贫困识别结果的样本特征进行进一步分析，并与绝对贫困和相对贫困指数的识别结果进行比较。

（一）时间赤字特征与比较

表 5 - 9 显示了绝对贫困和相对贫困样本的时间盈余和时间赤字情况，体现出以下两个特征。

第一，收入贫困家庭依然有较大的劳动资源潜力可以挖掘，内生动力的激发依然是后扶贫阶段的重中之重。从时间赤字来看，所有农户总体为时间盈余，并且建档立卡贫困户和相对贫困户的时间盈余显著高于非贫困户，两类贫困户的时间盈余分别为 109.51 小时/周和 161.63 小时/周，这进一步表明仅靠收入识别出的贫困户存在既有禀赋未得到充分使用的情况。未被充分利用的原因既可能源于外部经济机会缺乏，也可能源于自我发展动力不足，而自我发展动力不足则是客观回报率和主观意愿的叠加，可以通过帮扶机制的科学设定进行有效激励。

第二，部分非收入贫困家庭也面临时间赤字导致的隐性贫困漏瞄问题。总体样本中有 175 户农户存在时间赤字，占总体比重为 23.12%。细分农户类型来看，有 33 户非贫困户存在时间赤字，占比 40.74%；有 144 户非相对贫困户存在时间赤字，占比 25.04%。存在时间赤字的非贫困户和非相对贫困户，其时间赤字均值分别为 93.17 小时/周和 80.58 小时/周。非贫困户的时间赤字佐证了悬崖效应的存在，既往未得到政策帮扶的边缘人口也需要纳入后扶贫时期的监测范围。

表 5 - 9 　　　　　　　　　　　　总体时间赤字情况

项目	时间盈余均值（小时/周）	时间赤字均值（小时/周）	时间赤字户数	样本量	时间赤字占比（%）
总体	104.06	86.53	175	757	23.12
建档立卡户	109.51	84.99	142	676	21.01
非贫困户	58.58	93.17	33	81	40.74
相对贫困户	161.63	35.76	12	182	6.59
非相对贫困户	86.04	80.58	144	575	25.04

资料来源：笔者根据凉山州脱贫攻坚实地调研计算得到。

（二）人均收入特征与比较

表 5 - 10 给出了不同农户的收入特征，隐性贫困户的人均纯收入体现为以下两个特征。

第一，隐性贫困户的人均纯收入要略高于非隐性贫困户。总体样本中隐性贫困家庭和非隐性贫困家庭的人均纯收入均值分别为 9691.19 元和 8636.27 元，该结论对建档立卡户、非建档立卡户和相对贫困户保持稳健。隐性贫困户反而人均纯收入更高的原因在于，有相当一部分无劳动能力的家庭，其收入主要依靠转移支付，收入水平较低，但这些农户往往没有时间赤字，因此体现为非隐性贫困。收入主要依靠生产经营性收入和工资性收入的家庭，更有可能面临时间赤字和隐性贫困。

第二，隐性贫困农户的人均纯收入上限值显著小于非隐性贫困家庭。以建档立卡户为例，隐性贫困户和非隐性贫困户人均收入的最大值分别为 26285 元和 53860 元。这意味着隐性贫困农户陷入隐性贫困的重要原因之一是工作时间长但单位时间的回报率不高，"忙且贫困"是隐性贫困农户的典型表现。

表 5 - 10　　　　隐性贫困户的人均收入特征　　　　单位：元

农户类型	是否隐性贫困	人均纯收入均值（元）	人均纯收入最小值（元）	人均纯收入最大值（元）	样本数（户）
总体	隐性贫困	9691.19	3962.5	26387.55	83
	非隐性贫困	8636.27	3625	53860	674
建档立卡户	隐性贫困	9006.52	3962.5	26285	69
	非隐性贫困	8436.65	3625	53860	607
非建档立卡户	隐性贫困	13065.63	5708.57	26387.55	14
	非隐性贫困	10444.73	3666.67	34750	67
总体	相对贫困	4429.45	3625	5214	182
	非相对贫困	10120.09	5228	53860	575
相对贫困户	隐性贫困	4607.83	3962.5	5214	13
	非隐性贫困	4415.73	3625	5200	169
非相对贫困户	隐性贫困	10635.24	5334.6	26387.55	70
	非隐性贫困	10048.68	5228	53860	505

资料来源：笔者根据凉山州脱贫攻坚实地调研计算得到。

（三）收入构成的特征与比较

表5-11给出了不同农户细分收入来源的构成情况，隐性贫困户的收入构成体现为如下特征。

第一，隐性贫困户生产经营性收入显著高于工资性收入。总体样本中，隐性贫困农户的生产经营性收入占比和工资性收入占比分别为69.50%和17.90%，两种收入来源的差距显著大于非隐性贫困农户。现实的观察是工资性收入的单位工时收入回报显著高于生产经营性收入，两种生产方式劳动回报率的差异是隐性贫困农户生产经营性收入占比较高的主要原因。这意味着实现隐性贫困减缓需要改变相应生计来源方式（朱方明，2020），既体现为从种植养殖转向务工就业，还体现为转变种植养殖产品结构，从玉米、洋芋等作物转向技术密度和附加回报更高的经济类作物。这两个转变也是乡村振兴的重要目的和手段，隐性贫困识别能够较好匹配乡村振兴与巩固拓展脱贫攻坚成果的政策协同诉求。

第二，非隐性贫困农户的财产性收入和转移支付收入占比相对更高。转移支付收入占比高的家庭付出的有酬工作时间相对较少，从而降低了陷入隐性贫困的概率，但这并不意味着增加转移支付是实现隐性贫困减缓的有效政策选择。实际上，转移支付导致的农户适应行为促使其通过减少有酬工作获得更多转移支付的倾向，并在现实中体现为"等靠要"。在隐性贫困识别框架下，仅依靠转移支付的家庭更难以被识别为隐性贫困，从而降低了获得帮扶的可能。这意味着隐性贫困比收入贫困识别更有助于激发贫困户的自生动力，体现奖勤罚懒的正激励效果。此外，财产性收入是降低农户隐性贫困发生率的重要渠道，扶贫政策不仅要关注贫困户的增收问题，还要通过普惠金融手段的介入，实现收入增加向财富积累的转换，防范"增收但不减贫"问题（单德朋，2019）。

第三，隐性贫困比相对贫困能更好地聚焦有一定内生动力但需要继续帮扶的重点群体。从总体来看，相对贫困样本中转移支付收入占比为28.20%，这意味着在相对贫困识别框架中，很难识别那些缺乏劳动能力，对转移支付收入依赖程度较高的群体。这部分群体通过现行贫困线和低保线的双线合一即可满足日常生活所需，通过提高贫困线继续补差的方式不仅不符合我国当前国情，也背离了帮扶的初衷，隐性贫困则能够对此进行有效识别。在非相对贫困群体中也存在隐性贫困情况，主要以务农为生计来源，生产经营性收入占比高达 71.10%。该群体是留在农村发展的中坚力量，"劳而不富"是其典型特征，在既往精准扶贫阶段没有得到直接帮扶。但对标乡村振兴目标，该群体既属于产业振兴的主力军，也属于生活富裕目标的基本盘。相较于其他收入识别方式，隐性贫困框架能够识别该群体被提供帮扶的客观依据，也能够体现对该群体主动作为的有效激励。

表 5 – 11　　　　　　　　　隐性贫困户的收入构成　　　　　　　　单位：%

样本	贫困特征	生产经营性收入	工资性收入	财产性收入	转移支付收入
总体	隐性贫困	69.50	17.90	0.36	12.20
	非隐性贫困	38.40	42.50	0.70	18.40
建档立卡户	隐性贫困	70.20	16.80	0.38	12.50
	非隐性贫困	39.30	41.90	0.61	18.20
非建档立卡户	隐性贫困	65.80	23.20	0.23	10.70
	非隐性贫困	30.10	48.40	1.51	20.10
总体	相对贫困	39.90	31.80	0.08	28.20
	非相对贫困	42.40	42.40	0.08	14.40
相对贫困户	隐性贫困	60.70	10.80	0.00	28.50
	非隐性贫困	38.30	33.50	0.09	28.10
非相对贫困户	隐性贫困	71.10	19.20	0.04	9.21
	非隐性贫困	38.40	45.60	0.09	15.10

资料来源：笔者根据凉山州脱贫攻坚实地调研计算得到。

（四）人口统计学特征与比较

表 5 – 12 和表 5 – 13 分别显示了隐性贫困户的家庭构成和户主的受教育程度，主要特征包括以下两点。

第一，隐性贫困户的抚养比显著高于总体样本，隐性贫困比相对贫困能够更好地反映劳动力的家庭抚养压力。隐性贫困户和总体样本户的抚养比分别为 0.61 和 0.34。隐性贫困家庭拥有更多的未成年子女和 60 岁以上老人，隐性贫困户和总体样本户拥有未成年子女的平均数量分别为 1. 95人和 1. 11 人，隐性贫困户和总体样本户拥有 60 岁以上老人的平均数量分别为 0. 59 人和 0. 29 人。为了体现不同贫困分组的抚养压力差异，我们细分为隐性贫困户、建档立卡户和相对贫困户进行了 t 检验，结果显示隐性贫困家庭和非隐性贫困家庭的分层差异更为明显，有助于在后续帮扶过程中区分重点精准施策。以抚养老人为例，按隐性贫困分组的 t 检验值为 – 4. 86，而按相对贫困分组的 t 检验值为 – 0. 91，未能通过常用显著性检验。抚养比较重是隐性贫困家庭的重要表现，也是其陷入隐性贫困的重要致贫原因。抚养比较高的家庭不仅面临着更严苛的家庭无酬工作时间约束，而且也面临着更大的有酬工作压力，时间约束和收入压力导致抚养比更高的家庭更容易陷入隐性贫困状况。针对该种隐性贫困致贫原因，除了通过培训、就业、创业等常规增收减贫政策之外，减贫政策还应该关注通过减少无酬工作时间约束助推隐性贫困家庭贫困减缓。具体涉及的政策主要体现为增加基本公共服务品的可及性、可负担性和可替代性，包括未成年子女，尤其是幼儿阶段的教育，失能群体的家庭和医疗看护等。

第二，隐性贫困户普遍受教育程度不高，但具备一定的知识基础和发展能力。从总体来看，受访农户整体受教育程度不高，小学及以下样本占总体的 90. 36%，拥有大专及以上学历的农户只有 7 户，仅占总体的 0. 92%。细分隐性贫困户和非隐性贫困户来看，虽然不同农户依然以小学及以下学历为主，但比较而言，隐性贫困户中具有初中学历的农户占比相对较高，隐性贫困户和非隐性贫困户初中受教育程度的占比分别为 12. 05% 和 7. 86%。这并不意味着受教育程度越高是隐性贫困的成因，而是受中等教育的农户具备了一定自我发展能力，更有可能从事务工或者生产经营性有酬工作，从而出现时间赤字的概率较大。但由于其仅具备中等教育水平，单位工时的回报率相对不高，从而导致隐性贫困。具有一定发展能力的主体正是隐性贫困的重要来源，后扶贫阶段的帮扶政策不仅要关注无自我发展能力的兜底覆盖，而且要做好与乡村振兴的有效衔接，结合人才振兴做好隐性贫困群体的职业技能培训。通过对初步具有自我发展能力主体的持续帮扶，帮助其实质性改善生计来源方式，实现稳健脱贫。

表 5 – 12   隐性贫困户的家庭构成特征

农户类型	抚养比	t 检验值	未成年子女数量（人）	t 检验值	老人数量（人）	t 检验值
总体	0.34		1.11		0.29	
隐性贫困户	0.61	−8.54	1.95	−6.93	0.59	−4.86
非隐性贫困户	0.30		1.01		0.26	
建档立卡贫困户	0.33	−2.01	1.16	2.97	0.27	−3.60
非建档立卡贫困户	0.40		0.74		0.52	
相对贫困户	0.38	−2.18	1.42	−4.02	0.33	−0.91
非相对贫困户	0.32		1.12		0.28	

资料来源：笔者根据凉山州脱贫攻坚实地调研计算得到。

表 5 – 13   隐性贫困户的受教育程度

受教育程度	非隐性贫困（户）	占比（%）	隐性贫困（户）	占比（%）	总体（户）	占比（%）
小学及以下	612	90.80	72	86.75	684	90.36
初中	53	7.86	10	12.05	63	8.32
职校、中专	3	0.45	0	0.00	3	0.40
大专及以上	0	0.00	1	1.20	1	0.13
高中	6	0.89	0	0.00	6	0.79
合计	674	100	83	100	757	100

资料来源：笔者根据凉山州脱贫攻坚实地调研计算得到。

第四节
隐性贫困影响因素的实证研究

一、基于数值模拟的隐性贫困影响因素识别

根据隐性贫困测度原理，影响隐性贫困的核心因素分别是就业工作的

工资率水平、生产经营性工作的工时均值、家庭必要无酬工作的市场替代成本，以及必要生理活动时间和家庭必要无酬工作时间。为了识别这些因素对凉山州隐性贫困减贫的影响，我们通过数值模拟的方式计算了减贫弹性，详见表5－14。在基准参数设定的基础上，分别将各影响因素调整10%、20%和30%三个观测点。根据各因素影响隐性贫困的方向，在参数设定时向上调整就业工资率和生产经营性回报，而向下调整市场替代成本和必要无酬工作时间。

表5－14　　　　　　　　　隐性贫困减缓的数值模拟　　　　　　　单位：%

项目	基准值	变动10%	变动20%	变动30%
就业工资率	10.96（83户）	10.57（80户）	10.04（76户）	9.64（73户）
生产经营性回报	10.96（83户）	8.32（63户）	7.27（55户）	6.47（49户）
市场替代成本	10.96（83户）	9.64（73户）	8.32（63户）	7.40（56户）
必要无酬工作时间	10.96（83户）	9.91（75户）	8.85（67户）	8.32（63户）

资料来源：笔者根据凉山州脱贫攻坚实地调研计算得到。

从就业工作工资率提升与隐性贫困减缓的数值模拟结果来看，就业工资率分别上调10%、20%和30%后，凉山州隐性贫困发生率从基准值10.96%依次下降至10.57%、10.04%和9.64%，减贫弹性分别为－0.04、－0.05和－0.04。从生产经营性工作单位工时回报率提升与隐性贫困减缓的数值模拟结果来看，生产经营性工作工时回报率分别上调10%、20%和30%后，隐性贫困发生率分别下降至8.32%、7.27%和6.47%，减贫弹性分别为－0.26、－0.18和－0.15。从家庭无酬工作市场替代成本降低与隐性贫困减缓的数值模拟结果来看，将家庭必要无酬工作时间的市场替代成本分别下调10%、20%和30%后，隐性贫困发生率依次下降至9.64%、8.32%和7.40%，减贫弹性分别为0.13、0.13和0.12。从家庭必要工作时间降低与隐性贫困减缓的数值模拟结果来看，通过提供公共服务等手段将家庭必要工作时间下调10%、20%和30%后，隐性贫困发生率分别降至9.91%、8.85%和8.32%，减贫弹性分别为0.11、0.11和0.09。

比较这四个影响因素的减贫弹性可以看出，改善种植业和养殖业单位工时回报率是最显著的隐性贫困减贫动力来源。该结论符合凉山州的现实观察，也与乡村振兴战略的政策诉求相一致。凉山州改善生产经营性收入的路径主要有三条：一是通过改造传统农业，提升单位工时的产出效率；二是对标市场需求变化，优化种植养殖品种结构；三是依托招商引资，实现种植养殖产业链攀升。通过提供公共服务，降低家庭自主支出的必要无酬工作时间，并降低相关产品和服务的市场替代成本也是有效的隐性贫困减贫政策选择。为此，下一步扶贫政策要对家庭共性的无酬工作进行综合判断，依托推动基本公共服务均等化的宏观政策背景，加大对于乡村幼儿园、养老设施服务的投资力度，通过减少支出推动贫困减缓。提升就业工资率的减贫弹性相对较小，这与本地务工机会较少有关，随着县域经济和村集体经济的发展，就业工资率提升的减贫弹性将趋于增加。另外值得注意的是，虽然转移支付收入的增加也能够降低隐性贫困发生率，但与其他影响因素不同，转移支付收入的增加会让目标农户产生适应性预期，影响有酬工作时间的供给，从而对隐性贫困减缓产生可能的负面影响。

二、基于回归分析的隐性贫困影响因素识别

（一）变量选择

本部分使用的被解释变量为隐性贫困（*hiddenpoverty*），解释变量主要包括以下两类：

第一，收入构成。涉及各细分收入来源的自然对数值和收入占比，具体包括工资性收入（ln*income_wage*）和工资性收入占比（*wageratio*），生产经营性收入（ln*income_plant*）和生产经营性收入占比（*plantratio*），转移性收入（ln*income_transfer*）和转移性收入占比。

第二，家庭人口统计学特征。包括户主受教育程度（*education*），抚养比（*fuyangbi*），老年人口数量（*aging*），未成年子女数量（*child*）。本部分还纳入了反映家庭成员健康状况的变量，包括是否有慢性病人（*chronic*）和是否有重病病人（*serious*）。

（二）收入构成对凉山州隐性贫困的影响

本部分使用普通最小二乘法和 Probit 模型两种回归方法分别检验了细分收入占比和细分收入自然对数值对凉山州隐性贫困的影响，结果分别见表 5-15 模型（1）至模型（4）。由于隐性贫困在家庭层面体现为 0-1 变量，因此我们使用 Probit 模型作为经济解释的基准模型，即模型（2）和模型（4）。根据实证结果，生产经营性收入占比和生产经营性收入总额显著提升了隐性贫困概率，参数估计值分别为 2.607 和 0.114，且均在 1% 的显著性水平上统计显著。这与隐性贫困的测度原理一致，也与前文的数值模拟结论一致。这意味着改善凉山州种植和养殖的单位工时回报率是实现隐性贫困减缓的重要政策选择。从工资性收入对隐性贫困的影响来看，工资性收入占比的参数估计值为 0.588，但无法在常用显著性水平上统计显著。工资性收入总额的参数估计值为 -0.0707，且在 1% 的显著性水平上统计显著。这意味着通过就业培训提升务工性收入的工资率水平也是实现隐性贫困减缓的重要路径，但就业培训的实际效果还有待进一步检验。转移支付收入总额的参数估计值为 -0.122，也能够在 1% 的显著性水平上统计显著。加大转移支付力度虽然是实现隐性贫困减缓的最直接选择，但会带来两个潜在问题影响其减贫绩效：一是持续高额转移支付带来的财务压力；二是转移支付导致的个人"等靠要"思想。从其他控制变量对凉山州隐性贫困的影响来看，抚养比、老年人口数量和未成年子女数量均显著提高了农户陷入隐性贫困的概率，模型（2）中的结果显示这三个变量的参数估计值分别为 1.050，0.424 和 0.342，且均在 1% 的显著性水平上统计显著。相关减贫政策应关注这些特殊家庭，通过提供公共服务缓解家庭照料压力。值得注意的是，户主受教育程度的提高并没有体现出减贫效果，主要原因在于凉山州受访农户受教育程度普遍不高。其受教育程度的提高也仅仅体现为从小学及以下学历提升至初中学历，从而初步具备相应自我发展能力，但单位工时的回报率依然较低。从而在结果上体现为学历提升后务工和种植养殖意愿增加，但回报率不高，从而导致隐性贫困。破解受教育程度与隐性贫困现有关联的关键并非不鼓励提升受教育程度，而是需要通过持续的学历教育投入，突破教育回报率的门槛，并辅以职业教育帮扶，提升劳动力单位工时回报率。

表 5 - 15 收入构成对凉山州隐性贫困的影响

变量	(1) 隐性贫困	(2) 隐性贫困	(3) 隐性贫困	(4) 隐性贫困
经营性收入占比	0.420 *** (7.86)	2.607 *** (6.28)		
工资性收入占比	0.122 ** (2.39)	0.588 (1.40)		
财产性收入占比	0.180 (0.89)	1.194 (0.52)		
受教育程度	0.0153 * (1.95)	0.115 ** (2.20)	0.0143 * (1.78)	0.0843 * (1.68)
抚养比	0.170 *** (3.42)	1.050 *** (3.84)	0.0731 (1.41)	0.627 ** (2.30)
老人数量	0.0640 *** (2.83)	0.424 *** (3.29)	0.0898 *** (3.80)	0.516 *** (3.93)
未成年子女数量	0.0450 *** (3.79)	0.342 *** (4.69)	0.0630 *** (5.03)	0.386 *** (5.28)
慢性病	0.0147 (0.40)	0.0614 (0.22)	- 0.000756 (- 0.02)	0.0382 (0.14)
严重疾病	0.0164 (0.34)	0.159 (0.50)	0.0318 (0.64)	0.202 (0.65)
工资性收入自然对数			- 0.0123 *** (- 4.74)	- 0.0707 *** (- 4.32)
经营性收入自然对数			0.0116 *** (3.01)	0.114 *** (3.11)
转移性收入自然对数			- 0.0205 *** (- 4.95)	- 0.122 *** (- 4.67)
常数项	- 0.327 *** (- 5.30)	- 4.578 *** (- 8.72)	0.0468 (0.68)	- 2.485 *** (- 4.88)
样本量	757	757	757	757

注:括号内为 t 值,***、**、*分别表示在 1%、5%、10%显著性水平上统计显著。

资料来源:笔者根据凉山州脱贫攻坚实地调研计算得到。

第五节

本 章 小 结

　　全面消除绝对贫困后，当前的深度贫困地区和初步脱贫群众依然需要得到持续帮扶才能夯实前期的帮扶基础。针对 2020 年后深度贫困地区的帮扶对象识别问题，本章引入时间赤字对隐性贫困的概念和政策内涵进行了界定，构建隐性贫困指数规范表述了隐性贫困测度原理和测度方法。基于凉山州微观数据对深度贫困地区隐性贫困进行的测度，实证检验了隐性贫困的影响因素。隐性贫困指数能够根据务工时间调整贫困线，更全面反映家庭拥有的劳动力资源和实际生活水平。基于隐性贫困指数的贫困识别和精准施策，能够对家庭持续改善自我发展能力形成正向激励，进而为当前精准扶贫政策延续提供参考标准。本章的主要结论包括以下几点。

　　第一，隐性贫困比相对贫困在指导帮扶政策制定上，不仅更具财务可行性，并且更有助于激发建档立卡贫困户的内生动力。从时间赤字的测算来看，部分建档立卡贫困户时间赤字和总体时间盈余并存，建档立卡贫困户的既有禀赋依然有进一步挖掘的空间。从隐性贫困测度结果来看，凉山州隐性贫困发生率为 10.96%，与精准扶贫方略实施初期的贫困发生率持平，显著低于相对贫困发生率，在扶贫政策制定上具有较好的财务可行性，适合作为当前脱贫攻坚全面收官后的贫困识别标准。使用隐性贫困进行贫困识别，既有助于识别实际生活水平依然较低的隐性贫困人口，提高帮扶密度。同时，基于隐性贫困的帮扶政策设计，也有助于实现对建档立卡贫困户既有禀赋的激励、挖掘和带动，充分体现扶智和扶志相结合，提高帮扶精度。

　　第二，建档立卡贫困户和非贫困户的隐性贫困发生率显著不同，隐性贫困能够直观展示悬崖效应。从收入构成来看，与建档立卡贫困户相比，非贫困户得到的政策扶持，尤其是政府转移支付收入更少，但务工时间更长，"忙且贫困"是隐性贫困农户的典型表现。从家庭构成来看，隐性贫困户的抚养比显著高于总体样本，隐性贫困家庭面临着更严苛的家庭无酬工作时间约束和更大的有酬工作压力，时间约束和收入压力导致抚养比更高的家庭更容易陷入隐性贫困状况。缓解隐性贫困主要有两条路径：一是改善有酬工作回报率；二是减少家庭必要无酬工作时间。第七章和第八章将分别从这两个方面分析凉山州隐性贫困减缓的政策选择。

第三，隐性贫困识别要关注家庭必要无酬工作时间和市场替代成本。家庭必要无酬工作时间是时间赤字的来源之一，家庭非劳动力的成员越多、抚养比越高，意味着家庭必要无酬工作时间越多，产生时间赤字的概率更高。因此，家庭构成是隐性贫困的重要影响因素。但家庭构成是客观前提，无法通过政策层面来调整家庭构成，为此相应的应对策略包括：通过提供公共服务降低家庭层面需要自主负担的必要无酬工作时间，如提供社区养老设施和相应服务，为老人、残疾人等失能群体提供集中看护。通过"一村一幼"、寄宿制学校、弹性日托服务等公共服务供给提供子女照料等。在家庭必要无酬时间难以通过公共物品方式实现的地区，也可以尝试通过引入市场力量，然后藉由政府补贴，在提高相关公共服务可得性的同时，降低相应家庭必要无酬工作的市场替代成本。由于影响家庭必要无酬工作时间的最不确定因素是因病导致的家庭照料，因此基于时间赤字的隐性贫困也面临着显著的因病致贫问题，改善现有健康扶贫绩效的政策努力也将是深度贫困地区隐性贫困减缓的重要政策选择。

第四，隐性贫困识别要关注劳务和生产经营性有酬工作的回报率。如果有酬工作回报率高于必要家庭无酬工作市场替代成本，每单位有酬工时将在补偿家庭工作时间的同时，体现购买力的净增加，此时增加有酬工时将有助于实现隐性贫困的贫困减缓。针对工资性收入，一方面，要依托大型项目建设等改善本地就业机会，切实降低劳动力在农闲时期的闲置浪费问题，在本地就业机会不足且短期难以缓解的背景下，也可以通过积极拓展外出务工渠道等方式，增加就业机会；另一方面，要通过针对性培训，改善人力资本，提高务工回报率。针对生产经营性收入，则要关注农业技术进步和种植养殖业的产品结构。一方面，要通过积极引入新产品和新农业生产技术，改进农业生产效率，提高单位工时的回报率；另一方面，也需要通过对接市场需求，根据市场需求调整产品结构，并适时推动农业产业链的攀升。因此，就业扶贫和产业扶贫也是深度贫困地区实现隐性贫困减缓的重要政策选择。

第五，缓解隐性贫困需要强调巩固拓展脱贫攻坚成果与乡村振兴的政策协同。体现隐性贫困减缓的政策重点在于提高生产经营性收入和工资性收入的单位工时回报，巩固拓展脱贫攻坚政策对隐性贫困减缓的积极影响不仅取决于农户要素投入能力的增强和人力资本的激励，更重要的是区域经济机会的整体改善，这进一步佐证了脱贫攻坚与乡村振兴的政策协同对深度贫困地区的重要性。具体来看，深度贫困地区要在区域整体发展的基础上，进一步凸显家庭农场和专业合作社两类主体对农户生产经营性收入改善的重要作用。将小额信贷帮扶政策与生产经营性行为直接挂钩，探索供应链金融和合作社集体授信的模式，有效约束户贷他用导致的绩效漏损。在就业技能培训上，将重心盯住已工作人群的技能培训，将目标从提供就业技能培训促进就业转向改善已就业人口的工时回报率。要继续坚定不移做好普通话推广工作，普通话推广对于改善深度贫困地区工资性收入，实现隐性贫困减缓具有显著积极影响。此外，鉴于财产性收入提升是深度贫困地区隐性贫困减缓的重要影响因素，财产性收入不同于转移性收入，财产性收入不会降低农户的务工偏好，反而能够有效激励资产积累行为。针对财产性收入改善问题，深度贫困地区需要通过普惠金融工具的引入和推广，实现增收向财富积累的转化，提升财产性收入比重。

第六章

基于改善有酬工作回报率的
隐性贫困减贫策略

　　根据隐性贫困测度原理以及隐性贫困主体的收入构成分析，"忙且贫困"是隐性贫困主体的主要特征，缓解隐性贫困主要有两条思路：一是提高单位工时回报率，尤其是让单位工时回报率显著高于家庭必要劳动的市场替代成本；二是降低家庭必要劳动工作时间，减少时间赤字。本章主要盯住有酬工作回报率改善问题，第七章将着重分析时间赤字的缓解问题。单位工时回报率低是凉山州农户普遍面临的问题，除安宁河谷部分地区之外，凉山州的地势条件普遍山高坡陡切割深，高差较大，耕地质量不高，中低产田所占比重较大，旱涝保收的高产稳产良田比重较小。并且，土地利用结构与产业结构不协调，由于坡地的保土、保水、保肥能力差，抗旱抗涝能力弱，农业生产水平低而不稳。这些客观原因导致凉山州农户从事生产经营性工作得到的平均回报不高，这不仅会导致非贫困户收入面临极大的不确定性，甚至出现隐性贫困现象，也会导致建档立卡贫困户由于生产经营性活动回报率低，而减少主动参与相关产业发展的积极性，抑制了建档立卡贫困户内生动力的激发，也降低了扶贫政策的帮扶绩效。本章盯住的主要问题是如何通过提高有酬工作单位工时回报率实现隐性贫困减缓，并为激发建档立卡贫困户内生动力提供政策借鉴。主要内容包括三个方面：一是改善有酬工作回报率的理论分析；二是凉山州改善有酬工作回报率的政策实践；三是既往政策实践影响隐性贫困状况的实证分析，并以此为基础分析基于改善有酬工作回报率的凉山州后扶政策改进。

第一节
脱贫地区改善有酬工作回报率的理论分析

农民收入主要有四个来源，分别是生产经营性收入、工资性收入、财产性收入和转移支付收入。从全国农村居民的收入结构来看，生产经营性收入一直是农村居民收入的重要来源（张车伟和王德文，2004）[①]，但随着城市务工机会的增加和劳动力的乡城流动，农村居民工资性收入占比逐渐上升（盛来运，2005）[②]。2019 年，中国农村居民人均可支配收入中生产经营性收入和工资性收入的占比分别为 17.07% 和 55.92%。[③] 同期，四川农村居民生产经营性收入和工资性收入的占比分别为 20.48% 和 48.77%。[④] 中国农村居民收入构成体现出几个特点：一是生产经营性收入和工资性收入是占比最高且最稳定的两个收入来源，从事种植养殖和务工是农民的主要生计选择；二是生产经营性收入占比呈递减趋势，并且横向比较来看，经济越发达的地区生产经营性收入占比越低；三是生产经营性收入增长率低于工资性收入。2018 年，凉山州生产经营性收入占比依然高于工资性收入，两者占可支配收入的比重分别为 39.8% 和 41.8%[⑤]，均是凉山州农户的主要收入来源。

一、生产经营性收入单位工时回报的改善

生产经营性收入的来源是从事种植业和养殖业，相应产品倾向于产品同质、随行就市的完全竞争市场。劳动力的单位工时收入取决于边际产出价值，即每单位工时的新增产出与产品价格的乘积。因此，改善生产经营性收入的理论来源包括增加边际产出和产品价格两个思路。如果农产品生产函数为柯布—道格拉斯函数形式 $Y = AK^{\alpha}L^{\beta}$，其中，Y 表示农产品产出，

---

① 张车伟、王德文：《农民收入问题性质的根本转变——分地区对农民收入结构和增长变化的考察》，载《中国农村观察》2004 年第 1 期。
② 盛来运：《农民收入增长格局的变动趋势分析》，载《中国农村经济》2005 年第 5 期。
③ 数据来源于 2020 年《中国统计年鉴》。
④ 数据来源于 2020 年《四川统计年鉴》。
⑤ 笔者根据 2018 年凉山州脱贫攻坚调查计算得到。

A 表示农业技术，K 表示物质资本，包括自然资源和机器设备等物质资本，L 表示劳动力投入数量，则劳动力的边际产出价值为 $P\beta AK^{\alpha}L^{\beta-1}$。改善单位工时的具体路径包括增加人均耕地面积，增加人均物质资本，改善农业技术水平以及提高农产品价格。

第一，增加人均耕地面积与生产经营性收入单位工时回报增加。中国农业发展和农户收入增加受限于人均耕地面积较小的约束，增加人均耕地面积的典型政策是农地流转，农地流转对农户收入的影响体现在转入方和转出方两个方面（彭开丽和程贺，2020）①。从转入方来看，农地流转有效减少了耕地碎片化程度，促进土地连片整理开发（钱忠好和王兴稳，2016）。② 这将更好发挥农用机械等不可分要素的生产效率，并促进专业化经营，从而体现规模报酬递增和收入改善。从转出方来看，农地流转有助于优化家庭劳动力和土地资源配置，从而增加单位工时生产效率。

第二，增加人均物质资本与生产经营性收入单位工时回报增加。通过放松信贷约束，能够增加农户要素投入能力，并通过形成农机设备等物质资本直接影响生产经营性收入水平。李谷成等（2018）关注了机械化对农户收入的影响，机械化能够提高单位劳动力的生产效率，增加生产经营性收入。③ 此外，机械化通过劳动力替代效应，还能够促进劳动力流转，从而带来工资性收入增加。改善信贷可得性是增加人均物质资本存量的重要来源，涉及的政策包括产业扶持基金、小额信贷、发展互助资金等（陈清华等，2017）。这些信贷政策能够显著提高农户信贷可得性，增加农户进行农业投资的信心和能力，从而助推农业产业发展和农户生产经营性收入增加。

第三，改善农业技术水平与生产经营性收入单位工时回报增加。更新种子、肥料等新型农资理论上能够增加农产品产量，从而改善农户生产经营性收入。典型的政策实践是加入合作社，既能改善单一农户农业技术的可得性，又能够降低采用新型农资的风险。但农业技术对生产经营性收入

---

① 彭开丽、程贺：《决策行为视角下农地流转对农户收入的影响——来自湖北省东部9县（市/区）的证据》，载《华中农业大学学报（社会科学版）》2020年第5期。
② 钱忠好、王兴稳：《农地流转何以促进农户收入增加——基于苏、桂、鄂、黑四省（区）农户调查数据的实证分析》，载《中国农村经济》2016年第10期。
③ 李谷成、李烨阳、周晓时：《农业机械化、劳动力转移与农民收入增长》，载《中国农村经济》2018年第11期。

的影响还取决于对农产品价格的影响（杨鑫和穆月英，2020），① 产量增加对价格的负面影响将约束农业技术对农户收入的积极作用。

第四，提高农产品价格与生产经营性收入单位工时回报增加。从理论上讲，提高产品价格包括减少供给和增加需求两个方向，鉴于农产品的可替代程度较高，减少局部供给难以切实提高产品价格。因此，提高农产品价格的关键在于增加产品需求。具体思路有二：一是对标市场需求变化，优化种植养殖品种结构；二是依托招商引资，实现种植和养殖产业链攀升。典型的政策实践是公司或者大户带动发展。

二、工资性收入单位工时回报的改善

农户工资性收入主要来源于本地非农就业和外出务工，农业部门和非农部门的生产率差异是影响农户工资性收入的重要原因。工资性收入的单位工时回报率同样取决于非农部门的边际产出价值，尤其是取决于知识、经验、技能、体力等综合人力资本水平。人力资本的形成路径则包括学历教育和职业技能培训等。

第一，学历教育与农户工资性收入单位工时回报。既往外出务工人员从事的非农工作岗位更为依赖体力劳动，基础教育和职业教育更有助于改善农户的非农收入水平（程名望等，2014）。② 但随着中国产业结构变迁，尤其是服务业占比的日益提升，中高水平的受教育程度开始体现出对农户非农收入的积极影响（李晓嘉，2015）。③ 但教育与非农收入的影响不仅取决于受教育年限这一数量指标，还与受教育质量密切相关（单德朋，2012）。④

第二，职业技能培训与农户工资性收入单位工时回报。针对特定主体的专项技能培训是改善人力资本水平的必要补充，既包括对从事农业生产经营的培训，也涉及非农就业部门的职业技能培训，"雨露计划"是改善

① 杨鑫、穆月英：《农业技术采用、时间重配置与农户收入》，载《华中农业大学学报（社会科学版）》2020年第4期。
② 程名望、Jin Yanhong、盖庆恩、史清华：《农村减贫：应该更关注教育还是健康？——基于收入增长和差距缩小双重视角的实证》，载《经济研究》2014年第11期。
③ 李晓嘉：《教育能促进脱贫吗——基于CFPS农户数据的实证研究》，载《北京大学教育评论》2015年第4期。
④ 单德朋：《教育效能和结构对西部地区贫困减缓的影响研究》，载《中国人口科学》2012年第5期。

农户职业技能的典型政策（熊雪等，2017）[1]。职业技能培训对工资性收入的影响主要体现在两个方面：一是技能培训增强了从事非农就业的动机和能力，使得农户利用农闲从事非农工作提高单位工时回报，体现为非农收入增加；二是技能培训带来的人力资本水平提升，使得原有非农就业的农户能够通过经验和技能改善对冲体力下降带来的人力资本损耗，从而提高工资水平。此外，职业技能培训也能够通过农业技术学习影响生产经营性收入，农业技术学习主要涉及新农资使用、精细化管理、农产品加工处理技术等方面。但值得注意的是，技能培训对非农收入的影响还取决于技能培训的内容质量和培训内容供给与培训需求的匹配情况。

除此之外，也有研究关注了非农就业对农户生产经营性收入的影响。一方面，非农就业增加伴生的青壮年劳动力外流减少了农村人力资本存量水平，从而对农村、农业和生产经营性收入产生负面影响；另一方面，外出务工能够通过资金汇回等方式缓解农业生产经营的融资约束，增加生产经营性活动的要素投入能力，并且外出务工能够为生产经营性工作提供风险对冲作用（毛学峰和刘靖，2016），[2] 从而提升农户要素投入的意愿，这也会对农户生产经营性收入增加产生积极作用。

<h2 style="text-align:center">第二节</h2>

<h2 style="text-align:center">凉山州改善有酬工作回报的政策实践</h2>

针对生产经营性收入和工资性收入的单位工时回报，凉山州在精准扶贫阶段都采取了相应帮扶措施，其主要内容体现在 22 个扶贫专项之中，详见表6-1。涉及改善生产经营性有酬工作回报率的帮扶措施包括农业产业扶贫、商务扶贫、农村土地整治扶贫、财政扶贫和金融扶贫。涉及改善工资性有酬工作回报率的帮扶措施包括工业产业扶贫、旅游扶贫、贫困家庭技能培训和就业促进扶贫、教育扶贫、健康扶贫等。以家庭为帮扶单元的政策可以归纳为产业发展、金融扶持、技能培训三方面，接下来本部分

---

① 熊雪、聂凤英、毕洁颖：《贫困地区农户培训的收入效应——以云南、贵州和陕西为例的实证研究》，载《农业技术经济》2017 年第 6 期。

② 毛学峰、刘靖：《本地非农就业、外出务工与中国农村收入不平等》，载《经济理论与经济管理》2016 年第 4 期。

将分别梳理凉山州这三类帮扶政策的政策实践情况。为保持样本可比性，本部分仅使用了凉山州喜德县的数据，涉及样本 255 户。

表 6-1　　凉山州精准扶贫 22 个扶贫专项（喜德县 2018 年度）

序号	专项名称	建设内容
1	农业产业扶贫	"三品一标" 2 个：无公害农产品、绿色食品、有机农产品和农产品地理标志
2	工业产业扶贫	新增中小微企业 10 户
3	旅游扶贫	旅游扶贫示范村建设 1 个
4	商务扶贫	建成省级商贸流通脱贫奔康示范县：无
5	农村土地整治扶贫	土地整理项目：无
6	科技扶贫	投入资金 30 万元实施科技扶贫在线平台优化提升与运行维护
7	文化惠民扶贫	推进乡村学校少年宫建设项目 3 个
8	生态建设扶贫	设置生态护林员公益岗位 597 个
9	贫困家庭技能培训和就业促进扶贫	在 2018 年计划退出贫困村中开发公益岗位不少于 5 个
10	社会保障扶贫	贫困残疾人扶助：困难残疾人生活补贴 80 元/人/月
11	新村建设扶贫	藏区新居建设项目：无
12	易地扶贫搬迁	搬迁 12831 人
13	教育扶贫	"9+5" 免费教育试点，招收 9 名初中毕业生免费就读五年制高职教育
14	健康扶贫	奖励基层优秀卫生人才 2 人，每人 2 万元
15	交通建设扶贫	米市镇瓦古村通硬化路
16	水利建设扶贫	新增村内公益性水利工程巡管员 121 名
17	电力建设扶贫	建设容量 20 兆瓦的光伏电站
18	信息通信建设扶贫	重点道路新建基站 5 个
19	农村能源建设扶贫	新村集中供气工程：无
20	社会扶贫	招收 "百工技师" 学生：无
21	财政扶贫	补助 1000 万元扶持集体经济发展试点
22	金融扶贫	贫困地区扶贫再贷款余额：4900 万元

资料来源：喜德县脱贫攻坚领导小组办公室，表中数据以县为单位，标注 "无" 的扶贫专项表示当年无实施项目。

一、产业帮扶改善单位工时回报率的政策实践

（一）凉山州产业帮扶政策概况

根据《凉山彝族自治州喜德县"十三五"脱贫攻坚总体规划》，喜德县产业扶贫的规划目标是：通过对有劳动能力、可以通过生产和务工实现脱贫的贫困人口，加大产业培育扶持和就业帮助力度，因地制宜发展贫困群众参与度高的区域特色产业，加大转移就业培训力度，加强就业对接服务，拓展致富增收渠道，实现贫困户稳定脱贫。按照"一乡一业、一村一品、一家一园"思路，宜农则农、宜牧则牧、宜工则工、宜旅则旅，加快把资源优势转换成产业优势，推动富民产业进村到户，精准到每户栽树多少株、养畜多少头、养禽多少只、种植经济作物多少亩、外出务工多少人，帮助群众找对致富路、过上好日子。凉山州产业扶持改善单位工时回报率的政策实践思路主要体现在三个方面。

第一，因地制宜选择优势产业发展方向。凉山州从市州层面制定《凉山彝族自治州产业扶贫专项方案》，喜德县以此为依据结合本地资源条件、产业优势、发展基础等情况和贫困户意愿，将肉羊、肉牛、生猪和生态鸡作为贫困户养殖业的主要发展方向，将核桃、花椒、苦荞、燕麦、马铃薯、设施农业（大棚蔬菜）、烤烟、高山围栏蔬菜、油菜等作为种植业主要发展方向。培育壮大优势特色产业，统筹谋划粮油、畜牧、经济作物、农产品初加工及精深加工、休闲农业、乡村旅游等特色优势产业发展，形成"一乡一业、一村一品、一家一园"的发展格局。喜德县"十三五"期间发展的种植业和养殖业品类和规模详见表6－2。

表6-2　凉山州喜德县"十三五"期间的种植业和养殖业发展规模

规划项目	建设内容	受益规模	投资标准	投资规模
肉牛养殖	发展养牛3600头，肉牛配套设施建设（含圈舍，牧草）452户	452户	肉牛每头1000元；配套设施8万元每户	3976万元

续表

规划项目	建设内容	受益规模	投资标准	投资规模
肉羊养殖	发展养羊 185000 只，配套设施建设 6270 户	6270 户	肉羊每只 200 元；配套设施 3.5 万元每户	25645 万元
生猪养殖	发展养猪 30000 头，配套设施建设 7500 户	7500 户	生猪每头 200 元；配套设施 3 万元每户	23100 万元
生态鸡	发展生态鸡 150 万羽，配套设施建设 2500 户	2500 户	生态鸡每羽 10 元；配套设施 1 万元每户	4000 万元
核桃	新增 66300 亩，嫁接 46200 亩	7460 户	新增 600 元每亩，嫁接 800 元每亩	7674 万元
花椒	种植花椒 37850 亩	5092 户	每亩 600 元	2271 万元
苦荞	种植苦荞 76000 亩	6852 户	每亩 800 元	6080 万元
马铃薯	种植马铃薯 75000 亩	7894 户	每亩 800 元	6000 万元
燕麦	种植燕麦 12350 亩	3256 户	每亩 800 元	988 万元
蔬菜	种植高山围栏蔬菜 30000 亩	6235 户	每亩 600 元	1800 万元
设施农业	种植设施农业 3000 亩	1057 户	每亩 3.5 万元	10500 万元
油菜	种植油菜 20000 亩	5362 户	每亩 600 元	1200 万元
大蒜	种植大蒜 1870 亩	859 户	每亩 1000 元	187 万元

资料来源：根据《凉山彝族自治州喜德县"十三五"脱贫攻坚总体规划》整理计算得到。

第二，改善基础设施夯实产业发展基础。通过山、水、田、林、路、园、沼综合治理，推进贫困村生产生活设施改善，提升耕地质量，大力发展农业机械化，提升农业生产能力，夯实特色种植业发展基础。积极支持贫困村、贫困户加大畜禽标准化养殖场（小区）、健康养殖池塘、饲草饲料基地及棚圈、牧道、人工打贮草基地等基础设施建设，推动现代养殖业发展。加大林区道路、森林保护和灌溉设施建设力度，加快现代林业产业基地培育。积极推进乡村商品服务网点和物流配送体系建设，支持电商企业建立农村电商服务体系。

第三，外部力量助推激发农户内生动力。通过企业带动、合作社带动、大户带动，增强贫困群众的产业意识和致富本领，解决脱贫内生动力不足的问题。围绕贫困村特色产业发展，大力培育新型经营主体，充分发挥新型经营主体在资金、技术、质量品牌、市场营销等方面的优势，每个贫困村至少发展种植、养殖专业合作社1个，提供产业技术服务和拓宽农产品销售渠道，带动当地群众致富。加大报纸、电视、外墙等传统宣传媒体的覆盖力度，鼓励和引导龙头企业、专合组织，充分利用电商平台，移动终端等新媒体推广营造高端品牌形象。抓住国家"互联网＋"战略契机。规划在88个贫困村新建电商网点，通过互联网把生产基地和消费市场连接起来，带动贫困群众脱贫致富。积极开展商务扶贫，通过"互联网＋"对口帮扶、以购代捐、"西博会"等活动和平台，拓展扶贫商品线上线下销售，切实增加群众收入。

（二）凉山州产业帮扶成效

第一，产业基地建设成效。2018年，喜德县农业产业迅速发展，喜德县因地制宜推进二半山区"禽畜养殖""花椒种植"产业，平坝区域"设施农业蔬菜瓜果种植"示范基地，高寒边远山区乡村发展无公害特色畜牧养殖等梯次复合产业链，以农业产业升级、全域旅游开发为龙头支撑，引导壮大村集体经济发展，各产业规模见表6－3。2018年，喜德县村集体经济种植业生产基地和养殖业基地新增17个，完成乡镇扶贫产业示范基地配套设施建设5个，新建扶贫产业生态循环示范基地6个，在贫困村新培育专业合作社11个，种养大户9个，培育科技示范户142户。截至2018年底，喜德县已建成集中养殖小区159个，受益贫困群众2628户。[①]

表6－3　　　　　　　　喜德县产业发展取得成效情况

项目	马铃薯	鲜薯	肉羊	肉牛	小家畜
种植面积/产量	18.79万亩	29.03万吨	13.12万只	0.885万头	74.91万只
计划任务完成率（％）	99	98	100.3	105	103

资料来源：凉山州喜德县脱贫攻坚领导小组办公室。

第二，产业扶持基金使用情况。通过对喜德县255户建档立卡户的访谈及评估问卷得知，有160户知道有产业扶持基金，占总数的62.75%，

---

① 数据来源于凉山州喜德县脱贫攻坚领导小组办公室。

其中有 22 户在 2017 年向村上借过产业扶持基金，具体情况见表 6 - 4。有 211 户认为得到产业扶贫帮扶措施后对家里增收有帮助，占总数的 82.75%；有 184 户获得资金或实物帮扶。获得资金或实物支持自己独立发展产业后，主要发展种植、养殖业、旅游和其他服务业等。发展产业后，有 190 户还在继续发展，有 1 户不再继续。

表 6 - 4　　　　　　　　　产业扶持基金借款情况

借款时间 （年）	户数 （户）	金额 （元）	借款年限 （年）	发展产业	能否到期偿还
2017	1	2000	1	种植业、养殖业	已提前偿还
2017	1	3000	3	种植业、养殖业	能
2017	1	4000	1	种植业、养殖业	已提前偿还
2017	17	5000	1	种植业、养殖业	13 户已还，4 户能偿还
2017	1	10000	2	个体经营	能
2017	1	50000	3	种植业、养殖业	能

资料来源：根据课题组调研数据整理计算得到。

第三，外部力量带动发展情况。有 44 户在企业、合作社、大户的带领下发展产业，占比 17.3%。主要的发展方式为：入股分红、技术服务、代购生产资料、代销产品。66 户加入合作社（成为社员），占比 25.9%，其中 54 户通过土地、财政资金、自有资金（资产）的方式入股合作社。①

二、金融扶持改善单位工时回报率的政策实践

（一）凉山州金融扶持政策概况

根据《凉山彝族自治州喜德县"十三五"脱贫攻坚总体规划》，喜德

---

① 笔者根据课题组调研数据整理得到。

县金融扶持的规划目标是：围绕全县扶贫开发目标任务，构建以"精准识别为前提、精准脱贫为目标""综合扶贫为基础、专项扶贫为支撑"的财政金融精准扶贫投入稳定增长机制，加快贫困群众脱贫致富。"十三五"期间，由金融部门对8800户贫困户进行评级授信，并依据授信等级和贫困户到户项目需求，实施每户2万~5万元的无抵押、无担保扶贫贴息贷款，凉山州和喜德县财政根据每年的贷款额度进行贷款贴息，解决贫困户贷款难、还息负担重的问题，加快贫困户脱贫致富步伐。凉山州喜德县"十三五"期间金融扶持每户平均支持力度为7500元，财政总投入6600万元，受益贫困群众8800户。①

（二）凉山州金融帮扶实施成效

总共有225户建档立卡户知道国家有扶贫小额信贷的政策，占比88.27%，剩余30户不知道有这一项政策。其中，有47户借过扶贫小额贷款，占比18.44%，剩余178户虽知晓政策但并未借款。从借款规模来看，有41户借款在3万至5万元之间，占比87.88%。有23户借贷农户反映享受到政府部分贴息，占比48.48%，剩余24户反映为政府全额贴息，所有借贷农户均反映借款自贷自用。从借贷用途来看，84.85%的农户反映借款用于建房，用于生产经营性用途的仅占15.15%。从帮扶成效来看，所有受访贫困户都认为小额信贷政策有助于贫困减缓，具体见表6-5和表6-6。

表6-5　　　　　　　凉山州小额信贷政策执行情况

项目	是否知道扶贫小额信贷		是否借过扶贫小额贷款	
选择	是	否	是	否
户数（户）	225	30	47	178
占比（%）	88.27	11.73	18.44	69.83

资料来源：根据课题组调研数据整理计算得到。

---

① 数据来源于《凉山彝族自治州喜德县"十三五"脱贫攻坚总体规划》。

表6-6 凉山州小额贷款帮扶实施效果

指标	项目	户数（户）	占比（%）
借了多少	1～25000 元	6	12. 12
	30000～50000 元	41	87. 88
是否享受政府贴息	政府全额贴息	24	51. 52
	政府部分贴息	23	48. 48
使用方式是什么	自贷自用	47	100
若是自贷自用，借款主要用途是什么	盖房	40	84. 85
	发展种植养殖业	6	15. 15
	上学	1	3. 03
是否能按期还款	是	46	96. 97
	否	1	3. 03
若借过扶贫小额信贷，对家里增收有没有帮助	有帮助	47	100
	无	0	0

资料来源：根据课题组调研数据整理计算得到。

三、技能培训改善单位工时回报率的政策实践

（一）凉山州技能培训政策概况

凉山州实施了从学历教育到非学历教育，从通用技能培训到专项技能提升等多重技能培训扶贫政策。以凉山州喜德县为例，根据《凉山彝族自治州喜德县"十三五"脱贫攻坚总体规划》，"十三五"期间，凉山州喜德县由农牧局开展农村实用技术培训，每年举行至少1次农村实用技术培训。每个有条件的贫困户掌握1至2项农村实用技术。开展农村实用技术培训30000人次；开展农民专项技术培训，培训人数1000人；开展新型职业农民培训，培训人数500人。整合喜德县扶贫和移民局、农牧局、人社局的就业创业培训指标，由人社局负责针对性开展就业技能培训、岗位技能提升培训、创业培训和剩余劳动力转移就业培训2500人。除了继续免除就读中等职业教育阶段贫困家庭子女学费，发放中职国家助学金等学

历教育的普惠政策支持之外，凉山州非学历教育培训的相关政策还体现在如下三个方面。

第一，通过种植养殖技能培训，提升生产经营性有酬工作回报率。一是加大新型职业农民培训力度，发展农业社会化服务组织，加快构建贫困地区新型农业经营体系；二是搞好定向、订单培训，实施贫困村农民工职业技能提升计划；三是开展一对一到村和一对多到户技术帮扶活动，选派农业专业技术人员深入贫困村开展种植养殖业技术帮扶，实现每个贫困村都派驻技术服务团队，建立结对帮扶贫困村的常态化机制，实现产业发展、技术指导全覆盖。加强农村实用技术培训，有劳动能力的贫困户每户至少培养 1 名致富明白人。

第二，通过务工劳务技能培训，提升工资性收入有酬工作回报率。一是劳务品牌培训资金补助名额和补助标准向贫困村大力倾斜，针对不同对象开展就业技能培训、岗位技能提升培训、创业培训，到 2020 年，力争使新进入人力资源市场的农村转移就业劳动者都有机会接受一次就业技能培训，力争使具备一定创业能力或已经创业的农村转移就业劳动者都有机会接受创业培训。二是完善就业创业指导服务，加强对贫困家庭的就业援助，支持贫困家庭毕业生就业创业，做好"9＋3"学生就业促进工作。因地制宜开发乡村道路协管、城乡保洁、城乡社区管理服务等公益性岗位，优先安排贫困家庭人员及其未就业的大中专毕业生等困难群体就业。三是强化劳务技能培训，加大农村劳动力转移输出，鼓励和支持能人带动贫困劳动力外出务工，减少盲目性，增强稳定性，增加务工收入。

第三，通过推广普通话，增强语言交流能力，提高有酬工作机会。一是从娃娃抓起，实施"学前学会普通话"行动，针对性应对学前儿童的语言关；二是在全社会层面推广使用普通话，提升青壮年劳动力，尤其是建档立卡贫困户新增劳动力的国家通用语言沟通交流能力。

（二）凉山州技能培训实施成效

从 2018 年凉山州喜德县的技能培训实施情况来看，喜德县认真落实转移就业相关政策，通过实施技能培训脱贫行动、开发公益性岗位及扩大就业输出等方式，积极促进转移就业脱贫。第一，通过分批、分期对贫困户进行培训，不断提高贫困群众的就业能力，代表性政策是开展实用技术培训类的"短平快"项目培训，联合对口帮扶学校四川水利水电技师学院，完成中长期"一帮一"挖掘机驾驶员技能培训 28 人。第二，采取补助路费、发放稳岗补贴等措施，鼓励贫困户赴佛山市、什邡市等地务工，代表性政策是联合德阳市安装技师学院（什邡市）对定向组织贫困劳动力进行汽车维修技能培训，共计 22 人。第三，结合禁毒防艾、护林防火等工作为贫困群众设置公益性岗位。2018 年完成劳动力转移输出 5.9 万人次，同比增长 4.4%。其中，建档立卡贫困户转移输出 3138 人，劳务输出佛山总人数 591 人，其中建档立卡贫困户 538 人；实现劳务收入 8.87 亿元，同比增长 4.35%，其中建档立卡贫困户劳务收入 0.45 亿元；开发农村公益性岗位 223 个，举办 1 场就业扶贫专场招聘会。凉山州喜德县各类技能培训政策实施成效见表 6 - 7。

表 6 - 7　　　　凉山州技能培改善有酬工作回报率的实施成效

指标	项目	户数（户）	占比（%）
建档立卡以来， 家里有没有人参加过就业培训	有	215	84.31
	没有	40	15.69
家里参加就业培训的有几人次	1	140	55.31
	2	47	18.44
	3~4	21	8.38
	≥5	7	2.79
参加培训对找工作或提高 就业收入是否有帮助	是	225	88.24
	否	30	11.76
建档立卡以来，家里有几人 通过政府安排外出务工	0	218	85.49
	1	28	10.98
	2	6	2.35
	≥3	3	1.18
建档立卡以来，家里有几人 获得了稳定的本地就业机会	0	221	86.67
	≥1	34	13.33

资料来源：根据课题组调研数据整理计算得到。

从参与培训情况来看，有 215 户受访农户反映家里有人参加过就业培训，占比 84.31%；有 40 户反映未参加过就业培训，占比 15.69%。有 140 户反映有 1 人次参加就业培训，剩余 75 户反映有多人次参加培训。

从参与培训的帮扶成效来看，有 225 户受访农户都认为参加培训对找工作或者提高就业收入有帮助，认为没有帮助的有 30 户，占比 11.76%。有 37 户反映家中有人通过政府安排外出务工，占比 14.51%。有 34 户反映家中有人获得了稳定的本地就业机会，占比 13.33%。总体来看，凉山州喜德县针对家庭的就业培训还是以单次培训为主，培训对就业机会和工资回报的积极作用还受培训内容和培训密度的影响。

第三节

有酬工作回报率改善与凉山州

隐性贫困减缓的实证研究

一、实证研究思路

改善生产经营性收入和工资性收入的单位工时回报率是实现隐性贫困减缓的重要动力源，提升工时回报率的间接表现是地区经济机会改善，家庭自我发展提升和个体人力资本积累。盯住这些目标的既往减贫政策包括合作社带动农户发展，小额信贷增加要素投入可得性，以及通过技能培训和普通话培训提升个体人力资本水平。为了识别实现隐性贫困减缓的政策应对策略，并为后续帮扶政策延续提供政策启示，需要回答两个问题：一是从对隐性贫困的影响来看，既往哪些减贫政策的减贫绩效更好；二是帮扶措施对不同家庭的影响是否存在差异。

为了判断帮扶政策的减贫绩效，本部分将隐性贫困作为被解释变量，根据受访家庭得到的政策帮扶情况构建四个虚拟变量作为核心解释变量，分别是合作社带动（*cooperation*）、小额信贷（*credit*）、技能培训（*skill*）和普通话培训（*mandarin*），得到相应政策扶持则赋值为 1，反之为 0。此外，在 Probit 回归中还引入了第五章中的家庭背景特征作为控制变量。为了识别帮扶措施对不同家庭隐性贫困减缓的异质特征，体现精准施策，本部分构建了四种帮扶措施与工资性收入占比的交互项并纳入回归模型。以工资性收入占比划分家庭类型的依据在于工资性收入占比与地方经济机会正相关，工资性收入占比体现了本地总体产业发展水平，以工资性收入占比和帮扶政策构建交互项不仅能够体现同种帮扶措施对不同工资性收入占比家庭的减贫绩效差异，还能够识别区域开发和精准扶贫的宏微观政策协同。此外，本部分还根据工资性收入占比将样本分为均值之上和之下两类，进一步分析帮扶措施对不同农户类型隐性贫困减缓的异质影响，本部分的数据来源与第五章相同。

二、合作社带动对隐性贫困的影响

合作社带动对凉山州隐性贫困的影响见表 6 - 8，其中模型（1）、模型（2）、模型（3）分别为对总体样本、工资性收入占比均值以上和均值以下样本的回归结果。合作社带动水平值和交互项的参数估计值分别为 0.332 和 - 1.556，均能在常用显著性水平上统计显著。以工资收入占比均值计算，合作社带动的参数估计值净值为 - 0.288[①]。基于交互项的参数估计值来看，合作社带动对隐性贫困减贫的影响主要取决于总体的工资性收入占比，本地经济机会越多、三次产业融合发展越好的地区，合作社带动的减贫效果越好。细分样本来看，合作社对工资收入占比相对较低、生产经营性收入占比更高样本的减贫效果更为显著。为了进一步改善合作社带动的减贫绩效，深度贫困地区需要依托乡村振兴促进三次产业融合发展，体现产业兴旺，同时鼓励生产经营主体通过家庭农场和合作社两类主体实现适度规模经营（杨朔等，2019），[②] 从总体和农户层面提升单位工时回报率。这与乡村振兴的核心要求相一致，也为深度贫困地区压茬推进乡村振兴巩固脱贫攻坚成效的政策协同着力点提供了启示。

---

① 所有样本工资性收入占比均值为 39.8%，合作社带动影响隐性贫困减缓的平均参数估计值为：0.332 - 1.556×0.398 = - 0.288。
② 杨朔、李博、李世平：《新型农业经营主体带动贫困户脱贫作用研究——基于六盘山区 7 县耕地生产效率的实证分析》，载《统计与信息论坛》2019 年第 2 期。

表 6 - 8　　　　　　　　合作社带动对凉山州隐性贫困的影响

变量	(1)	(2)	(3)
合作社	0.332 ** (2.03)	- 0.133 (- 0.66)	0.361 (0.50)
合作社与工资 收入占比交互项	- 1.556 *** (- 3.62)	- 1.247 (- 0.92)	- 0.860 (- 0.75)
受教育程度	0.0754 (1.54)	0.227 *** (3.02)	0.00831 (0.09)
抚养比	0.628 ** (2.48)	0.641 * (1.82)	0.846 ** (2.00)
老年人数量	0.425 *** (3.51)	0.298 * (1.77)	0.643 *** (3.53)
儿童数量	0.351 *** (5.25)	0.424 *** (4.92)	0.163 (1.31)
慢性病人	- 0.0101 (- 0.04)	- 0.305 (- 0.85)	0.407 (0.98)
重疾病人	0.235 (0.75)	0.471 (1.22)	- 0.144 (- 0.22)
常数项	- 2.590 *** (- 7.93)	- 3.014 *** (- 6.35)	- 2.551 *** (- 4.34)
样本量	757	329	428

注：括号内为 t 值，***、**、* 分别表示在 1%、5%、10% 显著性水平上统计显著。

三、小额信贷对隐性贫困的影响

　　小额信贷对隐性贫困的影响见表 6 - 9，其中模型（1）、模型（2）、模型（3）分别为对总体样本、工资性收入占比均值以上和均值以下样本的回归结果。从总体样本来看，小额信贷及其交互项的参数估计值分别为0.922 和 - 1.374，均在 1% 显著性水平上统计显著。以工资性收入占比均值为基准，小额信贷的参数估计值净值为 0.375①，小额信贷在平均水平上未能充分体现对隐性贫困的缓解作用。但小额信贷的减贫效应同样依赖于本地总体的产业发展状况，总体工资收入占比越高，小额信贷的减贫效果越明显。在当前单位工时回报率不变的情况下，小额信贷体现积极减贫效应的门槛值为总体工资收入占比超过 2/3②，但由于单位工时回报率与本地经济机会正相关，因此小额信贷体现积极减贫效应所需的总体工资性收入占比会显著低于 2/3。细分样本来看，小额信贷对工资性收入占比较低、生产经营性收入占比较高家庭的减贫效果相对更为显著。该结论与现实观察相符，小额信贷主要支持从事生产经营性活动，工资性收入占比更高的家庭获取信贷之后更容易导致"户贷他用"问题，从而抑制小额信贷的减贫绩效。

表 6 – 9　　　　　　　　　小额信贷对凉山州隐性贫困的影响

变量	（1）	（2）	（3）
小额信贷	0.922 *** （5.49）	0.644 *** （3.08）	0.345 （0.57）
小额信贷与工资收入占比交互项	– 1.374 *** （– 3.59）	– 2.304 * （– 1.71）	0.164 （0.18）
受教育程度	0.0944 * （1.91）	0.225 *** （2.97）	0.0182 （0.21）
抚养比	0.826 *** （3.21）	0.831 ** （2.30）	0.902 ** （2.19）
老年人数量	0.423 *** （3.49）	0.293 * （1.73）	0.646 *** （3.46）
儿童数量	0.329 *** （4.85）	0.417 *** （4.78）	0.149 （1.21）

---

① 所有样本工资性收入占比均值为 39.8%，小额信贷的参数估计值净值为：0.922 – 1.374 × 0.398 = 0.375。

② 门槛值计算公式为小额信贷估计值/交互项估计值，具体含义为：当工资性收入占比超过 2/3 时，小额信贷的参数估计值净值小于零。

续表

变量	(1)	(2)	(3)
慢性病人	0.0695 (0.26)	-0.170 (-0.47)	0.519 (1.23)
重疾病人	0.192 (0.59)	0.357 (0.88)	-0.0943 (-0.15)
常数项	-3.032*** (-8.91)	-3.436*** (-6.92)	-2.848*** (-4.87)
样本量	757	329	428

注：括号内为 t 值，***、**、* 分别表示在 1%、5%、10% 显著性水平上统计显著。

四、技能培训与普通话培训对隐性贫困的影响

技能培训和普通话培训对隐性贫困的影响分别见表 6-10 和表 6-11，其中模型（1）、模型（2）、模型（3）分别为对总体样本、工资性收入占比均值以上和均值以下样本的回归结果。技能培训及其交互项的参数估计值分别为 0.710 和 -1.385，普通话培训及其交互项的参数估计值分别为 0.626 和 -1.532，均能在 1% 的显著性水平上统计显著，这表明技能培训和普通话培训的减贫绩效均依赖于家庭工资性收入占比。细分样本来看，技能培训和普通话培训对工资性收入占比更高的家庭帮助更大，当期技能培训应尤为关注已有工作群体的针对性培训，通过在岗培训改善单位工时回报。其中，普通话培训对工资性收入占比更高家庭的减贫绩效尤为突出，普通话培训的参数估计值净值为负①，普通话培训在短期已经体现出显著的减贫效果。因此，虽然有学者指出部分贫困户的技能培训成效不足，存在培训后不就业的情况（刘智勇等，2020），② 政策层面依然需要客观看待人力资本积累的短期和长期减贫效果差异。只要培训内容设置科学，应该继续加大对技能培训，尤其是对普通话培训的支持力度，短期

---

① 工资性收入占比较高家庭的工资性收入占比均值为 64.9%，普通话的参数估计值净值为：0.626 - 1.532 × 0.649 = -0.368。

② 刘智勇、吉佐阿牛、吴件：《民族地区扶贫的"兴业难"与政府扶贫模式研究——基于凉山彝族自治州 M 村的实地调查》，载《西南民族大学学报：人文社科版》2020 年第 1 期。

的减贫绩效不足并非是培训的问题，而是脱贫地区在发展过程中面临的问题，随着脱贫地区经济机会的不断改善，人力资本积累的减贫效果能够体现出规模报酬递增。

表 6 – 10 技能培训对凉山州隐性贫困的影响

变量	(1)	(2)	(3)
技能培训	0.710 *** (2.96)	0.330 (1.07)	0.950 * (1.76)
技能培训与工资 收入占比交互项	− 1.385 *** (− 5.31)	0.837 (0.53)	− 0.939 * (− 1.90)
受教育程度	0.111 ** (2.20)	0.243 *** (2.94)	0.0431 (0.57)
抚养比	0.752 *** (2.89)	0.652 * (1.78)	0.986 ** (2.37)
老年人数量	0.409 *** (3.35)	0.345 * (1.90)	0.491 *** (2.93)
儿童数量	0.324 *** (4.76)	0.388 *** (4.15)	0.189 * (1.70)
慢性病人	− 0.0705 (− 0.26)	− 0.321 (− 0.88)	0.353 (0.86)
重疾病人	0.253 (0.81)	0.515 (1.31)	− 0.240 (− 0.40)
常数项	− 3.057 *** (− 7.46)	− 3.433 *** (− 5.59)	− 3.128 *** (− 4.46)
样本量	757	269	488

注：括号内为 t 值，***、**、* 分别表示在 1%、5%、10% 显著性水平上统计显著。

表 6 – 11 推广普通话对凉山州隐性贫困的影响

变量	(1)	(2)	(3)
普通话	0.626 *** (3.81)	0.267 (1.34)	1.070 * (1.89)
普通话与工资 收入占比交互项	− 1.532 *** (− 4.44)	− 0.228 (− 0.19)	− 1.541 * (− 1.78)

续表

变量	(1)	(2)	(3)
受教育程度	0.103 ** (2.09)	0.232 *** (3.08)	0.0225 (0.25)
抚养比	0.713 *** (2.79)	0.714 ** (2.01)	1.094 ** (2.46)
老年人数量	0.404 *** (3.34)	0.292 * (1.74)	0.579 *** (3.13)
儿童数量	0.342 *** (5.11)	0.411 *** (4.76)	0.113 (0.90)
慢性病人	− 0.0472 (− 0.18)	− 0.271 (− 0.78)	0.496 (1.17)
重疾病人	0.360 (1.16)	0.471 (1.24)	− 0.324 (− 0.47)
常数项	− 2.875 *** (− 8.49)	− 3.295 *** (− 6.64)	− 2.764 *** (− 4.65)
样本量	757	329	428

注：括号内为 t 值，***、**、* 分别表示在 1% 、5% 、10% 显著性水平上统计显著。

第四节

本 章 小 结

受限于人均耕地面积、耕地质量和地理条件，凉山州农户从事生产经营性收入的单位工时回报率较低，本地非农业部门提供的就业机会也相对有限，有酬工作单位工时回报率低成为凉山州隐性贫困的重要成因之一。本章细分生产经营性收入和工资性收入对改善有酬工作回报率的机制进行了理论分析，影响有酬工作回报率的因素包括人均物质资本、人力资本、技术水平和产出价格。在精准扶贫阶段，凉山州从产业发展、金融扶持、技能培训等方面改善了就业机会和单位工时回报，但也面临着市场原因和内生动力导致的绩效漏损。为了进一步激发农户内生动力，并缓解规模排斥导致的悬崖效应，本章还对既往减贫政策对凉山州隐性贫困的影响进行

脱贫地区隐性贫困测度与后扶贫阶段帮扶政策研究

了实证研究，精准扶贫政策对不同主体的减贫绩效存在异质影响，在乡村振兴政策接续中需要进一步精准分类施策。本部分的主要结论和政策启示包括以下几点。

第一，凉山州对改善有酬工作回报率进行了大规模投入，以隐性贫困来评估其减贫绩效比使用短期收入来评估更为科学。以盯住建档立卡贫困户的种植业和养殖业产业扶持政策为例，凉山州喜德县在"十三五"期间直接投资规模为93421万元，受益农户60789户，户均1.54万元。[①] 如果考虑到政府扶持资金要求的家庭配套和政府在其他领域的扶贫投入，户均投入的减贫资金将远超1.54万元。如果仅考虑这些帮扶政策对短期收入的影响，盯住产业发展的扶贫政策并不比直接转移支付更有效，这也是精准扶贫"成本论"产生的根源。但本章的研究认为，即便不考虑精准扶贫的社会溢出效应，仅考虑其经济成效，凉山州的精准扶贫政策也显著改善了农户的单位工时回报，尤其是非贫困户的工作机会和单位工时回报，有力促进了隐性贫困缓解。因此，看待精准扶贫政策绩效，不能简单从短期收入或者截面贫困发生率的角度衡量，更应该考虑精准扶贫对所有农户工作机会和工时回报率的直接和间接影响，隐性贫困视角能够为更全面地分析精准扶贫绩效提供评价指标。

第二，合作社主要通过提高工时回报率改善隐性贫困，合作社与农户的利益联结机制在于产业本身而非增加就业。从公司、合作社、大户带动农户发展的情况来看，合作社带动更有助于改进生产经营性收入占比更高农户的有酬工作回报率，合作社的带动作用主要体现在产业本身而非务工方面，靠合作社和大户带动本地就业增加并不明显。适度规模化发展的重要结果是节约劳动力，让更多农村劳动力转向其他非农行业部门，增加留在农业部门劳动力的单位工时回报率。因此，乡村振兴政策在鼓励生产经营主体通过家庭农场和合作社两类主体实现适度规模经营的基础上，依然需要城镇集聚区的非农就业吸纳能力作为支撑。

第三，小额信贷对生产经营性主体的带动作用更为显著，并且小额信贷的减贫绩效取决于本地非农就业机会，即小额信贷的减贫绩效取决于两个条件：一是小额信贷要用于生产经营性活动，而非户贷他用；二是本地

---

① 数据来源于《凉山彝族自治州喜德县"十三五"脱贫攻坚总体规划》。

脱贫地区隐性贫困测度与后扶贫阶段帮扶政策研究

了实证研究，精准扶贫政策对不同主体的减贫绩效存在异质影响，在乡村振兴政策接续中需要进一步精准分类施策。本部分的主要结论和政策启示包括以下几点。

第一，凉山州对改善有酬工作回报率进行了大规模投入，以隐性贫困来评估其减贫绩效比使用短期收入来评估更为科学。以盯住建档立卡贫困户的种植业和养殖业产业扶持政策为例，凉山州喜德县在"十三五"期间直接投资规模为93421万元，受益农户60789户，户均1.54万元。[①] 如果考虑到政府扶持资金要求的家庭配套和政府在其他领域的扶贫投入，户均投入的减贫资金将远超1.54万元。如果仅考虑这些帮扶政策对短期收入的影响，盯住产业发展的扶贫政策并不比直接转移支付更有效，这也是精准扶贫"成本论"产生的根源。但本章的研究认为，即便不考虑精准扶贫的社会溢出效应，仅考虑其经济成效，凉山州的精准扶贫政策也显著改善了农户的单位工时回报，尤其是非贫困户的工作机会和单位工时回报，有力促进了隐性贫困缓解。因此，看待精准扶贫政策绩效，不能简单从短期收入或者截面贫困发生率的角度衡量，更应该考虑精准扶贫对所有农户工作机会和工时回报率的直接和间接影响，隐性贫困视角能够为更全面地分析精准扶贫绩效提供评价指标。

第二，合作社主要通过提高工时回报率改善隐性贫困，合作社与农户的利益联结机制在于产业本身而非增加就业。从公司、合作社、大户带动农户发展的情况来看，合作社带动更有助于改进生产经营性收入占比更高农户的有酬工作回报率，合作社的带动作用主要体现在产业本身而非务工方面，靠合作社和大户带动本地就业增加并不明显。适度规模化发展的重要结果是节约劳动力，让更多农村劳动力转向其他非农行业部门，增加留在农业部门劳动力的单位工时回报率。因此，乡村振兴政策在鼓励生产经营主体通过家庭农场和合作社两类主体实现适度规模经营的基础上，依然需要城镇集聚区的非农就业吸纳能力作为支撑。

第三，小额信贷对生产经营性主体的带动作用更为显著，并且小额信贷的减贫绩效取决于本地非农就业机会，即小额信贷的减贫绩效取决于两个条件：一是小额信贷要用于生产经营性活动，而非户贷他用；二是本地

---

① 数据来源于《凉山彝族自治州喜德县"十三五"脱贫攻坚总体规划》。

144

非农部门发展水平较高。本地非农部门的发展为从事种植养殖业提供了稳定的市场预期，从而能够对激发信贷需求提供正向激励。因此，乡村振兴需要在总体层面鼓励三次产业融合发展，并在普惠金融发展上要统筹看待农户和本地小微企业，两者的信贷可得性对改善信贷绩效能够起到互为促进的作用。

第四，推广普及国家通用语言文字不仅是铸牢中华民族共同体意识的要求，也是脱贫地区实现长期稳健发展的重要底层保障。普通话培训对非农就业收入水平的提升具有显著积极影响，做好凉山州学前儿童和新增就业人口的普通话学习工作对于凉山州发展具有重要意义。从技能培训的减贫绩效来看，技能培训的减贫影响主要体现为增加了已就业人员的工资水平，但对生产经营性收入和增加就业机会的作用不显著。财政资金主导的技能培训需要更为强调盯住已就业人员，脱贫地区非农就业的行业集中度较高，对这些行业的针对性培训有助于提高技能培训对农户工资性收入的积极影响。针对种植养殖业的技能培训并不适宜所有家庭的轮训，农业技能提升盯住的应该是家庭农场主等特定群体。乡村振兴阶段，农村并不需要所有人都擅长种田，农业社会化服务和新型职业农民才是提升农业生产技能的关键。

第七章

基于减少家庭必要无酬工作时间 和替代成本的隐性贫困减贫策略

如果扣除时间赤字的市场替代成本之后，家庭收入低于贫困线，那么该家庭为隐性贫困家庭。根据隐性贫困的测度原理，实现隐性贫困缓解有三个路径：一是通过改善有酬工作回报率提高家庭总收入水平；二是通过减少家庭必要无酬工作时间以降低时间赤字；三是通过降低必要无酬工作的替代成本减少时间赤字的货币价值。第六章已经从提升生产经营性收入和工资性收入工时回报率的角度分析了凉山州隐性贫困的减贫策略，本章将主要盯住降低时间赤字和价值，从减少家庭必要无酬劳动时间和降低时间赤字替代成本两个方面分析凉山州隐性贫困减贫政策的选择。

第一节
减少家庭必要无酬工作时间和替代成本的理论分析

一、减少家庭必要无酬工作时间的主要矛盾

根据《2018 年全国时间利用调查公报》的界定，家庭无酬劳动包括家务劳动、陪伴照料孩子生活、护送辅导孩子学习、陪伴照料成年家人、购买商品或服务、看病就医、公益活动，2018 年中国家庭无酬劳动时间利用情况见表 7 – 1。

表7-1　　　　　　　　　　家庭无酬劳动时间利用情况

项目	总体平均时间	实际参与者平均时间	特殊群体参与时间
家务劳动	1 小时 26 分钟		65～74 岁居民 2 小时 10 分钟
陪伴照料孩子生活、护送辅导孩子学习	45 分钟	3 小时 15 分钟	25～34 岁居民 1 小时 25 分钟
陪伴照料成年家人	8 分钟	2 小时 43 分钟	
购买商品或服务	17 分钟		
看病就医	4 分钟	2 小时 38 分钟	85 岁以上居民 3 小时 11 分钟
公益活动	3 分钟	62 分钟	

资料来源:《2018 年全国时间利用调查公报》，时间数据为每天参与的情况。

无酬时间的使用项目对时间赤字的影响可以分为三类:一是无根本影响的时间利用项目，公益活动属于需求层次更高的个人主动选择，如果因参与公益活动导致时间赤字甚至隐性贫困，个体会主动减少该部分时间开支。二是能影响时间赤字但不影响货币价值的时间利用项目，家务劳动和购买商品或服务属于该种情况，该种时间利用项目可以通过降低质量的方式压缩时间，并非一定要从市场购买替代品，因而虽影响时间赤字但难以对时间赤字价值产生实质性影响。三是既影响时间赤字又影响货币价值的时间利用项目，主要包括陪伴照料孩子生活、护送辅导孩子学习、陪伴照料成年家人和看病就医。这些时间既无法主动减少，也无法通过降低供给质量减少市场替代。从各项目的时间利用情况来看，这三项实际参与者的平均时间也更长，陪伴照料孩子生活、护送辅导孩子学习实际参与者每天需要花费 3 小时 15 分钟，并且参与率最高的群体是 25～34 岁的主要劳动力，这对其从事有酬工作的时间形成了有力挤出。陪伴照料成年家人和看病就医实际参与者的平均时间分别为 2 小时 43 分钟和 2 小时 38 分钟，家中有老年人和重病患者也是时间赤字的重要来源。因此，减少家庭必要无酬工作时间，降低时间赤字的主要矛盾是儿童、老年人和重疾患者的家庭照料。通过社会提供相应照料服务并维持相对较低的照料服务价格，是实现隐性贫困减缓的重要路径。这里涉及两个理论问题：一是社会提供照料服务供给数量的影响因素；二是社会照料服务的定价机制，这两个理论问题关乎相应的政策选择。

二、家庭照料服务选择的理论分析

照料服务既体现为对未成年人口的陪伴照料和教育，也体现为对家庭成年失能人口的照顾看护。主要有三个供给主体，分别是家庭成员自行提供照料服务；政府通过提供养老机构等公共照料设施；家庭医生服务、学生托管服务等制度化照料服务，匹配家庭对于未成年子女和成年失能人口的照料需求（刘二鹏等，2019）。[1] 照料服务的市场均衡取决于照料服务需求决策和供给行为的匹配，从需求决策来看，照料服务需求的数量和质量是家庭各成员效用最大化决策的结果。如果仅依靠家庭进行照料供给，家庭效用函数可以表述为：

$$U = U_1\big[(T-t)w\big] + U_2(tX) \qquad (7-1)$$

其中，U 表示家庭总效用，来源于家庭收入带来的效用 U_1 和家庭成员得到照料所获得的效用 U_2；家庭收入带来的效用取决于有酬工作时间和工资率 w，有酬工作时间为总时间 T 与家庭照料时间 t 之差；家庭成员从照料服务得到的效用取决于家庭照料时间和所需照料程度 X。该种情况下，家庭通过选择家庭照料时间的最优解，实现家庭总效用最大化。此时，家庭照料需求取决于两个因素：一是有酬工作工资率水平越高，家庭照料时间越少；二是家庭成员获取家庭照料的必须程度越高，家庭照料时间越多。现实中，家庭还可以从市场获取家庭照料的替代服务，引入市场替代供给后的家庭效用函数可以表述为：

$$U = U_1\big[(T-t)w\big] + U_2(Xtw/p) \qquad (7-2)$$

此时，家庭照料需求还将受工资率水平和市场替代价格 p 的影响，如果市场替代价格越低，则家庭付出的照料时间越少。当然，家庭照料需求还取决于市场服务对家庭照料服务的可替代程度。综上所述，降低

---

[1] 刘二鹏、张奇林、韩天阔：《照料经济学研究进展》，载《经济学动态》2019 年第 8 期。

家庭实际付出必要无酬工作时间，减少时间赤字水平的理论机制可以概括为以下三点。

第一，降低家庭照料的必要程度。以老年人家庭照料为例，如果老年人健康水平相对较好，家庭对提供照料服务的需求敏感程度相对较低，从而减少家庭照料需求。宗庆庆等（2020）研究发现老年人健康水平的改善极大降低了社会照料需求，对老年人进行事前的健康防御性干预，能够有效减少家庭照料时间和支出成本。[①]

第二，将家庭照料服务价格维持在低于家庭有酬工作回报率的水平。从市场获取家庭照料替代品的价格越高，家庭将更倾向于由家庭内部成员提供照料服务。但在劳动力自由流动的场景下，两者的价格差异不可能过大也不可能长期存在。因此，该思路的主要困难在于社会照料服务的定价机制问题。照料服务具有显著的公共物品特征，对社会总体具有正外部性，照料服务个体进行供给的边际收益低于全社会总体的边际收益，因此社会服务的供给数量将低于社会最优水平。博克等（Borck et al.，2011）强调了儿童照料的公共物品属性，基于儿童的高质量照料不仅能够改善家庭福利水平，全社会也将因为家庭的私人投资而长期受益。针对照料服务外部性导致的市场失灵，需要政府介入供给，并通过财政补贴影响产品供给价格。

第三，提高家庭照料服务的市场可替代水平。照料服务存在数量和质量的区别，家庭成员和家庭外部主体提供相同照料时间所带来的效用水平存在差异，集中体现为被照料者的主观感受不同。如果社会照料质量低于家庭照料，家庭依然需要付出较多时间自行提供照料服务，从而改善家庭总体福利水平。因此，照料市场需要有效的监管，形成质量标准和入门培训体系，切实改善社会照料服务质量。李勇辉等（2020）的研究表明，对儿童照料的妥善解决才能有效改善女性流动人口的就业参与率。[②]

---

① 宗庆庆、张熠、陈玉宇：《老年健康与照料需求：理论和来自随机实验的证据》，载《经济研究》2020 年第 2 期。
② 李勇辉、沈波澜、李小琴：《儿童照料方式对已婚流动女性就业的影响》，载《人口与经济》2020 年第 5 期。

第二节

减少家庭必要无酬工作时间和替代成本的政策实践

针对儿童和老年人的照料服务是降低因时间赤字致贫的关键环节，凉山州从增加社会照料服务供给、降低社会照料成本、提高社会照料可得性等方面进行了政策供给，主要体现在教育、养老和医疗三个方面。①

一、针对未成年子女的照料服务

以凉山州喜德县为例，"十三五"初始阶段，喜德县全县 136 个贫困村所在乡镇均有中心小学校，但大多数贫困村地处偏僻，离学校较远，部分学生上学路途遥远；部分贫困村无幼教点，乡镇幼儿园又距离太远，很多贫困儿童无法享受学前教育免费政策；贫困地区教师生活条件艰苦，工资待遇低，学校教学设施落后，教学仪器缺乏。家庭需要在陪伴照料孩子生活、护送辅导孩子学习等方面付出大量时间，降低了劳动参与率。当然也有家庭选择让孩子留守，现有研究已经表明这可能对家庭长期总体福利产生不利影响（陈世海和詹海玉，2012）。② 针对儿童教育问题，凉山州喜德县采取的主要措施包括以下几点。

（一）实施学前教育资助政策

逐步建立以中央、省、州、县多级分担投入、重点面向农村贫困家庭儿童的学前教育资助政策。一是对喜德县所有就读幼儿园的儿童按凉山州实施"15 年免费教育"的政策免除保教费；二是依托国家、省、州政策尽力解决贫困村幼教点在园儿童的营养午餐问题。凉山州喜德县执行的"一村一幼"计划很好应对了学前儿童的社会照料服务供给问题，显著提升了学前适龄儿童毛入园率，喜德县已经完成到 2020 年末学龄前儿童毛入园率超过 90%，基本普及学前三年教育的目标。

---

① 本部分的政策实践资料和统计数据来源于喜德县脱贫攻坚领导小组办公室。
② 陈世海、詹海玉：《凉山彝族留守儿童家庭教育研究》，载《教育评论》2012 年第 2 期。

（二）巩固提升普及义务教育成果

全面落实义务教育"三免一补"政策和农村义务教育学生营养改善计划。对于就读本地义务教育阶段学校的贫困户家庭子女全部实行"三免一补"政策，即免学杂费、免教科书费、免作业本费，对贫困户家庭子女寄宿生给予生活补助。同时，着力改善贫困地区乡（镇）中心校落后的基础设施现状，改善学生的生活学习条件，增强课程适应性和教学吸引力，深化义务教育课程教学改革，提高教学质量。2018 年末，喜德县小学和初中学龄人口入学率达 100%。

（三）加快推进贫困地区远程教育

结合"全面改薄"、"宽带中国"战略、"光网四川工程"和民族地区教育发展十五年行动计划等重大项目推进远程教育，全力推进喜德县宽带网络校校通建设，不断扩大优质教育资源共享范围，加快推进教育信息化建设。到 2018 年，喜德县中小学校多媒体教室比例达到 80% 以上，中小学校师生在省级教育资源公共服务平台上普遍拥有实名制网络学习空间；所有中小学校都能开展远程教育。目前，喜德县已经全面完成中小学校网络教学环境建设。

二、针对老年人的照料服务

（一）通过养老服务设施建设，增强特困人员供养能力

加快养老设施建设，在特困供养对象自愿的前提下，对无劳动能力、无生活来源、无赡养抚养人的农村特困人员实行集中供养。针对其他供养人员，落实特困人员供养金自然增长机制，进一步完善农村特困人员供养政策。

（二）落实城乡居民养老保险，提升老年人获取照料服务的能力

深入持久地搞好城乡居民养老保险政策宣传，引导群众积极参保缴费。深挖参保潜力，切实提高参保率，确保贫困群众购买城乡居民养老保

险。根据上级政策及时完善多缴多得、长缴多得激励机制，积极探索建立基础养老金正常调整机制，巩固提高待遇保障水平，不断增加城乡居民基本养老保险制度的吸引力。

（三）通过救助站等的建设，缓解特殊成年群体的照料服务压力

加快救助站和残疾人服务中心建设，解决贫困孤寡老人和残疾人的生活救助。凉山州喜德县 2018 年为 1417 名困难残疾人发放困难生活补贴 136.032 万元，发放重度护理补贴资金 205.564 万元。向年收入低于贫困线但没有享受低保且持有二代《残疾人证》的 513 名建档立卡对象发放特殊生活补贴，2018 年共计发放 102.42 万元。

三、针对医疗病患的照料服务

（一）推进"医联体"全覆盖建设，提高贫困人群优质医疗服务可及性

结合地域、人口、医疗资源分布等因素，构建州、县、基层三级纵向医疗联合体，促进技术、人员、管理、信息化向基层延伸，提高贫困人群优质医疗服务可及性。2018 年末，喜德县县级以上医疗机构、乡镇卫生院（社区卫生服务中心）参与医疗联合体均达到 100%。在乡镇卫生院（社区卫生服务中心）设置延伸门诊或病房达到 60% 以上。实现远程心电会诊系统以县区为单位的全覆盖。

（二）促进分级诊疗，切实保障贫困人群就近、便捷就医

建立完善基层首诊、双向转诊、急慢分治、上下联动的分级诊疗制度。基层医疗机构负责贫困人口的基层首诊，解决常见病、多发病问题，县级医疗机构负责急危重症医疗救治，州级医疗机构提供技术支撑，确保贫困人口县域内就诊率达到 95% 以上，让贫困人群"常见病""多发病"能够就近有效解决。各级医疗机构严格按照新农合报销目录使用药品、耗材，开具检查检验单。

（三）建立义诊、巡诊长效机制

建立健全二级以上医院定期到基层，特别是边远贫困地区义诊、巡诊制度，开展"免费贫困白内障手术复明""免费贫困儿童先天性心脏病筛查"等多种专项免费医疗服务，提高贫困地区人群优质医疗服务可及性。

第三节
必要无酬工作时间减少与隐性贫困减缓的实证研究

一、照料服务需求对农户收入和隐性贫困的影响

照料服务主要体现为儿童照料、老年人口照料和家庭病患照料三个方面，为了识别家庭照料对凉山州隐性贫困的影响，我们使用家庭儿童数量反映儿童照料需求，使用老年人口数量反映对应的照料需求，使用慢性病人和重疾患者反映病患照料需求。表 7 - 2 中的模型（1）~模型（5）分别检验了家庭照料服务对家庭总收入、生产经营性收入、工资性收入、转移支付收入和隐性贫困状况的影响。[①]

第一，从照料需求对凉山州农户家庭收入的影响来看，以抚养比反映的家庭总体照料需求显著降低了家庭收入水平。对工资性收入的影响最为显著，参数估计值为 - 4.007，且在 1% 的显著性水平上统计显著，这表明家庭总体照料需求越高，劳动力外出务工从事全职工作的概率越低。该结论与陈璐和范红丽（2016）的研究一致，女性从事家庭老年照料活动显著降低了女性劳动参与率。[②] 细分家庭照料需求来看，慢性病人对家庭总收入的负面影响最为显著，慢性病患者长期服药，单次金额少，得到转移支付概率低，但积少成多导致对总体收入水平的负面影响。儿童数量和老年人口数量对家庭总收入的影响为正值，主要原因在于两者增加了家庭的转移支付收入。值得注意的是，儿童数量增加了家庭工资性收入水平，参数

[①]　实证分析数据为 2018 年凉山州脱贫攻坚调研数据。
[②]　陈璐、范红丽：《家庭老年照料会降低女性劳动参与率吗？——基于两阶段残差介入法的实证分析》，载《人口研究》2016 年第 3 期。

估计值为 0.829，且在 1% 的显著性水平上统计显著。该结论与孩子多了难以外出务工的直观理解不一致，可能的解释为：孩子数量越多的家庭，家庭面临的增收压力越大，外出务工成为其不得已的选择，这也增加了孩子留守的概率。因此，这些家庭更有可能通过减少儿童照料数量和质量，换取务工时间的增加。

第二，从照料需求对凉山州农户隐性贫困状况的影响来看，反映总体照料需求的抚养比显著增加了家庭隐性贫困，参数估计值为 0.716，且在 1% 的显著性水平上统计显著，照料需求增加了家庭无酬工作时间和时间赤字水平，从而增加了隐性贫困概率。细分照料需求类型来看，慢性病人和重疾患者没有体现出对隐性贫困的显著影响，两者分别可以自我照料和通过医院获取照料。儿童照料和老年人口照料影响隐性贫困的参数估计值分别为 0.321 和 0.433，且均能在 1% 的显著性水平上统计显著。这佐证了通过社会提供照料服务对于缓解凉山州福利水平的必要性。

表 7-2　照料服务需求影响凉山州农户收入和隐性贫困的回归结果

变量	(1) 总收入	(2) 生产经营性收入	(3) 工资性收入	(4) 转移支付收入	(5) 隐性贫困
教育程度	0.0153 (1.08)	-0.0267 (-0.34)	0.108 (0.92)	-0.0369 (-0.52)	0.0812* (1.72)
抚养比	-0.958*** (-11.01)	-2.264*** (-4.70)	-4.007*** (-5.57)	-0.815* (-1.85)	0.716*** (2.89)
老年人口	0.175*** (4.29)	0.817*** (3.62)	-0.256 (-0.76)	1.016*** (4.94)	0.433*** (3.65)
儿童数量	0.240*** (11.33)	0.552*** (4.70)	0.829*** (4.73)	0.237** (2.21)	0.321*** (4.91)
慢性病人	-0.116* (-1.75)	-0.456 (-1.24)	-0.300 (-0.55)	-0.0759 (-0.23)	0.0113 (0.04)
重疾患者	0.0879 (1.01)	0.885* (1.84)	-1.107 (-1.54)	0.125 (0.28)	0.299 (0.98)

续表

变量	（1） 总收入	（2） 生产经营性收入	（3） 工资性收入	（4） 转移支付收入	（5） 隐性贫困
常数项	10.26 *** （124.13）	8.482 *** （18.53）	7.090 *** （10.38）	7.134 *** （17.10）	-2.645 *** （-8.51）
样本量	757	757	757	757	757

注：括号内为 t 值，***、**、* 分别表示在 1%、5%、10% 显著性水平上统计显著。

二、儿童照料服务供给对农户收入和隐性贫困的影响

表7-3给出了社会提供儿童照料服务对凉山州家庭收入和隐性贫困水平的影响，在实证分析中，我们使用本地区教育设施的改善程度作为社会提供儿童照料服务的代理变量。表7-3模型（1）~模型（5）分别显示了儿童照料服务供给对凉山州家庭总收入、生产经营性收入、工资性收入、转移支付收入和隐性贫困水平的影响。此外，由于照料服务有数量和质量之分，为了体现儿童照料供给质量对隐性贫困的影响，使用家庭对帮扶措施的满意度作为质量指标，并构建了儿童照料服务数量和质量的交互项，实证结果见表7-3模型（6）。

第一，从儿童照料服务供给对家庭收入的影响来看，儿童照料服务供给对工资性收入的影响为正值，参数估计值为0.423，对总收入和其他收入来源的影响均为负值但无法在常用显著性水平上统计显著。这意味着相对于其他收入来源，儿童照料服务供给更有可能对工资性收入有积极影响。但参数估计值不显著与理论分析不一致，需要细分儿童照料服务供给质量进行进一步分析。

第二，从儿童照料服务供给对家庭隐性贫困的影响来看，在不引入数量和质量交互项的情况下，儿童照料服务供给对隐性贫困的影响不显著。但引入服务质量指标后，儿童照料服务的社会供给能够有效降低凉山州隐性贫困水平，参数估计值为-0.507，且能在10%的显著性水平上统计显著。该结论与刘焱等（2015）的研究一致，贫困地区的教育发展要强调对教育质量的关注，为了缓解教育质量的区际差异，他们建议将学前一年教

育纳入义务教育序列。① 凉山州通过辅导教师培训制度改善"一村一幼"教育质量的政策也是通过关注教育质量阻断贫困代际传递的典型政策。

表 7 - 3   儿童照料服务供给影响凉山州农户
收入和隐性贫困的回归结果

变量	(1) 总收入	(2) 生产经营性收入	(3) 工资性收入	(4) 转移支付收入	(5) 隐性贫困	(6) 隐性贫困
儿童照料	- 0.00940 (- 0.25)	- 0.225 (- 1.08)	0.423 (1.36)	- 0.241 (- 1.27)	- 0.126 (- 0.84)	- 0.507 * (- 1.89)
儿童照料与帮扶满意度交互项						0.0833 * (1.75)
教育程度	0.0154 (1.09)	- 0.0225 (- 0.29)	0.0997 (0.85)	- 0.0324 (- 0.45)	0.0853 * (1.80)	0.0916 * (1.92)
抚养比	- 0.958 *** (- 10.99)	- 2.244 *** (- 4.65)	- 4.045 *** (- 5.62)	- 0.793 * (- 1.80)	0.730 *** (2.93)	0.754 *** (3.03)
老年人口	0.175 *** (4.29)	0.818 *** (3.62)	- 0.257 (- 0.76)	1.017 *** (4.95)	0.432 *** (3.64)	0.431 *** (3.62)
儿童数量	0.240 *** (11.30)	0.547 *** (4.66)	0.838 *** (4.78)	0.232 ** (2.17)	0.319 *** (4.86)	0.321 *** (4.88)
慢性病人	- 0.116 * (- 1.74)	- 0.441 (- 1.20)	- 0.328 (- 0.60)	- 0.0600 (- 0.18)	0.0173 (0.07)	0.0357 (0.13)
重疾患者	0.0870 (1.00)	0.863 * (1.79)	- 1.066 (- 1.48)	0.102 (0.23)	0.296 (0.97)	0.282 (0.93)
常数项	10.27 *** (112.67)	8.710 *** (17.27)	6.660 *** (8.85)	7.379 *** (16.06)	- 2.530 *** (- 7.48)	- 2.577 *** (- 7.62)
样本量	757	757	757	757	757	757

注：括号内为 t 值，***、**、* 分别表示在 1%、5%、10% 显著性水平上统计显著。

① 刘焱、康建琴、涂玥：《学前一年教育纳入义务教育的条件保障研究》，载《教育研究》2015 年第 7 期。

三、成人照料服务供给对农户收入和隐性贫困的影响

表7-4给出了社会提供成人照料服务对凉山州家庭收入和隐性贫困水平的影响，在实证分析中，我们使用领取养老金的人数作为成人照料服务供给的代理变量，这样处理的原因在于贫困地区养老服务供给与人口结构正相关。从地区层面来看，养老设施随着养老金领取人数增加而增加；从贫困户层面来看，家庭得到的养老支持也与家庭老人数量密切相关。表7-4模型（1）～模型（5）分别显示了成人照料服务供给对凉山州家庭总收入、生产经营性收入、工资性收入、转移支付收入和隐性贫困水平的影响。

从成人照料服务供给对隐性贫困的影响来看，成人照料的参数估计值为-0.078，且能在5%的显著性水平上统计显著，提供社会成人照料服务显著降低了凉山州隐性贫困水平，该结果与理论分析一致。基于我们使用养老金领取情况作为成人照料代理变量，为了更好识别成人照料对农户隐性贫困的影响机制，我们需要判断养老金领取是反映了老年人自我支出购买社会照料服务能力的增强，还是社会照料服务的供给增加。家庭老年人口数量显著提高了家庭隐性贫困水平，参数估计值为0.460，且能够在1%的显著性水平上统计显著。鉴于农户老年人数量多的家庭理论上能得到帮扶人和驻村工作队的更多日常关照，也意味着嘘寒问暖等例行探视无法起到家庭照料替代品的实际作用。因此，养老金领取更有可能通过改善照料服务购买力影响隐性贫困。养老金增加了老年人照料服务的长期支出能力，从社会中获取照料服务进行自主照料的可能性更高，从而降低了家庭劳动力的家庭照料服务时间。彭荣（2017）认为进一步提升老年人社会保障强度，探索建立护理保险的长效制度，有助于改善老年人照料服务的可得性和服务质量。[1]值得注意的是，成人照料对凉山州农户的工资性收入显著为负，这体现出成人照料购买能力的增强依然未能体现为成人照料服务的真实需求，需要通过政府介入成人照料服务供给，提升成人照料服

---

① 彭荣：《医疗和养老保险与高龄失能老人长期照料支出——基于 CLHLS 数据的实证分析》，载《中国卫生政策研究》2017 年第 1 期。

务质量有助于减少家庭必要无酬工作时间，切实增加家庭劳动力的劳动参与程度。

表 7 – 4 　　　　　　　成人照料服务供给影响凉山州农户
收入和隐性贫困的回归结果

变量	(1)	(2)	(3)	(4)	(5)
	总收入	生产经营性收入	工资性收入	转移支付收入	隐性贫困
成人照料	− 0.00682 (− 0.76)	− 0.0200 (− 0.40)	− 0.243 *** (− 3.31)	0.547 *** (13.50)	− 0.0780 ** (− 2.26)
教育程度	0.0148 (1.04)	− 0.0282 (− 0.36)	0.0900 (0.77)	0.00290 (0.05)	0.0788 * (1.67)
抚养比	− 0.964 *** (− 11.04)	− 2.280 *** (− 4.71)	− 4.201 *** (− 5.86)	− 0.377 (− 0.95)	0.674 *** (2.70)
老年人口	0.177 *** (4.33)	0.824 *** (3.64)	− 0.173 (− 0.52)	0.830 *** (4.48)	0.460 *** (3.84)
儿童数量	0.243 *** (11.32)	0.559 *** (4.71)	0.913 *** (5.19)	0.0472 (0.49)	0.351 *** (5.21)
慢性病人	− 0.117 * (− 1.77)	− 0.459 (− 1.25)	− 0.339 (− 0.62)	0.0123 (0.04)	0.00622 (0.02)
重疾患者	0.0911 (1.04)	0.894 * (1.85)	− 0.994 (− 1.39)	− 0.129 (− 0.33)	0.340 (1.12)
常数项	10.27 *** (122.48)	8.513 *** (18.33)	7.470 *** (10.85)	6.277 *** (16.53)	− 2.572 *** (− 8.22)
样本量	757	757	757	757	757

注：括号内为 t 值，***、**、* 分别表示在 1%、5%、10% 显著性水平上统计显著。

第四节

本 章 小 结

　　减少时间赤字的货币价值是缓解隐性贫困的关键路径，本章从减少家庭必要无酬工作时间及其替代成本的角度分析了通过提供照料服务实现凉山州隐性贫困减缓的理论机制、政策实践和影响因素。本章的主要结论和政策启示包括以下几点。

第一，照料服务供给要关注照料服务可得性、可负担性和可替代性。无论是儿童照料还是针对老年和失能人口的成人照料都体现出显著的正外部性，家庭边际效用低于全社会边际效用。仅依靠家庭提供照料服务必然导致照料服务供给数量低于社会需要的最优水平。政府是供给照料服务的必要主体，要通过学前教育、义务教育均等化建设行动，体现儿童照料供给改善，通过养老服务设施和护理保险制度等硬件和体系建设，改善成人照料服务可得性。此外，照料服务的供给要考虑到供给数量和质量的差异。为了切实做到对家庭自我提供照料服务的可替代性，提升劳动力的就业参与程度，政府要设定相应的照料服务标准，在硬件设备、入门资格、服务标准化流程等方面进行制度建设，规范并提升照料服务质量。托幼、养老、家政、教育、医疗服务等方面都有巨大需求和发展空间，照料服务供给不仅是改善农户福利的关键要素保障，同时也能够为纾解国内需求断点，打通国内循环提供动力来源。

第二，"一村一幼"是凉山州实现农户隐性贫困减缓的重要平台，能够为凉山州长期繁荣稳定提供底层保障。在后扶贫时代，凉山州要进一步持续支持"一村一幼"辅导员培训、定向幼儿教师培训等重要工作，调适幼教点设置与行政区划调整的动态关系，在行政区划调整后，及时针对性调整幼教点布局，以幼教点等公共服务供给促进村居人口集聚，降低入园就学半径，多头并进统筹谋划行政区划调整的下半篇文章。通过改善儿童照料服务，切实减少因留守导致的家庭照料和外出务工"两头不稳"的情况，同时也为通过教育阻断贫困代际传递奠定坚实基础。

第三，构建多元主体参与的照料服务供给体系，是凉山州"十四五"期间改善民生福利的重点要求。为失能和半失能成人提供照料服务能够有效释放劳动力的禀赋潜力，是凉山州持续稳健脱贫的重要手段。照料服务在内容上涵盖生活照料、精神抚慰、医疗看护等服务；照料服务体系在硬件上涉及福利院、慈善机构和养老机构等；在供给主体上则涉及家庭、社会力量和政府三类主体；在供给方式上包括家庭照料、邻里互助、集中照料、社会化服务等多种形式。凉山州在政府层面需要进一步探索多元主体参与照料供给的体系建设，涉及三个部分主要内容：一是统筹各类主体的时间资源进行照料服务供给，统筹邻里、低龄老年人、特困人员供养机构、医疗机构等主体，根据照料需求梳理几种典型场景，实施分场景、分级，多方响应式参与的照料服务供给模式；二是在照料服务设施上，充分挖掘现有设施潜力，以对接典型场景的实际需求为目的适应性改造村居委会、便利店、卫生室、餐馆等，综合提升日间、夜间照料能力；三是通过技能培训、质量监管等方式，构建照料服务供给保障体系，针对性设置公益性岗位，并针对性提供照料服务技能培训，改善本地村居的基础照料护理能力。

第八章

基于改善财产性收入来源的
隐性贫困减贫策略

根据隐性贫困的形成机制,财产性收入提升是凉山州隐性贫困减缓的重要影响因素。财产性收入不同于转移性收入,财产性收入不会降低农户的务工偏好,反而能够有效激励资产积累行为。因此,帮扶政策不仅要关注脱贫户的增收问题,还要通过普惠金融手段的介入,实现收入增加向财富积累的转换,防范"增收但不减贫"问题。2018 年,凉山州隐性贫困群体的财产性收入占比均值为 0.36%,财产性收入均值为 282 元,依然有极大施策和改善空间。[1] 值得注意的是,改善财产性收入并非是凉山州的特性问题,既往贫困地区,尤其是民族地区普遍面临着普惠金融、数字鸿沟和资产配置方式导致的财产性收入不足问题(伍中信等,2020)[2]。因此,为了确保数据可得,本部分将研究样本从凉山州拓展为既往贫困地区,兼顾样本量和研究针对性。

从既往贫困地区减贫政策选择来看,现有研究强调社会保障托底和贫困户增收在脱贫攻坚中的作用,但对获得收入之后的收入增值和资产配置关注不够,难以实现贫困主体的稳健脱贫。随着社会保障网络覆盖广度和托底力度的不断提升,既往贫困地区已经探索出较为完备的精准识别、精

---

① 数据来源于 2018 年凉山州脱贫攻坚调查。
② 伍中信、彭屹松、陈放、魏佳佳:《少数民族地区农民家庭资产贫困的精准测度与脱贫对策》,载《经济地理》2020 年第 10 期。

准帮扶和精准退出策略，来应对因病、因残、因缺劳动力等发展能力缺失引致的贫困（刘小珉，2015①；王国洪，2016②）。现有研究也从区域经济发展（张丽君等，2015③；李秀芬等，2017④）、贫困家庭自我发展能力提升（陈立鹏等，2017⑤；董家丰，2014⑥）等方面，探索了初具自我发展能力的贫困主体减贫的经济基础。但分解当前的减贫思路会发现，无论是社会保障的托底覆盖，区域层面的经济机会改善，还是家庭层面的资本再造，都忽略了贫困主体收入获得之后的收入增值和资产配置行为，无法形成减贫政策的闭环，从而产生了巩固脱贫攻坚成果的"最后一公里"问题，导致稳健脱贫的隐忧：一方面，受限于既往贫困地区脆弱的自然环境、匮乏的经济机会和有限的知识技能，脱贫主体的收入依然面临着较大的不确定性和波动性；另一方面，部分地区还存在文化习俗伴生的不理性消费现象，如红白喜事的大操大办等不合理的消费观（唐海燕，2016⑦），导致储蓄不足、金融服务使用率低，从而出现收入提升之后出现"钱长脚走掉"的现象（卡尔兰和阿佩尔，2014⑧），这些问题的存在都使得脱贫地区巩固脱贫攻坚成果面临严峻挑战。因此，当前历史背景下，以提高家庭人均纯收入等经济指标为核心的评价标准，难以应对现实需求。如何通过合理的收入和资产配置提升脱贫人口的稳健脱贫能力，是脱贫地区巩固拓展脱贫攻坚成果的重要理论问题。

① 刘小珉：《民族地区农村最低生活保障制度的反贫困效应研究》，载《民族研究》2015年第2期。

② 王国洪：《民族地区社会保障水平对有效减缓贫困的实证研究》，载《民族研究》2016年第5期。

③ 张丽君、董益铭、韩石：《西部民族地区空间贫困陷阱分析》，载《民族研究》2015年第1期。

④ 李秀芬、姜安印：《亲贫式增长刍议：论少数民族地区的扶贫政策取向》，载《中国人口·资源与环境》2017年第1期。

⑤ 陈立鹏、马挺、羌洲：《我国民族地区教育扶贫的主要模式、存在问题与对策建议——以内蒙古、广西为例》，载《民族教育研究》2017年第6期。

⑥ 董家丰：《少数民族地区信贷精准扶贫研究》，载《贵州民族研究》2014年第7期。

⑦ 唐海燕：《民族地区经济发展的伦理原则》，载《广西民族研究》2016年第4期。

⑧ 迪恩·卡尔兰、雅各布·阿佩尔：《不流于美好愿望：新经济学如何帮助解决全球贫困问题》，傅瑞蓉译，商务印书馆2014年版。

第一节

财产性收入改善的理论分析

一、金融素养影响财产性收入的理论分析

改善财产性收入依赖于总收入和收入的资产配置方式，前文已经论述了生产经营性收入和工资性收入的改善问题，本部分强调资产配置方式优化对财产性收入的影响。现有研究已经表明金融知识能够对储蓄、养老规划、参与金融市场等收入和资产配置行为产生显著影响，是收入提升政策的有效补充（Lusardi et al.，2014）。尹志超等（2014）也验证了金融知识对中国家庭收入和资产配置的积极作用。[①] 为此，本部分引入金融知识来反映收入和资产配置对既往贫困地区稳健脱贫的影响，一个基本假设是：金融知识能够影响贫困家庭的收入和资产配置行为，从而在短期影响资产回报和贫困现状，并在长期影响资本积累和贫困脆弱性。目前还没有研究从金融知识的角度，关注既往贫困地区贫困人口收入获得之后的收入增值和资产配置行为，引入金融知识研究减贫问题是本部分在研究视角上的可能创新。从现实意义来看，本部分后续结论表明金融知识能够显著改善既往贫困地区的贫困发生率和贫困脆弱性，因此，通过实施金融教育项目改善既往贫困地区贫困人口金融知识，有助于贫困人口进行理性金融决策，引导长期投资策略，对既往贫困地区稳健脱贫具有重要意义。基于该背景，本部分的目的在于通过金融知识与既往贫困地区贫困减缓的实证检验，研判金融教育在脱贫地区巩固拓展脱贫攻坚成果中的必要性和可行性，从而为盯住收入提升的现有帮扶措施提供催化和加成，巩固脱贫攻坚成果。

从理论机制来看，金融知识主要通过影响贫困主体的金融行为，对减贫结果产生影响。但值得注意的是，既往贫困地区基于文化习俗和经济社

---

① 尹志超、宋全云、吴雨：《金融知识、投资经验与家庭资产选择》，载《经济研究》2014年第4期。

会行为形成的社会网络，能够对金融知识与既往贫困地区贫困减缓的关系产生潜在影响。一方面，既往贫困地区的个体交互更为依赖基于血缘关系、文化习俗和地理邻接形成的社会网络（赵雪雁等，2013），[①] 导致个体金融行为面临更多的同伴效应，从结果上表现为从众行为，从而导致既往贫困地区金融知识和贫困减缓的关系可能存在特殊表现；另一方面，社会资本还是既往贫困地区贫困减缓的重要非物质资本来源，亨等（Hong et al.，2017）[②] 的研究表明社会资本与既往贫困地区信贷可得性相关，对减贫有积极影响（刘林等，2016）[③]。为此，考虑到既往贫困地区在社会网络上的特殊表现，以及社会网络对金融知识减贫效应的可能扰动，本部分还在实证检验中引入家庭人情往来表征的社会网络，控制了该种特性对既往贫困地区金融知识减贫效应的扰动，从而对金融知识对既往贫困地区贫困减缓的方向和强度进行了相对更为准确的判断。

二、金融素养形成机制的理论分析

金融素养作为一种存量人力资本，是金融教育流量投资的结果，但该种人力资本并非通用知识技能，而是有其特殊的应用场景，仅在从事资产配置决策时发挥作用。在金融素养由金融教育投资内生决定的假定下，行为主体通过权衡金融教育成本和金融教育投资收益，做出最优金融教育投资选择，从而形成金融素养存量。接下来本部分将基于金融素养的内生性假定，设定金融素养的生产函数，并给出金融素养影响因素和性别差异的理论解释。

本部分使用两阶段生命周期，体现金融教育投资的跨期最优选择行为。行为主体仅在生命周期第一阶段获得收入 y，第二阶段无收入，仅依靠第一阶段的储蓄和投资回报维持整个生命周期的消费。行为主体第一阶段收入可以用于当期消费 c_0、储蓄 s，并可以进行金融教育投资，以获得

---

① 赵雪雁、赵海莉：《汉、藏、回族地区农户的社会资本比较——以甘肃省张掖市、甘南藏族自治州、临夏回族自治州为例》，载《中国人口资源与环境》2013 年第 3 期。

② Hong L, Tisdell C, Fei W. Social Capital, Poverty and Its Alleviation in a Chinese Border Region: A Case Study in the Kirghiz Prefecture, Xinjiang. Working Paper, 2017.

③ 刘林、李光浩、雷明：《连片特困区少数民族农户收入差距的微观基础——以 2011—2014 年新疆南疆三地州为例》，载《经济科学》2016 年第 3 期。

更高的储蓄本息回报率 r，为简单起见，假定储蓄本息回报率由金融教育 1:1 投资得到。假定行为主体初始素养为零，金融素养由金融教育投资内生形成，且每单位金融教育投资的成本为 π。因此，第一阶段消费 $c_0 = y - \pi r - s$，第二阶段消费 $c_1 = rs$，行为主体跨期消费最大化的行为方程为：

$$\max[u(c_0) + u(c_1)] = \max_{r,s}[u(y - \pi r - s) + \beta u(rs)] \quad (8-1)$$

其中，β 为贴现率。假定效用为对数效用函数，行为主体通过选择当期储蓄和当期金融教育投资，实现跨期效用最大化，并通过金融教育投资形成金融素养。

当期金融教育投资实现跨期效用最大化的一阶条件为：

$$(1+\beta)\pi r = \beta(y-s) \quad (8-2)$$

当期储蓄实现效用最大化的一阶条件为：

$$(1+\beta)s = \beta(y - \pi r) \quad (8-3)$$

联立上述一阶条件，可得实现跨期效用最大化的最优金融教育投资为：

$$r^* = \frac{\beta y}{\pi(1+2\beta)} \quad (8-4)$$

由于金融素养由金融教育投资内生形成，且初始金融素养为 0，因此，内生金融素养与收入 y 正相关，与金融投资成本 π 负相关，且与贴现率 β 正相关，从而对金融素养的影响因素提供了理论解释框架，金融素养的影响因素和影响机制详见图 8-1。

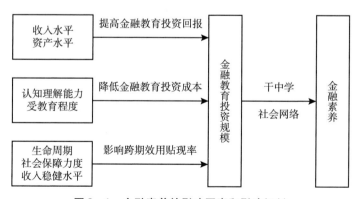

图 8-1 金融素养的影响因素和影响机制

资料来源：笔者根据理论模型绘制。

金融素养影响因素可以具体解释为以下几点。

第一，收入水平能够正向影响金融教育投资和金融素养存量。金融素养属于要素不可分的沉没成本，收入增加将更充分发挥金融素养对资产积累的积极影响，体现规模报酬递增特征，从而导致收入水平更高的行为主体具有更强的教育投资动机，并形成更高的金融素养存量。职业生涯较短，且工资水平相对较低的样本，容易形成收入水平较低且收入不确定性较大的适应性预期，导致金融教育投资动机和金融素养存量较低。

第二，金融教育投资成本能够负向影响金融教育投资和金融素养存量。同等收入水平下，金融教育投资成本越高，金融素养带来的资产增值越少，从而导致行为主体金融教育投资动机不足，并形成自我选择的低金融素养。影响金融教育投资成本的因素可以从需求和供给两个层面进行界定：从需求层面来看，行为主体先天的认知理解能力和后天的受教育程度都能够影响金融教育投资成本，认知理解能力越强，获得单位金融素养所需的投资成本越低，后天的受教育程度提升同样可以降低金融教育投资成本。从供给层面来看，更为复杂的金融产品设计将会显著增加金融教育投资成本，相对复杂的新金融产品带来的学习成本对金融教育投资动机形成了抑制，从而导致了潜在福利损失。此外，各地区金融服务可得性的差异，也导致了金融教育投资成本和金融素养的区际差异。

第三，跨期效用折现率对金融教育投资动机和金融素养存量具有正向影响。折现率越高意味着行为主体更为重视未来消费，从而使当期储蓄和金融教育投资动机更强。从跨期效用折现率的表现来看，生命周期是影响折现率的最重要因素，受收入支出所限，年轻群体更为强调当期消费，折现率相对较低，储蓄和金融教育投资动机不足，从而导致年轻群体的金融素养相对较低。此外，收入的稳健性也会导致行为主体形成不同的折现率，未来收入不确定程度较高的主体，跨期效用折现率相对较高，在社会保障力度较低的国家，行为主体退休后面临的收入不确定性更高，折现率更大，当期金融教育投资动机较高。

第四，在金融教育投资和金融素养的个体生产函数之外，行为主体还能够通过"干中学"获得金融素养。行为主体能够通过日常的金融市场参与积累金融知识，家庭分工、年龄、收入、风险态度等因素都能够通过"干中学"影响金融素养。此外，外部因素也能够通过"干中学"影响个体金融素养，相关影响因素包括社会网络和社区属性等。

金融知识和贫困指数测度与统计描述

既往贫困地区金融知识和贫困指数的测度指标选择既要服务于研究需要，又要有相应的数据支撑。从研究问题来看，本部分不仅要回答金融知识对既往贫困地区短期贫困状况的静态影响，而且要识别金融知识通过资产配置行为对既往贫困地区稳健脱贫的动态影响，为此本部分使用贫困发生率反映静态贫困状况，使用贫困脆弱性指数反映稳健脱贫状况。本部分盯住的政策启示是脱贫地区应该通过金融教育改善贫困主体的金融知识，引导其进行理性的收入和资产配置，实现基于内生动力的可持续减贫。基于精准施策的考量，本部分需要明确何种金融知识更有助于既往贫困地区贫困减缓，因此本部分分别构建了基本金融知识和高级金融知识，并对两者的减贫效应进行细分识别。在数据来源上，本部分使用北京大学"985"项目资助、北京大学中国社会科学调查中心执行的中国家庭追踪调查（CF-PS）2014 年度调查数据测度上述金融知识和贫困指数。经数据清理后，与既往贫困地区有关的样本量为 421 个。[①] 另外，该数据库还能够提供指标对社会网络的扰动进行控制，并应对金融知识潜在的变量内生性问题。

一、金融知识测度

经济合作与发展组织（OECD）将金融知识界定为，做出理性金融决策并最终达成个人金融福利过程中，必需的知识、技能、态度、意识和行为的集合。[②] 本部分基于该定义，并结合中国家庭追踪调查（CFPS）2014 年度调查数据的问卷内容，选择了 13 个问题来反映金融知识，各指标根据受访主体的回答赋值，回答正确赋值为 1，否则为 0。由于这些问题之间可

[①] 只选择了 CFPS 数据库中属于内蒙古、宁夏、新疆、广西、西藏、贵州、云南、青海八个省区的样本。

[②] Organisation for Economic Co-operation and Development（OECD），ECD/INFE High – Level Principles on National Strategies for Financial Education，OECD Publishing，2012.

能存在内在相关性，为此本部分借鉴了罗伊（Rooij）[①] 等的做法，使用因子分析法进行降维，拟合金融知识的多维信息，金融知识指标和旋转后的因子载荷矩阵见表 8 - 1。因子 1 在定期利率、存款到期金额、存款续存金额、货币购买力、时间价值和投资风险六个指标的因子载荷较大，这些指标都是日常金融交易的基本知识，本部分将因子 1 界定为简单金融知识。因子 2 在其余 7 个指标的因子载荷较大，这些指标与风险投资决策有关，本部分将其界定为高级金融知识。为了计算基本金融知识和高级金融知识得分，接下来分别使用因子分析法对两类指标进行降维，计算相应金融知识得分。

表 8 - 1　　　　金融知识指标体系旋转载荷矩阵及各指标正确率

指标	指标描述	因子 1	因子 2	正确率（%）
银行 1 年期定期利率	您估计现在银行 1 年期定期存款的利率是多少？	**0.6079**	0.1621	47.27
存款到期金额	假设您有 1 万元的 1 年期定期存款，年利率是 3%，如果您不提前支取，那么存款到期后，您会有多少钱？	**0.5651**	0.032	37.29
存款续存金额	1 年定期存款到期后再存 1 年定期，利率不变，1 年后账户中有多少钱？	**0.5352**	0.1423	45.61
货币购买力	如果您银行存款账户的存款年利率为 3%，通货膨胀率为每年 5%，那么 1 年后您用该账户的钱能买多少东西？	**0.6647**	0.1945	55.34
时间价值比较	假设张三今天继承了 10 万元，而李四将在 3 年后继承 10 万元。那么他们两个谁的继承价值更高？	**0.6502**	0.0997	66.75
投资风险	一般情况下，高收益的投资具有高风险	**0.5792**	0.0666	83.85
股票投资风险	一般情况下，投资单一股票比投资股票型基金的风险小	0.2545	**0.4993**	27.32
决策银行	哪个银行具有制定和执行货币政策的职能？	0.3892	**0.3106**	31.83
投资产品风险	一般来说，哪种资产的风险最高：银行存款、国债、股票、基金？	0.5094	**0.314**	62.00

① Van Rooij M, Lusardi A, Alessie R. Financial Literacy and Stock Market Participation. *Journal of Financial Economics*, Vol. 101, No. 2, 2011, pp. 449 - 472.

续表

指标	指标描述	因子1	因子2	正确率（%）
购买股票含义	如果您买了某公司股票，这意味着是把钱借给公司还是成为公司股东？	0.0662	**0.5946**	13.30
基金描述	以下对基金的描述正确的是：低价格基金未来业绩更好、基金可以投资多种资产、基金提供保本回报率	0.0241	**0.7248**	9.26
银行理财产品描述	以下对银行理财产品描述正确的是：有亏本可能、不会亏本、预期收益就是实际收益	0.3238	**0.5134**	21.14
股票市场功能描述	下列哪句话正确描述了股票市场的核心功能？股票市场有助于预测股票收益、提升了股票价格、撮合了买方和买房、以上都不对	0.2424	**0.5717**	23.28

资料来源：《中国家庭追踪调查（CFPS）2014 年度调查问卷》。

二、贫困测度

本部分使用 FGT 贫困指数测度既往贫困地区静态贫困状况，该指数能够在识别是否贫困的基础上，进一步计算贫困距和平方贫困距，从而体现贫困家庭之间的收入分布差异。[①] 同时，为了体现金融知识对既往贫困地区贫困减缓的动态影响，本部分还测度了既往贫困地区贫困脆弱性指数。

通常使用的 FGT 指数是对样本总体的刻画，基于微观计量的要求，本部分从家庭层面计算了贫困发生率、贫困距和平方贫困距。如果家庭人均纯收入高于贫困线则贫困发生率、贫困距和平方贫困距为 0，否则贫困发生率为 1，贫困距为贫困线和人均收入之差与贫困线的比值，平方贫困距则为贫困距的平方。本部分在计算 FGT 贫困指数时，借鉴世界银行的做法，使用每天 1.9 美元作为贫困线[②]，并使用当年汇率折算为人民币。

贫困脆弱性是未来陷入贫困的概率[③]，本部分借鉴坎德克（Khandker）

[①]　Foster J, Greer J, Thorbecke E. The Foster – Greer – Thorbecke (FGT) Poverty Measures: 25 Yearslater. *The Journal of Economic Inequality*, Vol. 8, No. 4, 2010, pp. 491 –524.

[②]　Kakwani N, Son H H. Global Poverty Estimates Based on 2011 Purchasing Power Parity: Where Should the New Poverty Line be Drawn? *The Journal of Economic Inequality*, Vol. 14, No. 2, 2016, pp. 173 –184.

[③]　蒋丽丽：《贫困脆弱性理论与政策研究新进展》，载《经济学动态》2017 年第 6 期。

和霍顿（Haughton）的做法，基于截面数据进行贫困脆弱性测度[①]，具体思路为：第一，将家庭人均纯收入作为被解释变量，将有助于估计人均支出的变量作为解释变量，进行普通最小二乘法回归；第二，根据回归结果，计算并保留人均支出自然对数的预测值和残差；第三，将残差平方作为被解释变量，使用第一步中的解释变量进行普通最小二乘法回归，计算并保留残差平方的预测值，如果残差平方的预测值有负值，将其替换为残差平方；第四，创建一个新变量，该变量可表达为（贫困线的自然对数值－人均支出预测自然对数值)/残差平方预测值的平方根；第五，根据该新变量的统计分布计算各家庭贫困概率，如果某家庭下一年至少有50%的概率为贫困，那么其贫困脆弱性指数为1，反之为0。

三、金融知识与贫困状况的统计描述

表8－1给出了各指标的正确率，既往贫困地区金融知识水平体现出两个特征：第一，既往贫困地区总体金融知识水平普遍较低，基本金融知识相关问题均与日常金融交易和金融决策密切相关，但即便是这些问题，既往贫困地区受访者的正确率也较低，50%以上的受访者不知道当前的定期利率水平，制约了储蓄这一最基本金融工具的使用。卡尔兰和阿佩尔的研究表明[②]，如果没有习惯性储蓄行为，贫困家庭更容易出现"钱长脚走掉"的情况，难以形成资本积累。另外，60%以上的受访者无法正确计算一年期定期存款的本息和，基本计算能力的缺失也对其收入和资产的理性决策行为产生了负面影响，不利于基于内生动力的可持续减贫。第二，高级金融知识相关问题的正确率显著低于基本金融知识，正确率最低的题目是基金描述和购买股票含义，分别仅有9.26%和13.3%的受访者回答正确，对基金、股票等金融产品知识的缺乏抑制了金融市场参与水平[③]，但考虑到既往贫困地区贫困家庭的收入水平和资产存量，以及中国当前金融

---

① Khandker S, Haughton J. *Handbook on Poverty and Inequality.* Washington：World Bank，2009.

② 迪恩·卡尔兰、雅各布·阿佩尔：《不流于美好愿望：新经济学如何帮助解决全球贫困问题》，傅瑞蓉译，商务印书馆2014年版。

③ Almenberg J, Dreber A. Gender, Stock Market Participation and Financial Literacy. *Economics Letters*，Vol. 137，2015，pp. 140－142.

市场的波动性，高级金融知识对贫困减缓的作用有待检验。

表 8－1 中仅表述了受访者总体的金融知识水平，表 8－2 则重点比较了贫困户和非贫困户金融知识的差异，为了比较两类主体的差异，本部分根据各家庭金融知识得分将其分为四个分位数区间，其中区间 1 表示金融知识水平处于 0%～25% 分位数区间，金融知识水平最低，区间 4 则表示金融知识水平最高的前 25% 分位数区间，并使用贫困发生率和贫困脆弱性两个指标对家庭贫困状况进行了区别。表 8－2 结果显示民族地区金融知识和贫困存在显著相关关系，以贫困发生率识别的贫困户中，有 47.17% 的贫困户金融知识处于最低的分位区间，而仅有 5.66% 的贫困户处于金融知识最高的区间。与此相对，仅有 24.18% 的受访非贫困户处于金融知识最低的区间，而处于区间 4 的比例达到 19.84%。虽然相关关系并不意味着因果关系，但贫困户金融知识相对较低的事实，为后续分析金融知识的减贫效应提供了有力证据。

表 8－2　　　　　　金融知识和贫困状况的联合分布　　　　单位：%

项目	基本金融知识				高级金融知识			
贫困发生率	区间 1	区间 2	区间 3	区间 4	区间 1	区间 2	区间 3	区间 4
非贫困户	24.18	26.09	29.89	19.84	25.27	29.89	22.28	22.55
贫困户	47.17	32.08	15.09	5.66	43.4	32.08	16.98	7.55
贫困脆弱性	区间 1	区间 2	区间 3	区间 4	区间 1	区间 2	区间 3	区间 4
非贫困户	18.64	27.96	30.11	23.3	22.94	29.03	22.58	25.45
贫困户	43.66	24.65	23.94	7.75	36.62	32.39	19.72	11.27

资料来源：笔者根据 CFPS 数据整理计算得到。

第三节
金融知识减贫效应的实证检验

通过金融知识与贫困联合分布的统计分析，金融知识与贫困状况体现出显著相关性，贫困主体的金融知识显著更低，但相关性并不意味着因果关系。为了检验金融知识的静态和动态减贫效应，需要对影响贫困的其他因素进行控制，并使用适当的参数估计方法估计影响方向和强度。

一、变量选择和计量模型设定

既往贫困地区贫困状况是本部分的被解释变量，如前文所述，本部分分别使用贫困发生率和贫困脆弱性来表示贫困状况的静态水平和动态变化。与既往贫困问题的实证研究相比，本部分的核心不同在于引入金融知识，考察收入和资产配置对贫困减缓的影响，而非简单考虑收入提升。金融知识是本部分的核心解释变量，为了体现政策制定和实施的精准，本部分将金融知识细分为基本金融知识和高级金融知识。此外，为了对影响贫困减缓的其他因素进行控制，本部分根据既往研究和数据的可得性，从家庭和社区两个层面引入了相关控制变量。家庭层面的控制变量包括家庭决策者的年龄、性别、受教育程度、婚姻状况、户口状况，家庭代际数、家庭孩子数量等影响贫困状况的人口统计学特征，以及是否为党员等影响收入的其他因素，考虑到收入的生命周期特征，本部分还在上述指标的基础上引入了年龄的二次项。社区层面的控制变量则包括社区人口数、历史最高房价等，这些变量能够反映不同地区经济社会发展水平的差异，从而对金融知识的减贫效应产生扰动，社区人口数和历史最高房价取自然对数引入计量模型，相关变量的统计描述见表8-3。

表8-3   变量统计描述

变量	均值	标准差	最小值	最大值
贫困发生率	0.126	0.332	0	1
贫困脆弱性	0.337	0.473	0	1
基本金融知识	-0.0829	0.976	-1.655	1.426
高级金融知识	-0.116	0.953	-1.542	2.784
年龄	52.46	13.67	21	89
是否男性	0.534	0.499	0	1
受教育年限	9.036	4.501	0	19

续表

变量	均值	标准差	最小值	最大值
是否已婚	0.874	0.332	0	1
是否城市户口	0.717	0.451	0	1
家庭代际数	2.672	6.519	1	79
家庭小孩数量	1.185	0.878	0	4
社区人口自然对数	8.974	0.777	6.273	10.46
历史最高房价自然对数	7.955	0.621	6.215	8.882
是否中共党员	0.223	0.417	0	1

资料来源：笔者根据 CFPS 数据整理计算得到。

二、金融知识减贫效应的实证检验

表 8-4 汇报了金融知识减贫效应的 Probit 估计结果，列出了各解释变量的边际效应和 t 检验值。其中，第（1）列和第（2）列的核心解释变量是基本金融知识，被解释变量分别是贫困发生率和贫困脆弱性，第（3）列和第（4）列则分别给出了高级金融知识对既往贫困地区贫困发生率和贫困脆弱性的影响。表 8-4 的结果显示，控制了影响既往贫困地区贫困的背景因素之后，金融知识依然与贫困状况显著负相关，金融知识能够有效促进既往贫困地区贫困减缓，是实现稳健减贫的重要手段，但不同金融知识的减贫效应存在差异，以提升金融知识为目的的金融教育项目应体现内容设计的精准。

表 8-4   金融知识贫困减缓效应的 Probit 估计

变量	(1)	(2)	(3)	(4)
	贫困发生率	贫困脆弱性	贫困发生率	贫困脆弱性
基本金融知识	-0.330 *** (-2.85)	-0.359 *** (-3.45)		
高级金融知识			-0.173 (-1.32)	-0.300 *** (-2.58)

续表

变量	(1)	(2)	(3)	(4)
	贫困发生率	贫困脆弱性	贫困发生率	贫困脆弱性
年龄	−0.105 ** (−2.20)	−0.00536 (−0.10)	−0.0990 ** (−2.10)	0.00468 (0.09)
年龄二次项	0.000983 ** (2.25)	−0.000191 (−0.40)	0.000930 ** (2.17)	−0.000274 (−0.57)
男性	−0.0265 (−0.12)	0.155 (0.75)	−0.0284 (−0.13)	0.151 (0.74)
受教育程度	−0.00787 (−0.27)	−0.111 *** (−3.76)	−0.0174 (−0.59)	−0.108 *** (−3.65)
已婚	−0.0123 (−0.04)	−0.197 (−0.63)	−0.0658 (−0.20)	−0.205 (−0.66)
城市户口	−0.491 ** (−2.04)	−0.701 *** (−2.95)	−0.549 ** (−2.31)	−0.735 *** (−3.16)
家庭代际数	0.00715 (0.67)	0.899 *** (5.98)	0.00464 (0.46)	0.884 *** (6.00)
家庭小孩数量	0.0519 (0.44)	0.389 *** (3.28)	0.0891 (0.77)	0.428 *** (3.63)
社区人口自然对数	−0.169 (−1.21)	0.0593 (0.43)	−0.137 (−0.98)	0.0780 (0.57)
历史房价自然对数	0.143 (0.74)	−0.102 (−0.68)	0.167 (0.88)	−0.110 (−0.74)
中共党员	−0.297 (−0.98)	−0.156 (−0.61)	−0.281 (−0.94)	−0.136 (−0.54)
常数项	2.146 (0.84)	−0.253 (−0.10)	1.641 (0.65)	−0.685 (−0.28)
样本数	325	325	325	325

注：括号内为 t 值，*** 、 ** 、 * 分别表示在 1%、5%、10% 显著性水平上统计显著。

基本金融知识与贫困发生率和贫困脆弱性显著负相关，其参数估计值分别为 -0.330 和 -0.359，且均在 1% 的显著性水平上统计显著，表明金融知识不仅能够改善贫困家庭的当期收入水平，而且有助于通过收入和资产的更有效配置，实现稳健脱贫。另外，金融知识对既往贫困地区贫困状况的静态影响和动态影响存在差异，金融知识对贫困脆弱性的影响更为显著，该结论在高级金融知识的减贫效应上表现得更为明显，高级金融知识对贫困脆弱性的边际效应为 -0.300，对静态贫困的边际效应为 -0.173。金融知识对贫困脆弱性的更显著影响意味着金融知识的减贫效应体现出滞后性，具有报酬递增的可能，金融知识主要通过影响贫困家庭的收入和资产配置行为来影响短期收入回报和长期资本积累。这与张号栋和尹志超（2016）的研究结论相一致，他们基于中国总体样本的研究表明金融知识有助于促进居民金融市场参与水平[1]，但也有研究认为非贫困家庭从金融知识提升中的获益更多，从而恶化收入分配结构[2]。从贫困主体收入的绝对提升来看，提升金融知识具有显著益贫性，但何种群体从金融知识提升中获益更多，还需要进行进一步分层检验，在后文金融知识减贫影响机制的扩展研究中，本部分利用贫困距和平方贫困距对此进行了考察。值得注意的是，既往关于金融减贫的相关研究中，有研究认为金融发展、小额信贷数量的增加并没有起到显著的减贫效果[3]，本部分的研究结论也为该种观点提供了解释和启示，供给层面信贷约束的放松还需要有需求层面的匹配，贫困主体金融知识水平的提升有助于提升金融产品需求，是现有金融扶贫政策的有效补充。本部分的结论为普惠金融理念提供了有力佐证，提升金融知识能够显著增进既往贫困地区贫困家庭的福利水平，理应是精准扶贫政策的重要盯住靶点。

从基本金融知识和高级金融知识减贫效应的区别来看，基本金融知识对贫困发生率和贫困脆弱性的影响更大。基本金融知识影响贫困发生率的边际效应为 -0.330，而高级金融知识仅为 -0.173。基本金融知识减贫效

①　张号栋、尹志超：《金融知识和中国家庭的金融排斥——基于 CHFS 数据的实证研究》，载《金融研究》2016 年第 7 期。
②　Prete A L. Economic literacy, Inequality, and Financial Development. *Economics Letters*, Vol. 118, No. 1, 2013, pp. 74 - 76.
③　单德朋、王英：《金融可得性、经济机会与贫困减缓——基于四川集中连片特困地区扶贫统计监测县级门限面板模型的实证分析》，载《财贸研究》2017 年第 4 期。

应更为显著的可能原因有二：从需求层面来看，贫困主体的可支配资产相对较少，主要用到的是定期储蓄等基本金融服务；从供给层面来看，基金、股票等金融产品和服务的供给也相对不足，交易成本较高。

从上述分析来看，金融知识是既往贫困地区稳健减贫的重要手段，并且贫困家庭的金融知识还较为匮乏，因此通过金融教育增进金融知识，促进贫困减缓，在既往贫困地区理论可行且具有较大潜力，同时基本金融知识和高级金融知识减贫效应的区别，还意味着在金融教育项目的内容设计上，应重点强调与定期储蓄等日常金融决策有关的基本金融知识。

从控制变量来看，一些家庭和社区特征对既往贫困地区贫困减缓也具有显著影响。其中，城市户口对贫困发生率和贫困脆弱性具有显著负向影响，这既体现了既往贫困地区贫困状况的城乡差异，也体现了非农就业机会在贫困减贫中的重要作用，持续推进城镇化进程，构建城乡有效关联对既往贫困地区贫困减缓至关重要。家庭代际数和家庭小孩数量对民族地区贫困减缓具有负面影响，主要体现为有效劳动人数不足和家庭开支增加，通过扩展社会保障托底覆盖广度和深度，实现"老有所养、幼有所育"是脱贫地区稳健脱贫的压舱石。另外值得关注的是，表8-4结果显示教育对静态贫困发生率没有显著影响，但却与贫困脆弱性显著负相关，这与既往贫困地区当前面临的义务教育巩固率有待提升[1]的难题相契合，从短期来看教育并不具备显著减贫效应，这也导致了"识字就行"的教育观，但本部分教育与贫困脆弱性显著负相关的结论表明，教育具有规模报酬递增属性[2]，大力发展教育依然是脱贫地区"拔穷根"的根本措施。

三、金融知识减贫效应的稳健性检验

检验金融知识的减贫效应需要考虑的一种情况是，金融知识可能并不是一个严格外生变量，金融知识本身可能存在"干中学"的情况，比如非

---

① 杜启明、江芳：《西部民族地区初等教育存在的问题及其对策》，载《贵州民族研究》2013 年第 5 期。

② 单德朋：《教育效能和结构对西部地区贫困减缓的影响研究》，载《中国人口科学》2012 年第 5 期。

贫困户使用金融产品的频率可能高于贫困户，从而使得非贫困户从相对更为频繁的金融交易中学习并积累了更多的金融知识，这使得金融知识和贫困状况之间存在反向因果问题，导致 Probit 模型的参数估计值存在向上偏误，因此需要对表 8－4 的结果保持谨慎态度。为了解决由于反向因果导致的金融知识内生性问题，本部分借鉴尹志超等的做法①，使用社区平均金融知识作为金融知识的工具变量，其原因在于他人已经形成的金融知识不受受访者的影响，但受访者却可能从别人的金融状况和金融知识中学习和积累金融知识。表 8－5 汇报了以社区平均金融知识作为工具变量的一阶段回归结果，在一阶段回归中，工具变量的参数估计值显著为正，F 值通过了弱工具变量检验，因此社区平均金融知识是基本金融知识和高级金融知识的有效工具变量。同时，工具变量一阶段回归结果还确认了金融知识与受教育程度的正相关关系，这既表明识别金融知识减贫效应需要控制教育的影响，同时，该结果也提出了一个新的问题，即金融知识究竟反映了教育习得的学习能力还是有其特有的金融内涵？本部分在后续的扩展研究中引入基本认知能力进行了识别。

表 8－5　　　　　　　　金融知识减贫效应的 IV－Probit 一阶段估计

变量	(1)	(2)
	基本金融知识	高级金融知识
社区平均金融知识	1.775 *** (5.72)	1.760 *** (6.07)
年龄	－0.00948 (－0.37)	0.000232 (0.01)
年龄二次项	0.0000630 (0.27)	－0.0000411 (－0.19)
男性	0.0362 (0.36)	0.179 * (1.90)

①　尹志超、宋全云、吴雨、彭嫦燕：《金融知识、创业决策和创业动机》，载《管理世界》2015 年第 1 期。

续表

变量	(1)	(2)
	基本金融知识	高级金融知识
受教育程度	0.0645 *** (4.65)	0.0807 *** (6.23)
已婚	0.280 * (1.77)	0.146 (0.99)
城市户口	0.168 (1.29)	0.166 (1.36)
家庭代际数	0.00957 (1.49)	0.00496 (0.83)
家庭小孩数量	− 0.114 * (− 1.91)	0.0149 (0.27)
社区人口自然对数	− 0.0542 (− 0.75)	− 0.0257 (− 0.38)
历史房价自然对数	− 0.0139 (− 0.18)	− 0.0370 (− 0.52)
中共党员	− 0.0393 (− 0.32)	− 0.0214 (− 0.19)
常数项	0.0620 (0.05)	− 0.541 (− 0.48)
一阶段 F 统计值	11.05	14.83
样本数	325	325

注：括号内为 t 值，*** 、 ** 、 * 分别表示在 1%、5%、10% 显著性水平上统计显著。

接下来，本部分使用两阶段 IV – Probit 模型对金融知识的减贫效应进行了稳健性检验，二阶段回归结果见表 8 – 6。二阶段回归结果表明，金融知识与贫困状况的关系在工具变量 Probit 估计中依然保持显著，且通过 Wald 内生性检验。引入工具变量后，基本金融知识对贫困发生率与贫困脆弱性的边际影响没有显著改变，这意味着金融知识是影响既往贫困地区静态贫困与贫困脆弱性的重要因素，因此改善脱贫人口的金融知识是脱贫地区巩固脱贫攻坚成果的有力措施。

表 8 - 6　　　　　　　金融知识减贫效应 **IV - Probit** 二阶段估计

变量	(1)	(2)	(3)	(4)
	贫困发生率	贫困脆弱性	贫困发生率	贫困脆弱性
基本金融知识	- 0. 493 * (- 1. 68)	- 0. 341 * (- 1. 67)		
高级金融知识			- 0. 775 (- 1. 58)	- 0. 591 * (- 1. 65)
男性	- 0. 0218 (- 0. 11)	- 0. 102 (- 0. 63)	0. 0717 (0. 33)	- 0. 0337 (- 0. 20)
受教育程度	- 0. 00811 (- 0. 25)	- 0. 0598 ** (- 2. 46)	0. 0283 (0. 53)	- 0. 0350 (- 0. 98)
已婚	- 0. 116 (- 0. 37)	- 0. 00672 (- 0. 03)	- 0. 117 (- 0. 37)	0. 0210 (0. 08)
城市户口	- 0. 491 ** (- 2. 14)	- 0. 945 *** (- 5. 15)	- 0. 423 (- 1. 64)	- 0. 897 *** (- 4. 75)
家庭代际数	0. 00884 (0. 78)	0. 872 *** (7. 08)	0. 00760 (0. 66)	0. 849 *** (7. 04)
家庭小孩数量	- 0. 0172	0. 420 ***	0. 0424	0. 431 ***
Wald 检验 p 值	0. 0041	0. 000	0. 007	0. 000
样本数	325	421	325	421

注：括号内为 t 值，*** 、** 、* 分别表示在 1% 、5% 、10% 显著性水平上统计显著。

<h3 style="text-align:center">第四节</h3>

<h2 style="text-align:center">金融知识减贫效应的进一步扩展</h2>

　　前文的 Probit 模型回归和基于 IV - Probit 模型的稳健性检验均表明，金融知识是影响既往贫困地区贫困的重要因素，但在金融知识减贫效应的内在机制上还存在有待进一步分析的问题。

一、金融知识减贫机制扩展 1：社会网络

　　首先，从理论机制来看，金融知识通过影响金融行为影响贫困减缓

（见图 8 - 2 传导机制 1），但基于血缘关系、文化习俗和地理邻接形成的社会网络是其金融行为的重要影响因素（见图 8 - 2 传导机制 4），无论是文化习俗因素，还是夏季牧场、牲畜过冬等需要协作的经济活动，都使得既往贫困地区的个体金融行为面临更多的同伴效应，从结果上表现为从众行为，从而导致金融知识和贫困减缓的关系受社会网络的扰动，导致传导机制 1 有异质表现。同时，社会资本作为重要的不可见资本投入品，能够通过个体生产函数、信息共享、风险共担等对贫困状况产生直接影响（见图 8 - 2 传导机制 5）[1]，马红梅等基于贵州的研究也表明对重大节日的参与促进了就业信息流通，对劳动力外出打工有积极作用[2]。此外，社会网络对金融知识的减贫效应虽然有理论上的积极影响，但也存在负面影响的可能，社会网络需要维系，在既往贫困地区表现为红白喜事的大操大办和人情往来，这一方面增加了社会资本，另一方面也导致了较高的维系成本。社会网络对贫困减缓的直接和间接影响，意味着需要在金融减贫效应的实证检验中引入社会网络的特性。本部分使用家庭人情往来支出的自然对数反映社会网络，使用家庭人情往来支出占家庭纯收入比重反映社会网络的维系负担。

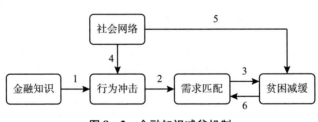

图 8 - 2　金融知识减贫机制

此外，前文分析表明金融知识与受教育程度显著正相关，这使得金融知识冲击金融行为的机制存在疑问，即金融知识究竟仅仅是反映了教育习得的理解能力、计算能力等基本认知，还是确实有其金融属性的特殊内

————————

① Fafchamps M, Minten B. Social Capital and Agricultural Trade. *American Journal of Agricultural Economics*, Vol. 83, No. 3, 2001, pp. 680 - 685.

② 马红梅、陈柳钦、冯军：《社会资本对民族地区农村劳动力转移决策的实证研究——基于贵州省民族对比分析》，载《发展研究》2012 年第 11 期。

涵？为此，本部分使用中国家庭追踪调查"认知模块"中的词组测试得分和数学测试得分作为一般认知能力的代理变量，与金融知识一起引入模型。词组测试和数学测试均根据受访者最高学历来选择问题的起始点，能够在认知能力测试中对受教育程度进行控制。

表8-7汇报了引入社会网络、词组测试得分和数学测试得分后的Probit估计结果，鉴于前文基本金融知识更有助于贫困减缓的结论，表8-7仅显示了基本金融知识的减贫效应。控制了社会网络之后，金融知识的减贫效应依然保持稳健，同时结果还表明人情支出的绝对值和人情支出占家庭收入的相对比率对既往贫困地区贫困状况的影响存在显著不同，参数估计值分别为-0.110和1.967，且均在常用显著性水平上统计显著。社会网络确实对既往贫困地区贫困减缓具有积极促进作用，但值得注意的是高昂的社会网络维系成本却给贫困家庭带来了额外生活压力，不利于贫困减缓。这表明虽然社会网络对既往贫困地区减贫绩效提升很重要，但要从习俗渐进改变、移风易俗入手，降低社会资本的维系成本。此外，引入词组测试得分和数学测试得分对认知能力进行控制之后，金融知识对贫困发生率和贫困脆弱性的影响依然保持显著。金融知识并非通过共性认知能力实现减贫，而是有其特有的金融内涵。

表8-7　　　　　　金融知识减贫机制扩展1：社会网络

变量	(1)	(2)
	贫困发生率	贫困脆弱性
基本金融知识	-0.287 ** (-2.18)	-0.379 *** (-3.24)
人情往来支出自然对数	-0.110 *** (-2.89)	-0.0330 (-1.14)
人情往来支出占收入比重	1.967 ** (2.32)	0.906 (0.88)
词组测试得分	-0.0290 * (-1.74)	-0.00518 (-0.33)

续表

变量	(1)	(2)
	贫困发生率	贫困脆弱性
数学测试得分	0.0296 (0.97)	0.0266 (0.98)
年龄	−0.109 ** (−2.08)	0.0263 (0.46)
年龄二次项	0.000967 ** (2.01)	−0.000564 (−1.07)
男性	−0.0120 (−0.05)	0.162 (0.74)
受教育程度	0.0166 (0.43)	−0.138 *** (−3.57)
已婚	0.0462 (0.13)	−0.178 (−0.53)
城市户口	−0.491 * (−1.96)	−0.724 *** (−2.87)
家庭代际数	0.00713 (0.67)	1.006 *** (6.17)
家庭小孩数量	0.0778 (0.60)	0.344 *** (2.66)
社区人口自然对数	−0.134 (−0.88)	0.0670 (0.46)
历史房价自然对数	0.288 (1.29)	−0.0949 (−0.61)
中共党员	−0.191 (−0.59)	−0.0191 (−0.07)
样本数	318	318

注：括号内为t值，***、**、*分别表示在1%、5%、10%显著性水平上统计显著。

二、金融知识减贫机制扩展 2：收入分布

金融知识对贫困主体的金融行为动机产生冲击之后，还需要金融需求的有效匹配方能实现减贫作用（见图 8 - 2 传导机制 2），即金融市场的实际参与是行为动机和参与能力的结合，既往贫困地区贫困家庭存在因贫困而无力参与金融市场的可能（见图 8 - 2 传导机制 6）。为了体现收入水平差异对金融知识减贫效应的扰动，本部分引入贫困距和平方贫困距来刻画贫困的收入分布，对该机制进行检验。表 8 - 8 汇报了分别使用贫困发生率、贫困距和平方贫困距作为被解释变量，基本金融知识作为核心解释变量的回归结果。由于贫困距和平方贫困距并非 0 - 1 变量，因此不适用Probit 模型，表 8 - 8 的参数估计结果由普通最小二乘法估计得到。

从表 8 - 8 的结果来看，在使用贫困距和平方贫困距的情况下，金融知识与贫困的关系依然保持稳健。但细分 FGT 贫困指数来看，金融知识对不同贫困深度主体的影响存在显著不同。基本金融知识影响贫困发生率、贫困距和平方贫困距的参数估计值分别为 - 0.0467、- 0.0269 和- 0.0164，基本金融知识对贫困主体的影响随着贫困深度的增加而递减，减贫效应的统计显著性也有所降低。这意味着距离贫困线更近，贫困深度更浅的贫困主体从金融知识提升中获得的相对收益更高，金融知识对既往贫困地区减贫更多体现为收入加成或者催化作用，是收入提升政策的有效补充，单独依靠金融知识并不能实现深度贫困群体的持续减贫。

表 8 - 8　　　　　　　　金融知识减贫机制扩展 2：收入分布

变量	(1)	(2)	(3)
	贫困发生率	贫困距	平方贫困距
基本金融知识	- 0.0467 ** (- 2.20)	- 0.0269 ** (- 2.14)	- 0.0164 * (- 1.74)
人情往来支出自然对数	- 0.0146 *** (- 2.76)	- 0.00647 ** (- 2.06)	- 0.00361 (- 1.53)
人情往来支出占收入比重	0.402 ** (2.35)	0.0965 (0.97)	0.0213 (0.29)

续表

变量	(1)	(2)	(3)
	贫困发生率	贫困距	平方贫困距
词组测试得分	− 0.00632 ** (− 2.20)	− 0.00430 ** (− 2.56)	− 0.00344 *** (− 2.72)
数学测试得分	0.00299 (0.63)	0.00241 (0.87)	0.00129 (0.62)
年龄	− 0.0204 ** (− 2.13)	− 0.0169 *** (− 2.97)	− 0.0109 ** (− 2.57)
年龄二次项	0.000183 ** (2.07)	0.000148 *** (2.85)	0.0000976 ** (2.50)
男性	− 0.00495 (− 0.13)	− 0.0168 (− 0.77)	− 0.0232 (− 1.41)
受教育程度	0.00540 (0.85)	0.00178 (0.48)	0.00139 (0.50)
已婚	− 0.00700 (− 0.12)	− 0.0409 (− 1.16)	− 0.0447 * (− 1.69)
城市户口	− 0.120 ** (− 2.47)	− 0.0756 *** (− 2.63)	− 0.0626 *** (− 2.90)
家庭代际数	0.00184 (0.78)	0.00111 (0.81)	0.000480 (0.47)
家庭小孩数量	0.00982 (0.43)	0.00868 (0.64)	0.00598 (0.59)
社区人口自然对数	− 0.0245 (− 0.92)	− 0.0287 * (− 1.86)	− 0.0224 * (− 1.93)
历史房价自然对数	0.0327 (1.17)	0.00833 (0.50)	0.00521 (0.42)
中共党员	− 0.0178 (− 0.40)	0.00989 (0.38)	0.0136 (0.69)
样本数	318	305	305

注：括号内为 t 值，***、**、* 分别表示在 1%、5%、10% 显著性水平上统计显著。

第五节

本 章 小 结

从金融知识的角度关注既往贫困地区贫困人口的收入和资产配置行为，有助于贫困人口进行理性金融决策，引导长期投资策略，对脱贫地区巩固拓展脱贫攻坚成果具有重要意义。本部分利用中国家庭追踪调查（CFPS）2014 数据，实证检验了金融知识对既往贫困地区静态贫困状况和贫困脆弱性的影响，使用工具变量 Probit 模型对金融知识可能的内生性问题进行了控制，并考虑了社会网络对金融知识减贫效应的扰动，对金融知识的减贫机制进行了扩展研究，本部分的基本结论包括以下两点。

第一，金融知识对既往贫困地区贫困减缓具有显著促进作用，该结论在控制了教育、认知能力、社会网络等变量之后依然保持显著，但金融知识对不同贫困深度群体存在异质影响，金融知识更有助于贫困线附近贫困主体的可持续减贫。同时，金融知识的统计描述显示，既往贫困地区总体金融知识水平较低，贫困户的金融知识匮乏问题尤为凸显，贫困户在定期存款、利率、购买力等与日常金融行为有关的概念上还存在显著不足和提升空间。既往贫困地区贫困主体金融知识的匮乏和金融知识的显著减贫效应，意味着通过金融教育改善金融知识，是脱贫地区实现稳健脱贫的重要手段。

第二，社会网络也是既往贫困地区贫困减缓的重要影响因素，以人情往来为支出表征的社会网络对贫困发生率和贫困脆弱性有积极减贫作用，能够通过信息共享和风险共担改善贫困人口收入水平，并通过同伴效应对金融知识的行为转化产生影响。但本部分的研究结果同时表明，人情支出占家庭纯收入比重较高，给贫困家庭减贫效果的巩固带来了负面影响。在发挥社会网络在行为示范和互帮互助等方面优势的同时，要通过积极宣传约束高昂的社会网络维系成本。

新的历史背景下，脱贫地区以提高家庭人均纯收入等经济指标为核心的评价标准，难以应对现实需求。本部分从金融知识的角度重点关注了收入获得之后的收入和资产配置问题，本部分的研究结论能够对脱贫地区基于内生动力的稳健脱贫政策设计提供参考。政策建议包括以下几点。

第一，脱贫地区应通过实施金融教育项目改善金融知识，实现基于内生动力的稳健减贫。改善金融知识能够与金融扶贫、旅游扶贫、就业扶贫等盯住收入提升的减贫政策形成政策互补，但金融知识提升项目的实施需要分类施策，体现瞄准对象精准。金融知识对贫困线附近人口的影响更为显著，且该部分群体的参与积极性也更强，该部分人口是金融教育的重点盯住对象。当前巩固拓展脱贫攻坚成果的主要矛盾依然是通过内生动力激发和物质资本培育改善收入。金融教育对其更多体现为收入加成或者催化作用，是收入提升政策的有效补充，单独依靠金融教育并不能实现贫困线附近群体的持续增收。

第二，金融教育的内容设计和实施方式要体现内容和方式的精准。金融教育并非仅仅通过教育习得的认知能力和共性知识影响贫困减缓，而是通过影响金融产品和服务的参与，提升收入增值和资产积累的可持续性。因此，金融教育应强调其金融决策属性，不能将金融教育等同为夜校的识字班、算数班。另外，受限于脱贫地区经济发展和家庭收入现状，定期储蓄、利率、购买力等基本金融知识对巩固拓展脱贫攻坚成果的影响更为显著，金融教育的项目设计应重点强调基本金融知识的教育和日常金融参与习惯的养成。从金融教育的实施方式来看，除了专项培训之外，通过在校学生实现基本金融知识的间接传递也是较好的做法。

第三，要重视社会网络在脱贫地区巩固拓展脱贫攻坚成果中的重要作用。社会网络对既往贫困地区贫困减缓具有显著积极作用，但人情支出占收入的比重却体现出负向减贫作用。这表明社会网络对脱贫地区巩固拓展脱贫攻坚成果很重要，但要从移风易俗入手，降低社会网络的维系成本。并且，互联网等信息通信基础设施的引入，能够改善社会网络的广度，是政策介入的重要抓手。另外，本部分对其他控制变量的研究表明，教育具有规模报酬递增属性，大力发展教育依然是"拔穷根"的根本措施。

第九章

巩固拓展脱贫攻坚成果同乡村振兴有效衔接的政策研究

第一节
隐性贫困视角下的政策依据

一、习近平总书记关于巩固拓展脱贫攻坚成果同乡村振兴有效衔接的重要论述

巩固拓展脱贫攻坚成果同乡村振兴有效衔接是习近平总书记始终强调的重要内容，自我国脱贫攻坚战取得全面胜利以来，总书记关于巩固拓展脱贫攻坚成果同乡村振兴有效衔接发表了一系列重要论述，为巩固拓展脱贫攻坚成果同乡村振兴有效衔接工作指明了方向，擘画了重点。

2020 年 12 月 28 日，习近平总书记在 2020 年中央农村工作会议上发表重要讲话，指出了巩固脱贫攻坚成果面临的现实困难，也谋划了巩固拓展脱贫攻坚成果的重点工作。[①] 总书记指出，相当一部分脱贫户基本生活有了保障，但收入水平仍然不高，脱贫基础还比较脆弱；一些边缘户本来就晃晃悠悠，稍遇到点风险变故马上就可能致贫；脱贫地区产业普遍搞起来

---

① 习近平：《坚持把解决好"三农"问题作为全党工作重中之重举全党全社会之力推动乡村振兴》，载《求是》2022 年第 7 期。

了，但技术、资金、人才、市场等支撑还不强，有的地方甚至帮扶干部一撤，产业就可能垮掉。下一步的重点工作主要包括健全防止返贫动态监测和帮扶机制，继续精准施策，要强化易地搬迁后续扶持，要加强扶贫资产管理，要对现有帮扶政策逐项分类优化调整，要压实责任，把巩固拓展脱贫攻坚成果纳入市县党政领导班子和领导干部推进乡村振兴战略实绩考核范围。

2021 年 2 月 25 日，习近平总书记在全国脱贫攻坚总结表彰大会上强调，"脱贫摘帽不是终点，而是新生活、新奋斗的起点""我们要切实做好巩固拓展脱贫攻坚成果同乡村振兴有效衔接各项工作，让脱贫基础更加稳固、成效更可持续"。①

习近平总书记对巩固拓展脱贫攻坚成果同乡村振兴有效衔接工作的重要论述体现了大国领袖的人民情怀和历史担当，也为理论研究和政策实践指出了明确方向，总书记的重要论述是本书政策研究的思想基础。

二、巩固拓展脱贫攻坚成果同乡村振兴有效衔接的相关政策

为贯彻落实习近平总书记关于巩固拓展脱贫攻坚成果同乡村振兴有效衔接的重要论述，国家层面出台了一系列具体政策，主要包括：《中共中央 国务院关于实现巩固拓展脱贫攻坚成果同乡村振兴有效衔接的意见》《中共中央 国务院关于做好 2022 年全面推进乡村振兴重点工作的意见》《支持国家乡村振兴重点帮扶县的实施意见》。此外，针对巩固拓展脱贫攻坚成果的重点工作，国家层面还出台了相应专项政策，《中共中央 国务院关于实现巩固拓展脱贫攻坚成果同乡村振兴有效衔接的意见》是后续政策的基础。根据《中共中央 国务院关于实现巩固拓展脱贫攻坚成果同乡村振兴有效衔接的意见》，脱贫攻坚目标任务完成后，设立 5 年过渡期，着力从解决建档立卡贫困人口"两不愁三保障"为重点转向实现乡村产业兴旺、生态宜居、乡风文明、治理有效、生活富裕，从集中资源支持脱贫攻坚转向巩固拓展脱贫攻坚成果和全面推进乡村振兴，相应各部委也出台了相应落实意见，为"十四五"期间巩固拓展脱贫攻坚成果同乡村振兴有效衔接提供了

政策依据，主要政策要求体现在建立健全巩固拓展脱贫攻坚成果长效机制、健全农村低收入人口常态化帮扶机制、接续推动脱贫地区发展、加强组织领导四个方面，详见表9-1。后续政策则对《中共中央　国务院关于实现巩固拓展脱贫攻坚成果同乡村振兴有效衔接的意见》设定的目标和具体工作进行了进一步明确和细化，相关政策主要体现出三个方面的鲜明特征。

表9-1　　　巩固拓展脱贫攻坚成果同乡村振兴有效衔接的政策依据

政策要求	政策内容	重点工作
建立健全巩固拓展脱贫攻坚成果长效机制	动态监测和帮扶机制	1. 大数据监测平台；2. 合理确定监测指标；3. 发挥基层群团组织作用；4. 拓宽主动申请渠道；5. 帮扶对象精准帮扶动态管理
	"两不愁三保障"巩固提升	1. 落实控辍保学；2. 加强寄宿制学校建设；3. 住房安全动态监测；4. 农村危房改造；5. 分类资助参保；6. 提升农村供水保障水平
	持续巩固易地扶贫搬迁成果	1. 完善后扶政策体系；2. 改进安置区社区治理
	扶贫项目资产管理和监督	1. 摸清资产底数；2. 资产确权；3. 分类落实管护责任
健全农村低收入人口常态化帮扶机制	加强农村低收入人口监测	1. 完善农村低收入人口认定办法；2. 依托社会保障体系加强动态监测；3. 健全多部门联合预警机制
	分层分类实施社会救助	1. 完善最低生活保障制度；2. 完善低保家庭收入财产认定方法；3. 鼓励农村低保对象参与就业；4. 完善特困人员救助供养制度；5. 落实残疾儿童康复救助制度；6. 通过政府购买服务提高救助服务质量
	完善特殊群体帮扶服务	1. 提高基础养老金最低标准；2. 完善基本养老保险代缴政策；3. 优化农村养老服务设施布局；4. 加大特殊困难儿童保护力度；5. 完善残疾人两项补贴制度
接续推动脱贫地区发展	加强重点县（村）帮扶工作	1. 确定乡村振兴重点帮扶县（村）；2. 建立跟踪监测机制定期评估；3. 统筹资源增强区域发展能力
	发展壮大乡村特色产业	1. 编制国土空间规划引领特色产业空间布局；2. 扶持和培训新型经营主体；3. 重点支持培育现代农业产业园；4. 培育壮大新业态新模式融合发展
	促进脱贫劳动力稳定就业	1. 摸排就业需求完善就业服务体系；2. 加强就业困难群体动态监测；3. 加强职业技能培训；4. 健全优秀农民工回引返乡创业机制；5. 调整优化公益岗位政策
	改善基础设施和公共服务	1. 农村人居环境整治；2. "四好农村路"建设；3. 县乡村三级物流体系建设；4. 中小型水利工程建设；5. 电网通讯和电气化建设；6. 提高基本公共服务均等化水平

续表

政策要求	政策内容	重点工作
加强组织领导	做好领导体制衔接	1. 落实乡村振兴领导体制，层层压实责任；2. 发挥党委农村工作领导小组作用，建立议事协调工作机制
	做好帮扶政策衔接	1. 落实"四个不摘"；2. 加强财政、金融、土地、人才等政策衔接；3. 完善东西部协作和对口支援机制；4. 完善"万企兴万村"等社会力量参与帮扶机制
	做好工作体系衔接	1. 做好工作力量、组织保障、规划实施、项目建设、要素保障等方面的有机结合；2. 健全常态化驻村工作体制；3. 党建引领，发挥党组织领导作用
	做好规划实施和项目衔接	1. 将实现巩固拓展脱贫攻坚成果同乡村振兴有效衔接的重大举措纳入"十四五"规划；2. 将重大工程项目纳入"十四五"相关规划
	做好考核机制衔接	1. 纳入市县党政领导班子和领导干部实绩考核范围；2. 与高质量发展综合绩效评价做好衔接；3. 强化结果运用

资料来源：根据《中共中央、国务院关于实现巩固拓展脱贫攻坚成果同乡村振兴有效衔接的意见》及各省区关于实现巩固拓展脱贫攻坚成果同乡村振兴有效衔接的实施意见整理得到。

一是问题导向。相应政策内容和重点工作充分体现了"缺啥补啥"的问题导向，体现了实事求是的务实思维。针对健全防止返贫监测和帮扶机制，制定了《关于健全防止返贫动态监测和帮扶机制的指导意见》；针对扶贫资金使用范围，制定了《中央财政衔接推进乡村振兴补助资金管理办法》；针对金融帮扶政策和资产收益扶贫政策，制定了《关于深入扎实做好过渡期脱贫人口小额信贷工作的通知》；在建立健全巩固拓展脱贫攻坚成果长效机制上，具体指出了脱贫人口参保动员、维护好已建农村供水工程、安置区社区管理服务水平、扶贫项目资产管理和监督等面临的现实问题；在社会救助上，针对原建档立卡贫困户的低保"单人户"政策、低保家庭收入财产认定方法等政策实施中面临的具体问题进行了调整优化。这些"补丁"的及时完善，直接回应了基层在工作落实中的诉求，并对相应风险点起到了防微杜渐的作用。

二是精准施策。习近平总书记强调："要强化精准思维，做到谋划时统揽大局、操作中细致精当，以绣花功夫把工作做扎实、做到位。"① 巩固拓展脱贫攻坚成果同乡村振兴有效衔接的现行政策，体现了精准有力的鲜明特征。针对现有帮扶政策分类调整优化，该延续的延续、该优化的优化、该调整的调整。针对基本医保参保工作，细分农村特困人员、低保对象等落实分类资助政策，设置过渡期，根据实际情况对资助参保政策进行动态调整。针对扶贫项目资产，细分公益性资产、经营性资产和入户资产，强调管理重点，落实分类管理。公益性资产管理要点在于管护责任，经营性资产管理要点是产权关系，入户资产管理要点是财产权利。针对社会救助，将救助对象细分为有劳动能力的农村低保对象、农村特困人员、残疾儿童、陷入暂时困难的群众、生活不能自理群众等，分类分层明确救助要点工作。通过帮扶对象的细分，能够做到帮扶绩效和帮扶成本的兼顾，体现对象精准、措施有力。

三是双轮驱动。既注重外部资源激励，又注重激发内生动力。脱贫地区在精准扶贫阶段已经积累了庞大的资产存量，这些资产存量既包括公益性资产和经营性资产等物质资本，也包括因教育、医疗卫生条件改善而积累的人力资本。累积形成的存量资产，尤其是人力资本，才是脱贫地区在全面小康到共同富裕进程中的最基础和最扎实可靠的发展动力来源。如何发挥好和使用好这些存量资本是后扶贫阶段的重要问题，相应政策内容和重点工作体现了对激发内生动力的高度关注。在家庭层面，鼓励有劳动能力的农村低保对象参与就业等政策体现了激发存量要素内生动力解决存量问题的务实倾向。在县级层面，对农产品和食品仓储保鲜、冷链物流设施建设提出了加快建设的明确要求，打通了"扶上马，送一程"的内生动力转化链条。

除了国家层面的上述政策之外，四川省也制定了《中共四川省委四川省人民政府关于实现巩固拓展脱贫攻坚成果同乡村振兴有效衔接的实施意见》，提出要优化对凉山州的扶持政策，支持凉山州按规定开展巩固拓展脱贫攻坚成果同乡村振兴有效衔接示范工作。针对凉山州的工作实际，四川省还专门制定了《关于支持凉山州做好巩固拓展脱贫攻坚成果同乡村振

---

① 《习近平在中央党校（国家行政学院）中青年干部培训班开班式上发表重要讲话》，中国政府网，2022 年 3 月 1 日。

兴有效衔接的若干措施》，明确了九个方面的专门支持政策，促进凉山州做好巩固拓展脱贫攻坚成果同乡村振兴有效衔接。2022 年，四川省委主要负责同志也把到四川工作后赴市（州）调研的第一站放到凉山州，调研凉山州巩固拓展脱贫攻坚成果和乡村振兴等工作，充分体现了四川省对凉山州巩固拓展脱贫成果同乡村振兴有效衔接工作的高度关注。相关政策的要点主要体现在两个方面：一是把凉山州的脱贫攻坚成果巩固好拓展好；二是把凉山州的特色优势产业发展好。把有劳动能力的群众组织带动起来，既是特色产业发展的基础，也是防范规模返贫，扎实推进共同富裕的可持续动力来源。本书给出的隐性贫困视角能够通过引入时间赤字体现对劳动参与的正向激励，同时提高有酬工作回报率、降低必要无酬工作时间、增加其他收入来源等隐性贫困帮扶机制也能够与表 9-1 的政策内容和重点工作相衔接。接下来本部分将从隐性贫困监测识别、改善有酬工作回报率、减少家庭必要无酬工作时间、改善其他收入来源四个方面给出隐性贫困帮扶与乡村振兴有效衔接的政策建议。

第二节
隐性贫困监测识别同乡村振兴有效衔接的政策建议

一、动态监测既要体现重点对象的全覆盖，也要兼顾帮扶能力

隐性贫困的识别和帮扶逻辑是先划线入围，设定重点监测范围，然后根据隐性贫困测度指标体系，将经过隐性贫困测度调整后收入低于绝对贫困线的群体界定为隐性贫困，再根据隐性贫困的致贫原因精准施策。因此，隐性贫困测度框架需要有两条线：一是重点监测对象的标识线；二是隐性贫困识别的绝对贫困线。收入水平不高的脱贫人口和非建档立卡贫困户的农村低收入人口都属于致贫返贫的重点监测对象，本书建议将本地收入水平的 40% 作为低收入监测线，取整后为 6000 元[①]，并在"十四五"

[①] 2020 年，四川省农村居民人均可支配收入为 15929 元，40% 取整为 6000 元。

期间保持固定，同时保留现行的绝对贫困识别标准，从而既能通过调整低收入监测线体现人民群众对美好生活的向往，也能够通过落脚在现有绝对贫困线体现实事求是、量力而行、尽力而为。低收入监测线与同类研究给出的相对贫困线在取值方式上类似，但使用逻辑不同。相对贫困线识别的是相对贫困人口，需要聚焦该群体进行针对性帮扶。而收入低于 6000 元的群体既包括缺乏劳动能力的群体，也包括有劳动能力但缺乏主动发展动力的群体和有劳动能力但发展能力还需持续巩固提升的群体，针对 6000 元以下群体的集中帮扶缺乏瞄准精度，也不利于激发内生动力，防范帮扶陷阱。收入超过 6000 元的群体可以认为已经具备了比较稳定的收入来源和比较扎实的生计资本，能够依托社会保障、商业保险和临时救助等现有多元保障体系对这部分群体的致贫返贫风险进行制度化管控。隐性贫困识别和帮扶的重点是有劳动能力和初始生计资本，但需要持续通过内生动力和外部帮扶形成合力的临界群体，其中又可以分为两个部分：一是有生计资本，但缺乏内生动力；二是有内生动力，但生计资本不稳固。隐性贫困能够对第一种情况形成激励，也能够对第二种情况提供帮扶依据。隐性贫困视角下的低收入监测线目的是圈画隐性贫困测度对象的范围，然后利用隐性贫困识别和测度方法来识别具体的帮扶对象。低收入人口监测线不等于隐性贫困线，而是隐性贫困监测对象的标识线。从四川的情况来看，年收入低于 6000 元的脱贫人口占脱贫人口总数的 13.4%，四川省也将 6000 元作为脱贫人口和农村低收入人口重点帮扶的监测线。

二、构建时间利用数据采集体系，需要与乡村振兴目标体系形成贯通

隐性贫困识别的路径首先是根据时间利用数据计算时间赤字，然后利用时间赤字的货币价值调整监测对象收入，最后根据调整后的收入与贫困线的关系识别隐性贫困。收入数据和时间利用数据是识别隐性贫困的两个基础数据，收入数据的采集可以沿用现有体系，既包括总收入，也可以体现劳务性收入、经营性收入、资产性收入等细分的收入来源和构成。隐性贫困基础数据采集的难点在于时间利用数据，时间利用的内容包括三个主要方面：一是必要生理活动时间，包括睡觉休息、个人卫生护理、饮食活

动等；二是家庭无酬工作时间，包括家务劳动、儿童照料、老人照料等；三是有酬工作时间，包括就业工作和家庭生产经营活动的时间。必要生理活动时间和家庭无酬工作时间中的家务劳动，可以沿用全国时间利用调查给出的数据。家庭无酬工作时间中的儿童照料、老人照料等家庭照料活动可以根据年龄、健康状况分档设定时间，并根据相应公共服务供给数量和质量进行分区域的系数调整。这样既能够降低数据采集难度，也能够体现家庭和区域层面的异质性，并与改善基本公共服务供给等现有政策形成匹配。时间利用数据采集的焦点是有酬工作时间，该数据通常是通过选定样本家庭记录家庭日志表的方式获取，数据采集难度大、成本高，不适用于凉山州等脱贫地区的实际情况。针对有酬工作时间采集问题，本书的建议是有酬工作时间中的就业工作时间采取雇主提供证明材料，并由个人按季度申报的方式采集。家庭生产经营性工作时间按基本农业工时定额申报和个人弹性工时自主申报结合的方式分季度采集。基本农业工时定额由农业农村部门根据农业生产周期和生产活动设定，个人弹性工时则与地力提升、轮作间作、自主创业等分门类挂钩。既体现与农业农村现代化和乡村振兴政策导向的衔接，也能够为后续多渠道的大数据核查提供核算逻辑。

在时间利用数据采集上可能存在两个质疑：一是可行性问题，构建一个时间利用指标观测体系会不会太麻烦，不划算？二是可靠性问题，时间利用数据的填报会不会面临道德风险导致的失真，从而难以监督也难以客观反映实际情况？针对建设时间利用观测指标体系的可行性问题，该指标体系的构建难度实际类似脱贫攻坚过程中很多地方为了激励建档立卡贫困户体现基层善治而采取的积分银行（王琳琳和黄伟，2021[①]；刘长江等，2021[②]），落实到村社区单元，监测对象已经非常有限，设置采集体系之后按季度采集增加的工作量很少，并且还可以与乡村振兴目标中的治理有效形成工作合力。针对时间利用观测数据的可靠性问题，利用大数据进行多维度的逻辑排查能够解决数据失真的主要来源。另外，地力提升、轮作间作、自主创业等主动作为的活动也都有现行的政策接口、激励机制和观

---

① 王琳琳、黄伟：《奉节新时代文明实践"积分银行"覆盖家家户户》，载《重庆日报》2021 年 7 月 1 日。

② 刘长江、谢义帅、刘柯红：《非理性视角下"共建共治积分银行"模式研究——基于 S 市 F 街道的考察》，载《领导科学》2021 年第 4 期。

测指标，系统化的制度设计能够最大限度约束自主填报中的道德风险。

三、隐性贫困识别需要条块结合的协同参与，构建数据逻辑判断机制

在"条"上要构建动态监测平台和监测机制，设定好时间利用数据的参数设定和采集路径。在"块"上要指导农户自主申报，发挥群团组织力量，做好摸排和结果公示监督。需要完成的主要事项包括：第一，设置监测指标体系，包括收入支出状况、"两不愁三保障"和饮水安全指标，识别重点监测群体。该体系是现行监测体系的延伸，需要新增的内容包括动态变动收支波动指标阈值，确定"三保障"和饮水安全监测标准。第二，搭建自主申报平台。包括收支异常波动、"两不愁三保障"突发情况、家庭背景特征、时间利用情况等，自主申报既要有以重点监测户为单位的自主申报，也要有以镇（街道）和村（社区）为单位的基层自主申报单元，以充分体现微观差异。收支情况、"两不愁三保障"和家庭背景自主申报平台需要设定申报门类和分类标准，时间利用情况需要确定预设时间利用的参数，以及农户层面自主申报的门类和区间值。第三，健全数据逻辑判断机制，及时识别敏感群体，约束数据失真情况。利用大数据平台集成相关部门数据，利用不同数据来源之间的逻辑关系凝练对比判断规则，并形成村组摸排、部门筛查等互补工作机制。

四、分类科学优化识别程序，兼顾识别精度与识别成本

隐性贫困识别要处理好三组关系：一是识别精度与识别成本的关系；二是规范认定和及时认定的关系；三是隐性贫困识别体系与动态监测体系的关系。

第一，兼顾识别精度与识别成本。在一般情况下，识别成本与识别精度正相关，约束两者权衡替代的策略包括突出重点和技术赋能。突出重点的关键是做排除法，隐性贫困对标的是有劳动能力家庭的时间赤字问题，在实际操作中可以不将缺乏劳动能力的家庭列入隐性贫困监测范围，也不

用采集其时间利用数据，把识别重点聚焦有劳动能力家庭。列出隐性贫困数据采集信息点之后，技术赋能主要体现在整合县级部门和乡镇的已有数据，以及各省脱贫攻坚大数据平台，降低重复采集成本，并实现与既有平台和项目的贯通。

第二，规范认定和及时认定的关系。隐性贫困农户的贫困状态受生产经营性收入波动的影响较大，当季收入的减少直接影响下一季的要素投入意愿和能力，从而产生自我强化的持久负面影响。因此，隐性贫困"帮早帮小"的成本更低，帮扶效果也更好，更需要及时认定、及时帮扶。

第三，隐性贫困识别体系与动态监测体系的关系。既往脱贫地区已经构建了较为规范的防止返贫动态监测体系，这给隐性贫困识别和帮扶提供了稳定参照，实现两个体系的协同互促具有必要性和可行性。一是两者监测对象各有侧重，可以相互补充。从监测对象来看，动态监测农户可以分为针对既往建档立卡户的脱贫不稳定户，针对既往未得到帮扶低收入农户的边缘易致贫户，以及因病、因自然灾害、因意外事故等的突发致贫户。隐性贫困的重点则是有劳动能力的脱贫不稳定户和边缘易致贫户，隐性贫困对这两类农户的提前介入帮扶提供了依据，而动态监测帮扶体系则为有劳动力农户的投入风险提供了稳健的约束机制。二是两者监测体系存在信息交叉，可以有效衔接。根据现有返贫动态监测体系，基本上是按照农户主动申请、县级部门信息比对、镇村干部回访、村社区公示、县级认定的流程，来识别返贫户，并进行针对性帮扶。动态监测的相关数据为隐性贫困识别提供了主要的信息点，同时动态监测的已有渠道也为隐性贫困的时间利用数据提供了信息采集的天然平台，极大降低了隐性贫困识别相关信息的采集成本。

第三节

改善有酬工作回报率同乡村振兴有效衔接的政策建议

一、接续推动脱贫地区发展，增加本地劳动需求

本地劳动需求增加是有酬工作回报率"水涨船高"的重要前提，脱贫地区产业发展则是本地劳动需求增加的基础来源。接续推动凉山州发展要

做到"两个聚焦"：产业聚焦和空间聚焦，分别对应发展什么、在哪里发展。

第一，聚焦乡村特色产业，搭平台补短板。凉山州乡村特色产业主要体现为"果薯蔬草药"特色种植养殖业，各区县在"十四五"规划中都根据山地立体气候现状发展谋划了适宜的种植养殖业品种。从农业特色产业发展方向上，要推动形成"一村一品、一乡一业"，如盐源苹果、雷波脐橙等优势特色产品，重点和难点主要体现为如何协同行动。这要求找到产业链上一个无法绕过且能够由某个特定主体完成的具体环节，比如品种、品牌、认证、融资等理论上都可以在政策扶持的基础上，成为产业链的最大公约数，实现以点带链。凉山州也有丰富的矿产资源，比如雷波磷矿，甘洛铅锌矿，美姑、昭觉、雷波等县的南红玛瑙等，这些都是巩固拓展脱贫攻坚成果的重要禀赋，但要注意统筹原材料供给和产业发展的关系，以及产业发展和收入分配的关系。针对原材料和产业的关系，凉山州要积极发挥原材料供应的绝对优势和土地承载能力的相对优势，以原材料产业化和产业园区化实现延链补链发展。《凉山彝族自治州国民经济和社会发展第十四个五年规划和二〇三五年远景目标纲要》① 在重点工业园区主导产业和功能定位中指出：雷波工业集中区重点发展生态纺织、电解水制氢矿化磷石膏循环绿色产业、砂石玄武岩纤维、玻璃纤维装配式建材等新材料产业。甘洛工业集中区着力打造四川省铅酸蓄电池发展基地，重点发展石墨和硅基等新材料产业、危废处理、再生资源综合利用。此外，凉山州也有旅游发展的优势资源，既有"彝海结盟"等党性教育资源，也有邛海泸山等国家级风景名胜区，这为凉山州旅游产业带动巩固拓展脱贫攻坚成果提供了新赛道。需要依托四川长征干部学院凉山彝海结盟分院等重点项目建设，提供旅游资源价值转化的明晰路径。针对产业发展和收入分配的关系，要尤为关注构建本地要素充分参与的利益联结机制，既要通过税收，更要通过产业关联实现主导产业对现有本地要素的吸纳和带动。在具体方式上，可以是主导产业龙头公司的其他现有相关经营板块导入，也可以是以龙头公司预期回报为标的，通过资本招商方式发展本地其他产

---

① 《凉山彝族自治州国民经济和社会发展第十四个五年规划和二〇三五年远景目标纲要》，http://ywb.lsz.gov.cn/xxgk/qmtjwgk/jcgk/jchgk/fzgh/202106/t20210624_1946652.html。

业。比如越西、会东、昭觉、甘洛等县的粮食酒产业，就可以依托其他主导产业招引的龙头企业，依托本地生产苞谷酒、燕麦酒、苦荞酒的传统，进行市场转化。

第二，聚焦重点产业园区，增密度减距离。距离、密度与分割是刻画经济活动空间分布的三个典型要素，也是实现集聚外部性的可行路径，具体表现为提升适宜发展区域的空间密度，缩短与核心区域的经济距离，弥合不同核心区之间的市场分割。针对凉山州的特色种植养殖产业，要把现代农业产业园区作为发展的重点帮扶主体和承载经济活动的核心平台。通过对现代农业园区的高标准规划和实事求是的逐步推进，建设园区现代农业生产体系，提升园区农业生产的规模化、集约化和组织化，并以现代农业园区作为三次产业融合发展的载体。在此基础上，缩短内部和外部两个距离。在缩短内部距离上，要以现代农业园区为主体，通过农资、农技、农机等通用要素，形成家庭农场、个体农户等其他经营主体接入现代农业园区的接口，加快特色产业发展所需基础设施的建设，缩短县域范围内经营主体与现代农业园区的距离。在缩短外部距离上，要统筹不同现代农业园区的共性底层需求，由政府或者第三方提供缩短与外部核心市场的市场距离，降低交易成本。如打造"大凉山"特色农产品统一销售平台，推进特色产业销售体系现代化等。针对凉山州的非农产业，也要把握集聚发展的要求，尤其是在"三线一单"严格划定发展红线的背景下，要跳出村、镇行政区划限制，在更大空间范围内促进产业集聚和协作，以片区为单元谋划产业发展的极核和腹地。在产业聚焦和空间聚焦的同时，也要在帮扶资源上体现聚焦。四川省在确定25个国家乡村振兴重点帮扶县的基础上，也确定了25个省级乡村振兴重点帮扶县，对凉山州既往深度贫困县进行全面覆盖，并从村级层面对重点生态功能区覆盖村、重大工程项目覆盖村、传统历史文化村和掉边掉角边缘村进行了重点关注。在落实上，凉山州在资源分配上要更鲜明地体现分类施策导向：一方面，基础设施和公共服务补短板，缺啥补啥，标准要与国情国力相匹配，不吊高胃口；另一方面，生产力资源塑强点，通过补强来扶弱，重点扶持有更强发展潜力和带动能力的园区和主体，不撒胡椒面。

二、持续积累人力资本，改善脱贫人口劳动供给质量

增加单位有酬工作回报是缓解隐性贫困的重要路径，增加单位工时回报既需要通过增加本地劳动力需求实现"水涨船高"，也需要通过人力资本积累，实现边际产出增加。人力资本积累需要技能培训和学历教育体系的协同作为，凉山州技能培训和学历教育体系协同增效的政策建议包括以下几点。

第一，系统科学构建职业技能教育体系。职业技能培训能够解决农户缺就业技能和生产经营技术不足的现实问题，是弥补能力短板，激发内生动力的有效手段。但在实际操作中也存在明显的绩效改善空间，如进一步提升技能培训内容、受训对象、岗位需求三者的匹配度；进一步优化培训周期，构建"有求必应，递进响应"的全周期培训体系；进一步完善政府、受训对象、技能需求主体之间的利益联结机制，构建技能"点菜、上菜、买单"的长效体系。凉山州构建职业技能教育体系需要抓住主干、抓住重点。抓住主干，就是把政府的职业教育供给作为职业教育的主要平台。凉山州要办好凉山职业教育园区，构建应用型本科院校、高职学校、中职学校贯通的本地公办职业教育体系，并以此作为承载职业技能教育的主要平台。在专业和课程设置上，既与本地产业园区和特色产业相匹配，让职业教育进产业园区，也与职业技能的梯级递进规律相衔接，让各技能培训横向协同赋能、纵向层层深入，构建全民和全职业生涯的终身教育体系。同时也要抓好职业技能培训主干体系的空间分布，要统筹州级和重点帮扶县职业教育培训点的设置，构建职业教育院校、县级职教中心和公共实训基地分工合理彼此促进、点面结合的职业技能教育空间分布体系。《凉山彝族自治州国民经济和社会发展第十四个五年规划和二〇三五年远景目标纲要》也规划了昭觉、越西、会理、盐源等5个公共（综合）实训基地建设工程，要做好相应的课程内容设置和衔接。抓住重点，就是把巩固拓展脱贫攻坚成果以及乡村振兴的重点人群作为职业技能培训内容设置的重点。一是要加强易地扶贫搬迁群众的职业技能培训，重点放在搬迁群众的外出务工能力提升上，并针对社区融入问题，通过针对性技能培训支持相关群众从事商贸餐饮等本地服务业以及手工业。二是要加强建筑业人

才培训，目的是增强重大工程覆盖地区群众的获益能力，建强企业领导、经营管理、工程技术、一线操作 4 支队伍。三是加强新型职业农民培训，设置中高等农业职业教育课程体系，通过弹性学制支持脱贫户参与培训，并与对新型经营主体的考核体系相挂钩，并与职业农民职称评定相衔接。

第二，持续提升凉山州教育优质均衡发展。凉山州在"十四五"规划中设置了学前教育推进工程、寄宿制学校建设工程、百年骨干学校建设工程、教师队伍增量提质计划等九项教育重点工程，目的是通过持续改善义务教育办学条件和优化教育资源布局，提高教育发展质量。自上而下的持续投入能力是落实教育重点工程的最关键要素，在加大教育投入的同时也需要不断优化教育资源的空间配置。一是在昭觉、越西、盐源等有条件的既往深度贫困县建设教育区域中心，以点状扶持扩大优质学位总量，并通过跨区域分片区分配实现优质生源与优质学位匹配，做到集中发展一批。二是推动现代通讯与信息技术在教育教学领域深度使用，初期主要针对非教育区域中心的义务教育学校，做到互联网带动一批。在中长期全面实现中小学优质资源班班通和网络学习空间人人通，实现信息技术和智能技术与教育全过程的深入融合。三是实施教育资源共享计划，鼓励支持川渝地区优质教育集团在凉山州建设分校，做到外部资源吸纳一批。

第四节

减少家庭必要无酬工作时间同乡村
振兴有效衔接的政策建议

减少家庭必要无酬工作时间的主要路径是减少家庭照料服务时间，在政策上属于改善公共服务的政策范畴，在目标上包含了公共服务的供给质量和供给数量，在内容上涉及儿童、老人和其他失能群体的照料替代服务。

一、匹配"双减"政策，提供高质量本地儿童照料服务供给

根据第七次全国人口普查数据，2020 年，凉山州常住人口中，0~14岁人口占比 27.64%，高于全国平均水平 9.69 个百分数，是四川省少儿人

口比重最高的地市州。动态来看，凉山州"七普"少儿人口比重比"六普"提升了0.31个百分数，呈持续提升态势①。凉山州少儿人口比重较高的现状既为后续人口结构优化提供了良好前提，同时也为当前的儿童照料服务需求提出了现实要求。在隐性贫困框架下，儿童照料服务是家庭必要无酬工作时间的重要来源，也是隐性贫困减缓的重要主动作为空间，儿童照料服务的社会替代依赖于照料服务供给数量和服务质量两个前提，并受社会照料服务价格的制约，即儿童照料服务的可得性、可替代性和可负担性。

第一，扩大供给，提升儿童照料服务可得性。重中之重是大力推动学前教育推进工程，加快学前教育普及发展，通过加大投入切实提升入园率。在学前教育空间分布上体现就近就便入学，实现县、乡、村三级全面覆盖。其次是通过实施寄宿制学校建设工程，推动寄宿制学校建设。在空间分布上体现为小学向乡镇集中、初中向中心城镇集中，资源向寄宿制学校集中。通过寄宿制学校软硬件建设，扩大寄宿制学校规模和学位数量。

第二，提升质量，改善儿童照料服务可替代性。在学前教育上，关键是村幼辅导员队伍的稳定，难点是村幼辅导员的待遇保障，路径是专项经费支持为主，专兼结合、常规队伍和志愿者队伍结合的人员结构优化为辅，并结合普通话推广行动，全面提升村级幼教点的办学条件和办学质量。在中小学教育上，关键是课堂教育质量和课后延伸课堂内容。要关注到凉山州中小学教育教学面临的主要问题不是学生过重的作业负担和校外培训负担问题，而是课堂上"吃不饱"和课后"没得吃"的问题，不能简单套用城市义务教育"双减"的措施一减了之。要在规范化常态化集体备课和师资培训的基础上，减少课堂的无效时间和减少课后无引导的托管时间。在特殊教育上，要继续实施特殊教育实施计划，完善特殊教育办学体系，根据人口规模独立建设标准化特殊教育学校。但实施过程中要及时采取政策缓解特殊教育对普通教育的挤出问题。在现行特殊教育入学体制和激励政策下，部分特殊教育儿童的家长更倾向于让介于特殊教育和普

---

① 数据来源于《凉山州第七次全国人口普查主要数据情况》，http://www.lsz.gov.cn/jrls/tpxw/202106/t20210602_1925482.html。

通教育之间的儿童就读特殊教育学校。同时，常规义务教育学校也没有动力主动介入家长的选择，甚至还会持鼓励态度。这既需要调整特殊教育入学支持政策，也需要完善常规教育优化内容和设施，提升对轻度特殊儿童的包容性，如在接收一定数量残疾学生随班就读学校设立特殊教育资源教室。

第三，稳定政策，增强儿童照料服务可负担性。该项工作的关键在于做到在五年过渡期内，全面落实脱贫不摘政策。教育部、国家发展改革委、财政部和国家乡村振兴局出台《关于实现巩固拓展教育脱贫攻坚成果同乡村振兴有效衔接的意见》，明确建立健全农村家庭经济困难学生教育帮扶机制，为增强儿童照料服务的可负担性提供了政策指引。一是进一步完善从学前教育到高等教育全学段的资助体系，二是完善学生影响改善计划，三是加强农村留守儿童和困境儿童的关心关爱，对有特殊困难的儿童优先安排在校住宿。

二、着眼老龄化应对，加速适老化改造和老年照料服务供给

从"七普"数据来看，2020 年凉山州 65 岁及以上人口比重为 9.49%。虽然总体来看，凉山州老龄化程度不高，但要意识到两方面的变化：一是从动态来看，2020 年凉山州 65 岁及以上人口比重比"六普"上升 2.39 个百分数，老龄化程度有所加深；二是从空间分布来看，凉山州内部的人口流动导致的老年留守问题，凉山州人口有向安宁河谷集聚的明显趋势，西昌的首位度也显著提升。因此，凉山州脱贫地区需要通过适老化改造和增加老年照料服务供给应对老龄化的趋势，隐性贫困框架为此提供了统领政策的抓手和评估体系。通过减少老年照料时间实现隐性贫困减缓的要点在于健全基本养老服务体系，实现路径则包括完善养老基础服务设施、提升养老服务质量和开发老龄人力资源四个主要方面。

第一，完善养老基础服务设施。空间分布要均衡，在县域中心布局老龄康养中心，依托两项改革后半篇文章在中心城镇布局片区老年福利服务中心，在中心村布局日间照料中心。体现根据需求的最大公约数，分级分类建设原则，以及跳出行政区划，以中心点位服务经济片区的集约利用原

则。建设主体要多元，加大各级公办养老服务机构的示范引导作用，持续提升公办养老服务机构的服务能力。通过设置服务标准和监管体系，引导和支持社会资金进入养老服务领域，在实施过程中强调社会化主体的分类进入，细分护理、助养、居养设置市场准入，以专业化服务扩展社会化机构的养老服务覆盖半径。另外，要针对养老服务领域多发的非法吸储等涉及金融风险的行为严加监管，确保老年福利的平稳实现。

第二，提升养老服务质量。当前养老服务机构同时存在结构性过剩和短缺问题，一方面高端养老服务机构供不应求，另一方面基层养老机构空置率较高。出现该种情况有两个原因：一个原因是服务质量问题，养老服务存在家庭照料和社会照料这一组替代品，养老服务质量是影响家庭照料和社会照料可替代程度的关键因素之一，如果社会照料服务质量有限且价格相对较高，就难以形成对家庭照料的替代，从而导致空置率问题。在隐性贫困框架下，为了有效减少家庭老人照料导致的家庭必要无酬工作时间，需要在完善养老服务设施的同时，提升养老服务质量。另一个原因与认知有关，在一些地方仍然将去养老服务机构看作是缺少家庭成员照料的结果，把养老服务机构的功能弱化为"老有所养"。改变这种认知既要通过社区宣传逐渐改变对养老服务的刻板印象，也需要从供给层面丰富产品供给，以匹配人民群众对美好生活的向往，在"老有所养"的基础上，体现"老有所乐"。加快建设以居家为基础、社区为依托、社会机构为补充的农村养老服务体系，提升养老服务供给数量和质量。

第三，充分发挥人力资源潜力。一是老龄人口的人力资源潜力。2020年，凉山州人均预期寿命为 76.35 岁①，退休年龄距离人均预期寿命还较远，存在开发老龄人力资源的较大潜力。二是特殊人群的人力资源潜力，部分残疾人也具备一定的就业能力，需要通过实施再就业援助行动，并提供扣除就业成本等激励手段，积极开发人力资源潜力。

第四，兼顾好老年照料与盘活资源。包括凉山州在内的很多农村地区，难以仅依靠社会照料满足老年照料需求，仍然需要以居家为基础。居家照料模式将形成对家庭劳动能力的挤出，从而影响家庭收入。与此同时，四川省已经完成的乡镇行政区划和村级建制调整改革，通过镇村建制

---

① 数据来源于《凉山州"十四五"卫生健康发展规划》。

调整形成了相当数量的国有和集体资产，把合并后空闲的资产用好也是现实需求。老年照料和盘活资源存在协同的可行空间，建议以村办集体经济的形式建设就地养老服务中心，并对周边镇村进行辐射，实现老年照料、盘活资源与释放劳动力就业增收能力的多重效果。

三、聚焦其他弱势群体，做好残疾人保障和服务工作

党的二十大报告指出，完善残疾人社会保障制度和关爱服务体系，促进残疾人事业全面发展。残疾人等弱势群体家庭面临直接的家庭照料压力，也间接影响了收入水平和支出结构。良好的残疾人照料服务可得性既能缓解因家庭照料对收入带来的持续影响，也能够有效改善残疾人的康复水平和生活质量，切实体现以人民为中心的发展理念。在工作思路上，要做好两个精准发力：一是细分残疾人劳动能力，精准发力改善就业能力和就业机会，体现内生动力和自力更生；二是细分残疾人照料需求，精准发力匹配照料服务需求，体现因地制宜和因人而异。涉及的重点包括残疾人就业援助、残疾人康复照料、残疾学生助学等。

第一，加强就业能力援助。针对有一定劳动能力的残疾人，逐人逐户建册，摸清就业能力基本情况。建设残疾人就业帮扶基金，利用好支持残疾人就业的现有政策，打通以本地市场主体为主导的多渠道就业岗位来源，形成动态更新的定向就业信息库。以匹配岗位需求为导向，以就业效果为评价标准，精准组织残疾人就业培训。

第二，完善照料服务供给。对标"实现残疾人'人人享有康复服务'的目标"，定向针对性提供康复辅助器具和康复训练指导，因地制宜建设社区残疾人康复训练服务平台，提升残疾人康复服务可得性和服务水平。针对残疾人家庭进行无障碍改造，消除居家生活障碍，提升自我照料能力和生活质量。进一步完善居家与社区相结合的残疾人托养服务体系，残疾人社区照料服务可以与养老服务共建共享。

第三，加大扶残助学力度。完善特殊学校办学条件，处理好特殊学校与义务教育的关系，搭建并使用好双向流通渠道。保障残疾儿童教育权益，激励义务教育学校接收适龄适能的残疾儿童在中小学跟班就读，必要时提供送教上门服务。进一步完善残疾学生助学体系，把义务教学学段之

外的学业阶段也纳入残疾人助学资助范围，充分发挥教育在促进残疾人全面发展中的基础作用。

第四，优化帮扶路径流程。针对残疾人前期帮扶过程中面临的具体问题，采取针对性措施优化帮扶政策。主要涉及需长期照护残疾人的常规生活补贴问题、根据自理能力和困难状况的分类分级问题、就地就近享受帮扶政策问题、突发困难群体的及时认定和帮扶问题等。此外，还需要持续优化困难残疾人保障和服务，大力推进残疾人服务下沉，让评残办证更便捷，加大下乡入户办证力度。

四、鼓励创业和零工经济，兼顾有酬工作报酬和时间赤字

凉山州隐性贫困减缓既包括提升有酬工作报酬，也包括降低时间赤字货币价值。提升有酬工作单位工时回报率的政策包括通过增加人均资本存量、改善人力资本水平等方式，增加生产经营性收入和外出务工的工资性收入。降低时间赤字货币价值的政策则涉及通过提供家庭照料服务的低成本替代品，减少家庭必要无酬工作时间和照料服务的市场获取成本。这两个思路对家庭无酬工作和有酬工作进行了明确区分，但现实中也存在两者相互调剂、互为补充的情况，即家庭能够有效利用工作闲暇时间进行照料服务的家庭供给，其典型场景是本地创业和零工经济。创业活动既能够通过改善就业机会和工作回报，提升有酬工作回报率，也能够通过灵活的工作时间供给，改善照料服务的自给自足水平。促进创业也是脱贫地区巩固提升脱贫攻坚绩效的重要手段，政策层面也对创业的减贫效应进行了重点关注。但在创业帮扶对象的选择上应考虑机会成本，体现帮扶对象精准识别。非贫困户创业能够通过要素关联促进贫困户收入提升和自我发展能力改善，体现减贫溢出效应。因此，在创业减贫政策制定时，不应仅盯住既往建档立卡贫困户，信贷支持等创业帮扶措施也应当关注受教育程度相对较高的非贫困户的创业需求。"大户""能人"以及返乡创业群体的创业行为是农村形成本地发展能力，促进长期稳健脱贫的重要一环。涉及重点工作主要包括返乡入乡创业、妇女就业创业和搭建零工经济平台等。

第一，鼓励返乡入乡创业。外出务工同时伴生着儿童留守和老人照料的社会问题，鼓励有条件有能力的外出务工群体返乡创业是兼顾收入和家庭照料的中间道路。随着数字经济对传统产业的赋能，本地特色农副产品有了更大的机会被市场直接看见和接触，这给返乡入乡创业提供了广阔市场基础。政策介入主要应对的是通过激励改善返乡入乡意愿的问题，涉及的政策包括税费、场地、贷款贴息、补贴、培训等主要方面，盘活闲置国有资产，建设直接服务创新创业需求的创业孵化基地，同时让返乡入乡群体参与基层社会治理也是提高返乡意愿的重要手段。

第二，鼓励妇女就业创业。妇女在凉山州家庭生活中有其独特作用，是家庭照料服务供给的主要来源，也是挖掘人力资源潜力的女性红利所在。通过提升女性就业技能和文化素质，增加女性就业创业和居家灵活就业能力，既有助于充分利用家庭照料的闲余时间，也有助于潜移默化提升凉山州女性社会地位，促进形成社会主义家庭文明新风尚。

第三，搭建零工经济平台。零工经济的主要目的是为农村低收入人口提供更多家门口的就业机会，零工经济涉及的多渠道灵活就业平台包括小店经济、夜市经济、社区工厂、卫星工厂等。可以采取的措施包括：一是依托"万企帮万村"，继续发挥就业帮扶车间等既往就近就业载体的作用；二是充分利用东部地区产业转移的机会，把劳动力密集的就业环节在县域打包，然后化整为零分散到村社区，发挥劳动力用工成本优势；三是重点关注大型移民安置区的就业创造，完善安置区就业服务水平，搭建就业创造平台，既服务就业能力提升，又助力移民社会融入。

第四，发挥公益性岗位功能。在优化岗位设置、按需设岗的前提下，用活用好公益性岗位。结合凉山州完善社区治理功能的需要，在护林防火、生态环保、地灾巡查、公益性资产养护等领域，对符合条件有劳动能力的脱贫家庭和边缘易致贫家庭落实每户1人就业的安置要求。公益性岗位尤其要关注弱劳动力和半劳动力的就业问题，既充分发挥基层哨点作用和人海战术的优势，也体现对农村闲余劳动力人力资本潜力的充分挖掘。同时在岗位设置和聘任上完善管理机制，按需设岗、以岗聘任、在岗领补、有序退岗，发挥公益性岗位的最大帮扶绩效。

第五节

改善其他收入来源同乡村振兴有效衔接的政策建议

除了生产经营性收入和工资性收入之外的其他收入来源，能够在不增加时间赤字的前提下提高调整后的收入水平，是有效的隐性贫困帮扶路径。凉山州通过改善其他收入来源实现隐性贫困减缓的路径主要是财产性收入，主要包括通过优化资产配置改善财产性收入和通过村集体资产权益实现改善财产性收入两个方面。

一、用好数字普惠金融体系，实现资产优化配置

凉山州可能导致规模性返贫的风险点主要包括自然灾害、因病因残导致的短时收入支出大幅变化，大宗农副产品价格大幅下降导致的收入下跌，产业投资失败导致的财务压力等。此外，非理性大宗消费开支也是导致资本难以有效积累的重要原因。应对风险要有好工具和好习惯，好工具平滑收支，好习惯让资本积少成多，好工具和好习惯背后的施策要点是数字普惠金融体系和家庭金融素养水平。

第一，完善数字普惠金融体系。普惠金融是好的理念，但在构建普惠金融体系的过程中，凉山州等既往贫困地区普遍面临着成本问题。而近几年快速发展的数字金融（金融科技）被视为实现低成本金融普惠的一个可行对策。数字金融泛指传统金融机构与互联网公司利用数字技术实现融资、支付、投资和其他新型金融业务的模式（黄益平等，2018）[1]。根据现有研究，对金融机构的金融服务供给而言，数字金融能够降低金融机构的授信成本，扩大金融服务的覆盖范围，增加金融服务的服务能力；作为需求方的家庭层面，数字金融能够降低金融服务的获取门槛，缓解金融排斥居民的信贷约束，缓解小微企业"贷款难，贷款贵"的问题以及促进农村人口创业和企业技术创新等。数字普惠金融的"数字红利"是缩小城乡

---

[1]　黄益平、黄卓：《中国的数字金融发展：现在与未来》，载《经济学（季刊）》2018 年第 4 期。

收入差距的有效手段之一。在隐性贫困框架下，数字普惠金融主要解决风险带来的波动问题，以及如何把现有可支配资产用好的问题，信贷可得性不在此列。针对风险带来的波动问题，需要利用金融科技的优势，结合本地实际，增加特色产业保险品类，用好"保险＋期货"进一步增强风险规避能力和价值发现能力，完善农业再保险体系。根据凉山州气象和地质灾害的实际情况，推进巨灾保险试点工作，并探索返贫责任险产品。利用保险参与的激励政策，引导农业经营主体提高农资、农技、农机、产品分选包装等农业产业链标准化程度，助力农业农村现代化进程，体现巩固拓展脱贫攻坚成果同乡村振兴的有效衔接。针对把现有可支配资产用好的问题，在区域层面要发挥好金融工具在生态产品价值转化过程中的作用，把用能权、排放权、横纵向转移支付等权利资产化。在家庭层面，要利用金融科技优势推动农村家庭金融服务全流程数字化，打造线下线上协同的服务模式。利用大数据优势因地制宜开发自主储蓄产品，提升农户资本积累意愿。

第二，提升家庭金融素养水平。脱贫地区家庭金融素养相对较低，这既意味着农户资产配置存在优化可能，也意味着存在较大的施策空间。一是提供标准化金融产品，降低普惠金融参与的金融素养门槛。金融机构需要在金融产品设计和消费金融知识教育上体现金融普惠，提供更为标准化的收入和资产配置金融产品，降低金融决策的金融素养门槛，并凭借深入基层的优势，提供更为多元的消费金融知识教育，并搭建金融信息传播和交流的正式渠道。二是金融机构基层网点和基层群团组织相结合，提供金融顾问工作。尤其是在农户大宗收支的重要节点和容易出现问题的敏感点，及时宣讲政策，推介政策支持的金融产品和服务，挖掘资本积累潜力。三是提供低成本金融教育项目，可以探索将金融教育内容融入当前学校教育系统，并通过金融机构、就业单位和社区教育，建立金融教育的社会网络。金融教育项目应该在内容设计上强调存款本息和等应用性数学知识的培训，可以通过在金融教育项目中融入开设储蓄账户、查询账户信息等实际操作，并针对性设置资产配置内容，降低因为"干中学"机会不足和过于复杂的金融决策导致的金融素养匮乏和长期福利损失。

二、用好村集体资产，实现村集体经济成员权益

脱贫攻坚阶段，凉山州扶贫项目数量多，扶贫资金投入量大，形成了大量扶贫资产。涉及路、水、电、网、物流仓储、中小学、幼儿园、医院、便民服务中心、党员活动室等多种资产形式，脱贫产业发展中，也形成了帮扶单位投资建厂、公司加农户、农业合作社、村产业基金投资入股等大量多种所有制属性的产权、股权。盘活用好这些扶贫资产是改善村集体经济成员资产性收入的重要渠道，也是实现隐性贫困减缓的有效路径。

第一，要分类摸清资产底数，分类落实管护责任。[1] 一是在资产清产核资、登记造册的基础上，根据资源权属类型，细分公益性、经营性和其他扶贫资产分类确权。公益性资产明确管护主体和管护责任；经营性资产厘清产权关系，制定运营方案和收入分配机制；其他扶贫资产明确资产权利归属。二是建立利益联结机制，将权属明确的扶贫资产和项目纳入村集体经济组织，由村集体经济组织根据实际情况采取自营或者入股的方式盘活资产，实现保值增值。三是制定扶贫项目资产管理和监督制度，将公益性资产后续管护和经营性资产运营、收益及收益分红作为监管重点，强化管理和监督。在有条件、有需要的镇街成立农村集体"三资"管理中心，形成产权明晰、公私分明、责任明确的管理体制。

第二，要规范村级财务管理。一是要建设农村会计综合服务体系，针对农村普遍缺乏专业会计人员的问题，以及白条账、烟盒账入账等管理混乱问题，要与对新型经营主体的财务体系建设系统考虑，协调政策资源解决基层组织和主体在财务管理上的共性问题。二是要深化"村财乡代管村用"改革，在乡镇层面协调解决会计服务的同时，解决实际执行过程中存在的程序繁琐、与实际经济活动脱节等具体问题。三是要发挥技术对村级财务管理的赋能作用，充分利用现代信息技术，把村级财务账本从线下搬到线上，为有效记账和在线监管提供载体。

第三，要深化农村集体产权制度改革。农村"三块地"制度创新是农

---

① 《中共四川省委四川省人民政府关于实现巩固拓展脱贫攻坚成果同乡村振兴有效衔接的实施意见》，https：//www.cdcppcc.gov.cn/show－1580－110053382－1.html。

村资产价值实现的重要来源，也是高度敏感的政策焦点。在底线和红线已经较为明朗的情况下，已经到了可以通过深化改革释放农村集体资产红利的阶段。一是用好农村存量建设用地，采取村集体与企业合作入股的方式，缓解建设用地短缺导致的企业落地困难问题，这也是农村集体建设用地入市的务实选择和壮大新型农村集体经济的可靠来源。在实际操作中，这种合作方式还面临土地指标的约束问题，要做好县级层面增减挂钩指标内部转换的制度配套。二是探索农村宅基地三权分置的实现形式，宅基地使用权也是实现农旅融合发展的重要要素保障和城乡要素自由平等双向流动的重要载体。三是在保障进城落户农民土地承包权、宅基地使用权、集体收益分配权的基础上，探索依法自愿有偿转让的具体办法，这将为农户通过闲置权利的价值实现获取资产性收入提供制度保障。

参 考 文 献

［1］白丽、赵邦宏：《产业化扶贫模式选择与利益联结机制研究——以河北省易县食用菌产业发展为例》，载《河北学刊》2015年第4期。

［2］鲍震宇、赵元凤：《农村居民医疗保险的反贫困效果研究——基于PSM的实证分析》，载《江西财经大学学报》2018年第1期。

［3］曹宗平：《乡村振兴背景下农民工返乡问题的多维审视》，载《中州学刊》2021年第8期。

［4］常瑞、金开会、李勇：《深度贫困地区农业产业资本形成推动乡村振兴的路径探究——基于凉山州脱贫乡村产业发展视角》，载《西南金融》2019年第1期。

［5］常晓鸣：《产业发展、就业质量对易地扶贫搬迁政策满意度的影响机理——基于对凉山彝区易地扶贫搬迁户的田野调查》，载《民族学刊》2021年第4期。

［6］陈成：《四川省大小凉山彝区农村妇女精准脱贫研究》，载《农业经济》2020年第6期。

［7］陈立鹏、马挺、羌洲：《我国民族地区教育扶贫的主要模式、存在问题与对策建议——以内蒙古、广西为例》，载《民族教育研究》2017年第6期。

［8］陈璐、范红丽：《家庭老年照料会降低女性劳动参与率吗？——基于两阶段残差介入法的实证分析》，载《人口研究》2016年第3期。

［9］陈清华、朱敏杰、董晓林：《村级发展互助资金对农户农业生产投资和收入的影响——基于宁夏13县37个贫困村655户农户的经验证据》，载《南京农业大学学报（社会科学版）》2017年第4期。

［10］陈世海、詹海玉：《凉山彝族留守儿童家庭教育研究》，载《教育评论》2012年第2期。

[11] 陈永亮、张立辉：《乡村振兴视域下新时代民族地区移风易俗路径——以四川省凉山彝族自治州 J、Y 县为例》，载《民族学刊》2020年第 6 期。

[12] 程名望、Jin Yanhong、盖庆恩、史清华：《农村减贫：应该更关注教育还是健康？——基于收入增长和差距缩小双重视角的实证》，载《经济研究》2014 年第 11 期。

[13] 程世勇：《全面建成小康社会与大格局内生化扶贫模式建构》，载《湖北社会科学》2018 年第 11 期。

[14] 迪恩·卡尔兰、雅各布·阿佩尔：《不流于美好愿望：新经济学如何帮助解决全球贫困问题》，傅瑞蓉译，商务印书馆 2014 年版。

[15] 丁赛、李克强：《农村家庭特征对收入贫困标准的影响——基于主观贫困的研究视角》，载《中央民族大学学报（哲学社会科学版）》2019 年第 1 期。

[16] 董家丰：《少数民族地区信贷精准扶贫研究》，载《贵州民族研究》2014 年第 7 期。

[17] 豆书龙、叶敬忠：《乡村振兴与脱贫攻坚的有机衔接及其机制构建》，载《改革》2019 年第 1 期。

[18] 杜洪燕、陈俊红、李芸：《推动小农户与现代农业有机衔接的农业生产托管组织方式和利益联结机制》，载《农村经济》2021 年第 1 期。

[19] 杜启明、江芳：《西部民族地区初等教育存在的问题及其对策》，载《贵州民族研究》2013 年第 5 期。

[20] 杜尚荣、朱艳、游春蓉：《从脱贫攻坚到乡村振兴：新时代乡村教育发展的机遇与挑战》，载《现代教育管理》2021 年第 5 期。

[21] 樊丽明、解垩：《公共转移支付减少了贫困脆弱性吗？》，载《经济研究》2014 年第 8 期。

[22] 方征、金平、张雯闻：《脱贫巩固阶段教育扶贫政策的实施困境与治理突破——基于连片特困地区村（社区）的质性研究》，载《华南师范大学学报（社会科学版）》2021 年第 3 期。

[23] 冯丹萌、陈洁：《2020 年后我国城市贫困与治理的相关问题》，载《城市发展研究》2019 年第 11 期。

[24] 高静、武彤、王志章：《深度贫困地区脱贫攻坚与乡村振兴统

筹衔接路径研究：凉山彝族自治州的数据》，载《农业经济问题》2020 年第 3 期。

[25] 高强：《脱贫攻坚与乡村振兴有效衔接的再探讨——基于政策转移接续的视角》，载《南京农业大学学报（社会科学版)》2020 年第 4 期。

[26] 耿新：《民族地区返贫风险与返贫人口的影响因素分析》，载《云南民族大学学报（哲学社会科学版)》2020 年第 5 期。

[27] 郭景福、田宇：《民族地区特色产业减贫与高质量发展的机制与对策》，载《中南民族大学学报（人文社会科学版)》2020 年第 4 期。

[28] 郭阳：《小镇青年参与乡村振兴的耦合逻辑与理想偏差——基于皖西南 K 镇的实证分析》，载《北京社会科学》2021 年第 7 期。

[29] 何景熙：《不充分就业及其社会影响——成都平原及周边地区农村劳动力利用研究》，载《中国社会科学》1999 年第 2 期。

[30] 何龙斌：《脱贫地区从产业扶贫到产业兴旺：现实难点与实现机制》，载《青海社会科学》2020 年第 4 期。

[31] 何仁伟、方方、刘运伟：《贫困山区农户人力资本对生计策略的影响研究——以四川省凉山彝族自治州为例》，载《地理科学进展》2019 年第 9 期。

[32] 胡原、曾维忠：《深度贫困地区何以稳定脱贫？——基于可持续生计分析框架的现实思考》，载《当代经济管理》2019 年第 12 期。

[33] 黄承伟：《决胜脱贫攻坚的若干前沿问题》，载《甘肃社会科学》2019 年第 6 期。

[34] 黄益平、黄卓：《中国的数字金融发展：现在与未来》，载《经济学（季刊)》2018 年第 4 期。

[35] 黄征学、高国力、滕飞、潘彪、宋建军、李爱民：《中国长期减贫，路在何方？——2020 年脱贫攻坚完成后的减贫战略前瞻》，载《中国农村经济》2019 年第 9 期。

[36] 黄祖辉、陈露、李懿芸：《产业扶贫模式及长效机制瓶颈与破解》，载《农业经济与管理》2020 年第 6 期。

[37] 嘉日姆几：《论凉山彝族族属认同的蛋形构造——从小凉山的"农场"现象说起》，载《社会学研究》2010 年第 5 期。

[38] 贾海彦、王晶晶：《后精准扶贫时期农村隐性贫困的精准识别

与治理——基于异质性视角的贫困农户微观数据分析》，载《河北经贸大学学报》2019 年第 4 期。

[39] 贾晋、尹业兴：《脱贫攻坚与乡村振兴有效衔接：内在逻辑、实践路径和机制构建》，载《云南民族大学学报（哲学社会科学版）》2020 年第 3 期。

[40] 贾玉娇：《论深度贫困地区的高质量脱贫》，载《人民论坛·学术前沿》2018 年第 14 期。

[41] 蒋丽丽：《贫困脆弱性理论与政策研究新进展》，载《经济学动态》2017 年第 6 期。

[42] 景鹏、郑伟、贾若、刘子宁：《保险机制能否助推脱贫并守住脱贫成果？——基于资产积累模型的分析》，载《经济科学》2019 年第 2 期。

[43] 蓝红星：《民族地区慢性贫困问题研究——基于四川大小凉山彝区的实证分析》，载《软科学》2013 年第 6 期。

[44] 雷兴长：《民族贫困地区脱贫攻坚与乡村振兴的深度衔接研究》，载《兰州财经大学学报》2019 年第 2 期。

[45] 李长亮：《深度贫困地区贫困人口返贫因素研究》，载《西北民族研究》2019 年第 3 期。

[46] 李聪、郭嫚嫚、雷昊博：《从脱贫攻坚到乡村振兴：易地扶贫搬迁农户稳定脱贫模式——基于本土化集中安置的探索实践》，载《西安交通大学学报（社会科学版）》2021 年第 4 期。

[47] 李谷成、李烨阳、周晓时：《农业机械化、劳动力转移与农民收入增长》，载《中国农村经济》2018 年第 11 期。

[48] 李俊杰、耿新：《民族地区深度贫困现状及治理路径研究——以"三区三州"为例》，载《民族研究》2018 年第 1 期。

[59] 李涛、邬志辉、周慧霞、冉淑玲：《"十四五"时期中国全面建设小康社会后教育扶贫战略研究》，载《教育发展研究》2020 年第 23 期。

[50] 李小云、许汉泽：《2020 年后扶贫工作的若干思考》，载《国家行政学院学报》2018 年第 1 期。

[51] 李晓嘉：《教育能促进脱贫吗——基于 CFPS 农户数据的实证研究》，载《北京大学教育评论》2015 年第 4 期。

[52] 李秀芬、姜安印：《亲贫式增长刍议：论少数民族地区的扶贫

政策取向》，载《中国人口·资源与环境》2017 年第 1 期。

[53] 李勇辉、沈波澜、李小琴：《儿童照料方式对已婚流动女性就业的影响》，载《人口与经济》2020 年第 5 期。

[54] 林万龙、刘竹君：《变"悬崖效应"为"缓坡效应"？——2020 年后医疗保障扶贫政策的调整探讨》，载《中国农村经济》2021 年第 4 期。

[55] 刘长江、谢义帅、刘柯红：《非理性视角下"共建共治积分银行"模式研究——基于 S 市 F 街道的考察》，载《领导科学》2021 年第 4 期。

[56] 刘二鹏、张奇林、韩天阔：《照料经济学研究进展》，载《经济学动态》2019 年第 8 期。

[57] 刘浩、赵晓霞：《凉山彝族地区反贫困研究》，载《当代中国史研究》2013 年第 4 期。

[58] 刘红岩：《中国产业扶贫的减贫逻辑和实践路径》，载《清华大学学报（哲学社会科学版）》2021 年第 1 期。

[59] 刘解龙：《精准扶贫精准脱贫中期阶段的理论思考》，载《湖南社会科学》2018 年第 1 期。

[60] 刘林、李光浩、雷明：《连片特困区少数民族农户收入差距的微观基础——以 2011—2014 年新疆南疆三地州为例》，载《经济科学》2016 年第 3 期。

[61] 刘明月、汪三贵：《产业扶贫与产业兴旺的有机衔接：逻辑关系、面临困境及实现路径》，载《西北师大学报（社会科学版）》2020 年第 4 期。

[62] 刘小珉：《民族地区农村最低生活保障制度的反贫困效应研究》，载《民族研究》2015 年第 2 期。

[63] 刘焱、康建琴、涂玥：《学前一年教育纳入义务教育的条件保障研究》，载《教育研究》2015 年第 7 期。

[64] 吕光明、崔新新、孙伯驰：《防止返贫动态监测和精准帮扶的着力点——基于 CFPS 数据的实证分析》，载《财政研究》2021 年第 8 期。

[65] 马红梅、陈柳钦、冯军：《社会资本对民族地区农村劳动力转移决策的实证研究——基于贵州省民族对比分析》，载《发展研究》2012 年第 11 期。

[66] 毛学峰、刘靖：《本地非农就业、外出务工与中国农村收入不

平等》，载《经济理论与经济管理》2016 年第 4 期。

[67] 明亮、王苹：《凉山彝族地区反贫困研究》，载《民族学刊》2019 年第 6 期。

[68] 潘安琪：《教育精准扶贫的价值内涵、现实问题及对策建议》，载《宏观经济管理》2020 年第 4 期。

[69] 彭开丽、程贺：《决策行为视角下农地流转对农户收入的影响——来自湖北省东部 9 县（市/区）的证据》，载《华中农业大学学报（社会科学版）》2020 年第 5 期。

[70] 彭荣：《医疗和养老保险与高龄失能老人长期照料支出——基于 CLHLS 数据的实证分析》，载《中国卫生政策研究》2017 年第 1 期。

[71] 钱忠好、王兴稳：《农地流转何以促进农户收入增加——基于苏、桂、鄂、黑四省（区）农户调查数据的实证分析》，载《中国农村经济》2016 年第 10 期。

[72] 单德朋：《教育效能和结构对西部地区贫困减缓的影响研究》，载《中国人口科学》2012 年第 5 期。

[73] 单德朋：《金融素养与城市贫困》，载《中国工业经济》2019 年第 4 期。

[74] 单德朋、王英：《基于时间赤字的隐性贫困测度原理、方法与应用》，载《数量经济技术经济研究》2022 年第 5 期。

[75] 单德朋、王英：《金融可得性、经济机会与贫困减缓——基于四川集中连片特困地区扶贫统计监测县级门限面板模型的实证分析》，载《财贸研究》2017 年第 4 期。

[76] 单德朋、张永奇：《家庭照料与农户贫困》，载《世界农业》2021 年第 5 期。

[77] 单德朋、郑长德、王英：《贫困乡城转移、城市化模式选择对异质性减贫效应的影响》，载《中国人口·资源与环境》2015 年第 9 期。

[78] 盛来运：《农民收入增长格局的变动趋势分析》，载《中国农村经济》2005 年第 5 期。

[79] 孙久文、夏添：《中国扶贫战略与 2020 年后相对贫困线划定——基于理论、政策和数据的分析》，载《中国农村经济》2019 年第 10 期。

[80] 孙咏梅：《多维视角下的隐性贫困测度及其影响因素探究——基于我国建筑业农民工贫困度的调查》，载《社会科学辑刊》2019年第6期。

[81] 唐海燕：《民族地区经济发展的伦理原则》，载《广西民族研究》2016年第4期。

[82] 唐钱华：《乡村文化振兴中的移风易俗主题与政府角色转换》，载《深圳大学学报（人文社会科学版）》2019年第6期。

[83] 陶自祥：《乡村振兴与农村青年群体类型的价值研究》，载《当代青年研究》2021年第3期。

[84] 涂圣伟：《脱贫攻坚与乡村振兴有机衔接：目标导向、重点领域与关键举措》，载《中国农村经济》2020年第8期。

[85] 万良杰：《"心智模式"视角下激发民族地区深度贫困人员内生动力研究》，载《云南民族大学学报（哲学社会科学版）》2019年第3期。

[86] 汪三贵、冯紫曦：《脱贫攻坚与乡村振兴有效衔接的逻辑关系》，载《贵州社会科学》2020年第1期。

[87] 汪晓东、宋静思、崔璨：《历史性的跨越新奋斗的起点》，载《人民日报》2021年2月24日。

[88] 王昶、王三秀：《相对贫困长效治理与政府扶贫能力转型——基于可持续生计理论的拓展应用》，载《改革》2021年第5期。

[89] 王国洪：《民族地区社会保障水平对有效减缓贫困的实证研究》，载《民族研究》2016年第5期。

[90] 王锴：《以相对贫困来看城市贫困：理念辨析与中国实证》，载《北京社会科学》2019年第7期。

[91] 王美英：《凉山彝区特色产业精准扶贫实践经验——以会理县特色烤烟产业助力精准脱贫为例》，载《民族学刊》2018年第6期。

[92] 王琳琳、黄伟：《奉节新时代文明实践"积分银行"覆盖家家户户》，载《重庆日报》2021年7月1日。

[93] 王胜、屈阳、王琳、余娜、何佳晓：《集中连片贫困山区电商扶贫的探索及启示——以重庆秦巴山区、武陵山区国家级贫困区县为例》，载《管理世界》2021第2期。

[94] 吴乐：《深度贫困地区脱贫机制构建与路径选择》，载《中国软

科学》2018 年第 7 期。

[95] 伍中信、彭屹松、陈放、魏佳佳：《少数民族地区农民家庭资产贫困的精准测度与脱贫对策》，载《经济地理》2020 年第 10 期。

[96] 习近平：《坚持把解决好"三农"问题作为全党工作重中之重举全党全社会之力推动乡村振兴》，载《求是》2022 年第 7 期。

[97] 习近平：《习近平谈治国理政》第三卷，外文出版社 2020 年版。

[98] 谢楠、张磊、伏绍宏：《深度贫困地区脱贫户的可持续生计及风险分析——基于凉山彝区 812 户贫困户的调查》，载《软科学》2020 年第 1 期。

[99] 熊雪、聂凤英、毕洁颖：《贫困地区农户培训的收入效应——以云南、贵州和陕西为例的实证研究》，载《农业技术经济》2017 年第 6 期。

[100] 徐旳、张伟飞、汪毅、陈培阳：《南京城市户籍贫困人口的时空分异格局》，载《地理研究》2019 年第 12 期。

[101] 许汉泽、李小云：《深度贫困地区产业扶贫的实践困境及其对策——基于可行能力理论的分析》，载《甘肃社会科学》2019 年第 3 期。

[102] 杨建海、曹艳、王轶：《乡村振兴战略背景下返乡创业扶持政策的就业拉动效应》，载《改革》2021 年第 9 期。

[103] 杨龙、李萌、卢海阳：《深度贫困地区农户多维贫困脆弱性与风险管理》，载《华南师范大学学报（社会科学版）》2019 年第 6 期。

[104] 杨龙、谢昌凡、李萌：《脱贫人口返贫风险管理研究——基于"三区三州"M 县的调查》，载《西北民族研究》2021 年第 2 期。

[105] 杨朔、李博、李世平：《新型农业经营主体带动贫困户脱贫作用研究——基于六盘山区 7 县耕地生产效率的实证分析》，载《统计与信息论坛》2019 年第 2 期。

[106] 杨鑫、穆月英：《农业技术采用、时间重配置与农户收入》，载《华中农业大学学报（社会科学版）》2020 年第 4 期。

[107] 杨阳：《消费升级中的新贫困：从过度消费到代际贫困传递》，载《财经问题研究》2019 年第 10 期。

[108] 叶兴庆、殷浩栋：《从消除绝对贫困到缓解相对贫困：中国减贫历程与 2020 年后的减贫战略》，载《改革》2019 年第 12 期。

[109] 尹志超、宋全云、吴雨：《金融知识、投资经验与家庭资产选择》，载《经济研究》2014 年第 4 期。

[110] 尹志超、宋全云、吴雨、彭嫦燕：《金融知识、创业决策和创业动机》，载《管理世界》2015 年第 1 期。

[111] 张蓓：《以扶志、扶智推进精准扶贫的内生动力与实践路径》，载《改革》2017 年第 12 期。

[112] 张车伟、王德文：《农民收入问题性质的根本转变——分地区对农民收入结构和增长变化的考察》，载《中国农村观察》2004 年第 1 期。

[113] 张海洋、颜建晔：《精准扶贫中的金融杠杆：绩效和激励》，载《经济学（季刊）》2020 年第 5 期。

[114] 张号栋、尹志超：《金融知识和中国家庭的金融排斥——基于 CHFS 数据的实证研究》，载《金融研究》2016 年第 7 期。

[115] 张娟娟：《深度贫困地区脱贫攻坚思考——基于陕西省 11 个深度贫困县的分析》，载《宏观经济管理》2020 年第 3 期。

[116] 张丽君、董益铭、韩石：《西部民族地区空间贫困陷阱分析》，载《民族研究》2015 年第 1 期。

[117] 张永丽、徐腊梅：《中国农村贫困性质的转变及 2020 年后反贫困政策方向》，载《西北师大学报（社会科学版）》2019 年第 5 期。

[118] 章文光、吴义熔、宫钰：《建档立卡贫困户的返贫风险预测及返贫原因分析——基于 2019 年 25 省（区、市）建档立卡实地监测调研数据》，载《改革》2020 年第 12 期。

[119] 赵雪雁、赵海莉：《汉、藏、回族地区农户的社会资本比较——以甘肃省张掖市、甘南藏族自治州、临夏回族自治州为例》，载《中国人口·资源与环境》2013 年第 3 期。

[120] 郑长德：《深度贫困民族地区提高脱贫质量的路径研究》，载《西南民族大学学报（人文社科版）》2018 年第 12 期。

[121] 郑瑞坤、向书坚：《后扶贫时代中国农村相对贫困的一种测定方法与应用研究》，载《数量经济技术经济研究》2021 年第 11 期。

[122] 郑瑞强、赖运生、胡迎燕：《深度贫困地区乡村振兴与精准扶贫协同推进策略优化研究》，载《农林经济管理学报》2018 年第 6 期。

[123] 郑双怡、冯琼：《我国扶贫开发的现实困境与政策优化》，载

《改革》2018 年第 1 期。

[124] 中共中央党史和文献研究院:《习近平关于"三农"工作论述摘编》,中央文献出版社 2022 年版。

[125] 钟真、涂圣伟、张照新:《紧密型农业产业化利益联结机制的构建》,载《改革》2021 年第 4 期。

[126] 周强、黄臻、张玮:《乡村振兴背景下贵州民族地区扶贫搬迁农户后续生计问题研究》,载《贵州民族研究》2020 年第 7 期。

[127] 庄天慧、陈光燕、蓝红星:《民族地区现代文明生活方式视域下的扶贫绩效研究——以小凉山彝区为例》,载《贵州社会科学》2014 年第 11 期。

[128] 宗庆庆、张熠、陈玉宇:《老年健康与照料需求:理论和来自随机实验的证据》,载《经济研究》2020 年第 2 期。

[129] 邹薇、方迎风:《怎样测度贫困:从单维到多维》,载《国外社会科学》2012 年第 2 期。

[130] 左停、李卓、赵梦媛:《少数民族地区贫困人口减贫与发展的内生动力研究——基于文化视角的分析》,载《贵州财经大学学报》2019 年第 6 期。

[131] 左停、刘文婧、李博:《梯度推进与优化升级:脱贫攻坚与乡村振兴有效衔接研究》,载《华中农业大学学报(社会科学版)》2019 年第 5 期。

[132] 左停、田甜:《脱贫动力与发展空间:空间理论视角下的贫困人口内生动力研究——以中国西南一个深度贫困村为例》,载《贵州社会科学》2019 年第 3 期。

[134] 左停、徐卫周:《综合保障性扶贫:中国脱贫攻坚的新旨向与新探索》,载《内蒙古社会科学》2019 年第 3 期。

[133] 左停、徐加玉、李卓:《摆脱贫困之"困":深度贫困地区基本公共服务减贫路径》,载《南京农业大学学报(社会科学版)》2018 年第 2 期。

[135] 左停、赵梦媛:《农村致贫风险生成机制与防止返贫管理路径探析——以安徽 Y 县为例》,载《西南民族大学学报(人文社会科学版)》2021 年第 42 期。

[136] Almenberg J, Dreber A. Gender, Stock Market Participation and Financial Literacy. *Economics Letters*, Vol. 137, 2015, pp. 140 – 142.

[137] Borck R, Wrohlich K. Preferences for Childcare Policies: Theory and Evidence. *European Journal of Political Economy*, Vol. 27, No. 3, 2011, pp. 436 – 454.

[138] Darvas Z. Why Is It So Hard to Reach the EU's Poverty Target? *Social Indicators Research*, Vol. 141, No. 3, 2019, pp. 1081 – 1105.

[139] Fafchamps M, Minten B. Social Capital and Agricultural Trade. *American Journal of Agricultural Economics*, Vol. 83, No. 3, 2001, pp. 680 – 685.

[140] Foster J, Greer J, Thorbecke E. The Foster – Greer – Thorbecke (FGT) Poverty Measures: 25 Years Later. *The Journal of Economic Inequality*, Vol. 8, No. 4, 2010, pp. 491 – 524.

[141] Giurge L M, Whillans A V, West C. Why Time Poverty Matters for Individuals, Organisations and Nations. *Nature Human Behaviour*, Vol. 4, No. 10, 2020, pp. 993 – 1003.

[142] Hong L, Tisdell C, Fei W. Social Capital, Poverty and Its Alleviation in a Chinese Border Region: A Case Study in the Kirghiz Prefecture, Xinjiang. Working Paper, 2017.

[143] Ikegami M, Carter M R, Barrett C B, et al. Poverty Traps and the Social Protection Paradox. NBER Working Paper, 2017.

[144] Irani L, Vemireddy V. Getting the Measurement Right! Quantifying Time Poverty and Multitasking from Childcare among Mothers with Children across Different Age Groups in Rural North India. *Asian Population Studies*, Vol. 17, No. 1, 2021, pp. 94 – 116.

[145] Kakwani N, Son H H. Global Poverty Estimates Based on 2011 Purchasing Power Parity: Where Should the New Poverty Line be Drawn? *The Journal of Economic Inequality*, Vol. 14, No. 2, 2016, pp. 173 – 184.

[146] Khandker S, Haughton J. *Handbook on Poverty and Inequality.* Washington: World Bank, 2009.

[147] Kyzyma I, Williams D R. Public Cash Transfers and Poverty Dy-

namics in Europe. *Empirical Economics*, Vol. 52, No. 2, 2017, pp. 485 – 524.

[148] Lusardi A, Mitchell O S. The Economic Importance of Financial Literacy: Theory and Evidence. *Journal of Economic Literature*, Vol. 52, No. 1, 2014, pp. 5 – 44.

[149] Merz J, Rathjen T. Multidimensional Time and Income Poverty: Well-being Gap and Minimum 2DGAP Poverty Intensity – German Evidence. *The Journal of Economic Inequality*, Vol. 12, No. 4, 2014, pp. 555 – 580.

[150] Prete A L. Economic literacy, Inequality, and Financial Development. *Economics Letters*, Vol. 118, No. 1, 2013, pp. 74 – 76.

[151] Saez E. Optimal Income Transfer Programs: Intensive versus Extensive Labor Supply Responses. *The Quarterly Journal of Economics*, Vol. 117, No. 30, 2002, pp. 1039 – 1073.

[152] Van Rooij M, Lusardi A, Alessie R. Financial Literacy and Stock Market Participation. *Journal of Financial Economics*, Vol. 101, No. 2, 2011, pp. 449 – 472.

[153] Vickery C. The Time – Poor: A New Look at Poverty. *The Journal of Human Resources*, Vol. 12, No. 1, 1977, pp. 27 – 48.

[154] Zacharias A. How Time Deficits and Hidden Poverty Undermine the Sustainable Development Goals. Levy Economics Institute, 2017.

[155] Zsolt D. Why Is It so Hard to Reach the EU's "Poverty" Target? *Social Indicators Research*, No. 2, 2017, pp. 1 – 25.